もっと楽しく

トラベル英会話ハンドブック

Handbook for Travel English

新星出版社

この本の特長と便利な使い方

EAT OUT

レストラン

欧米のレストランではテーブルごとに担当が決まっているので、最初に注文を取りに来た人の顔を覚えておきましょう。わからないことがあったら遠慮なく質問し、ちょっとしたことでも「Thank you」と伝えるといいですよ。

入店時の会話

✓ 8時に3名で予約した佐藤です。	**I reserved for 3 at 8** アイ リザーヴド フォ スリー アット エイト **under the name of Sato.** アンダー ダ ネイム オブ サトウ
あとからもう1人来ます。	**Another person will come later.** アナダ パーソン ウィウ カム レイラー
ご案内しますのでお待ちください。	Could you wait a few minutes? クジュ ウェイト ァ フュー ミニッツ？↗
こちらへどうぞ。	This way, please. ディス ウェイ プリーズ
✓ 窓際の席にしてもらえますか？	**Can I have a table by the window?** キャナイ ハヴァ テイボゥ バイ ダ ウィンドゥ？↗
コートを預かっていただけますか？	**Can you take my coat, please?** キャニュ テイク マイ コート プリーズ？↗
⚡ 5名で9時に予約したはずですが。	**I asked for a table for 5 people at 9.** アイ アスクド フォァ テイボゥ フォ ファイヴ ピーポゥ アット ナイン

予約をしていない場合

予約をしていませんが空いている席はありますか？	**We don't have a reservation.** ウィドン ハヴァ リザヴェイション **Do you have any tables available?** ドゥユ ハヴ エニィ テイボゥス アヴェイラボゥ？↗

144

重要フレーズ
覚えておくと役に立つ重要なフレーズです。

相手のセリフ
相手と受け答えする会話シーンで耳にするフレーズです。

困ったときのフレーズ
ちょっとしたトラブルなどのときに役立つフレーズです。

かっこの表記について

本書ではアメリカ英語の発音を基本にしています。

[米] [英]：アメリカ英語とイギリス英語で表現が違う単語につけています。フレーズ中に丸カッコ（ ）でくくっている場合もあります。

[ ]：「暑い［寒い］」「右［左］」など別の選択肢を入れてあります。

基本フレーズ

ロイヤルホテルまで歩いて行けますか？	**Can I walk to Royal Hotel?** キャナイ ウォークトゥ ロイヤル ホテゥ？↗

言い換え表現

下線がついている部分は他の単語に言い換えることができます。

自然なアクセントのカタカナ発音

フレーズ単位でナチュラルな発音になるように、原音に近いカタカナ発音で表記しアクセント部分も太字にしています。疑問文のときの語尾の上げ下げもマークで表示してあります。

ワードブック

（荷物は）大型の白いキャリーバッグ🅰です。	**It's a large white trolley bag.** イッツァ ラージ ホワイト トロリィ バッグ

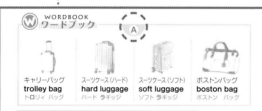

WORDBOOK
ワードブック

キャリーバッグ	スーツケース（ハード）	スーツケース（ソフト）	ボストンバッグ
trolley bag	**hard luggage**	**soft luggage**	**boston bag**
トロリィ バッグ	ハード ラギッジ	ソフト ラギッジ	ボストン バッグ

指さし会話にも使える便利な単語帳

🅰などのマークがついている単語は、よく使う言い換え表現を文字とイラストで紹介しています。指さしたイラストを相手に見てもらえば、すぐに伝わります。

WORD LIST

WORD LIST
ファッションアイテムの名称
上着・コート outerwears
コート
coat
コート
毛皮のコート
fur coat
ファーコート
トレンチコート
trench coat
トレンチ コート
ピーコート
pea coat
ピー コート
ダウンジャケット
down jacket
ダウン ジャケット
レザージャケット
leather jacket
レザー ジャケット

TRAVEL COLUMN

TRAVEL COLUMN
テーブルの担当者が気が効く理由
テーブルの担当者は、つねに気にかけてくれています。ドリンクや料理の説明から、注文、そしてお酒などの飲み物の追加注文にも素早く対応してくれます。
もし、担当者が気づいていなかったら、「Excuse me.」と声をかけましょう。すぐに来てくれるはずです。
じつは、アメリカのウエイトレスやウエイターの給料はそれほど高くありません。でも、担当テーブルのチップは自分がもらえるので、しっかりと働きます。お客さんに、つねに気持ちよく食事をしてもらえるように気配りをしているのです。

「WORD LIST」ではワードブックで紹介しきれなかった旅に役立つ表現を、文字やイラストで紹介しています。「TRAVEL COLUMN」には旅のお役立ち情報を紹介しています。

7つのパターンで覚える 便利なお役立ちフレーズ

入国・出国 [ENTRY AND DEPARTURE]

交通 [TRAFFIC]

Bus stop

TAXI
TAXI

ホテル [HOTEL]

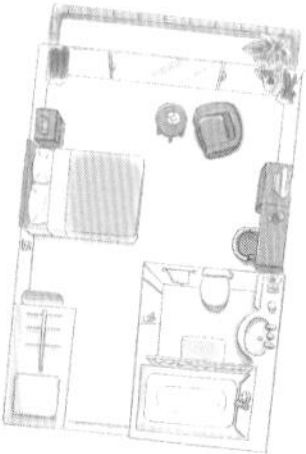

食事 [EAT OUT]

ショッピング [SHOPPING]

観光 [SIGHTSEEING]

エンターテインメント [ENTERTAINMENT]

付録 [APPENDIX]

執筆協力：木住野優薫
編集協力：㈲プレシャスノート／㈲クラップス
デザイン・DTP：田中由美／伊藤淳子
イラスト：MICANO

7つのパターンで覚える

便利なお役立ちフレーズ

USEFUL PHRASE

道をたずねたいときや、ショッピングや食事などで「ちょっとした一言が出てこない」ということはありませんか？　でも大丈夫。よく使う7つのパターンだけ覚えておけば、英語での会話も怖くありません。ここでは旅行先でよく使う便利なフレーズを用途ごとにまとめました。

声をかけるときに

すみません	**Excuse me.** エクス**キュ**ーズミー

ONEPOINT ワンポイント

『Excuse me』と『I'm sorry』は日本人が混同しがちなフレーズです。『Excuse me』は「ちょっとすみません」と声をかけるときに添える言葉です。それに対して、『I'm sorry』には「謝罪」のニュアンスがあるので、きちんと使い分けましょう。

応用例

● 声をかけるときに
すみません。あれを見せてもらえますか？
Excuse me. Can I see that?
エクス**キュ**ーズミー キャ**ナ**イ スィー **ダ**ット？↗

● 会話が聞こえないときに
すみません、ちょっと聞こえないのですが。
Excuse me. I can't hear you.
エクス**キュ**ーズミー アイ **キャ**ント **ヒア** ユー

お願いするときに

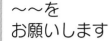

〜〜を お願いします	**〜〜 , please.** プリーズ

メープルラテをお願いします。
Maple latte, please.
メイプゥラテ　プリーズ

ONEPOINT ワンポイント

『please』はなにかを「お願いしたいとき」に使うフレーズです。『Please』は最初にいってもOKです。「Coffe（コーヒー）」のような単語のあとに『, please』を加えるだけで、注文をていねいに伝えることもできます。

応用例

通させてください、お願いします。
Let me through, please.
レッミー　スルー　プリーズ

お願いします。その時間で席を予約してください。
Please reserve a table on that time.
プリーズ　リザーヴァ　テイボゥ オン ダット タイム

相手に頼みごとをしたいときに

～～して いただけますか？	**Could you ～～？** クジュ

タクシーを呼んでいただけますか？
Could you call me a taxi?
クジュ コーゥミー ァ タクスィ？↗

ONEPOINT ワンポイント

『Could you ～？』や『Would you ～？』は、相手にしてほしいことをお願いするときのていねいな表現です。

「Could」を「Can」にした『Can you ～？』や、「Would」を「Will」にした『Will you ～？』は、少しカジュアルな表現となり、日本語にすると「～してもらえますか？」といったニュアンスになります。

海外の人は日本人よりもフレンドリーです。あえて『Can you ～？』を使って、相手との距離を縮めるのも旅の醍醐味の1つです。

＊応用例＊

手伝っていただけますか？
Could you help me?
クジュ　ヘゥプミー？⤴

ここへの行き方を教えていただけますか？
Could you tell me how to get here?
クジュ　テゥ ミー　ハウトゥ　ゲットヒァ？⤴

そのホテルを予約していただけますか？
Would you make a reservation at the hotel?
ウジュ　メイカ　リザヴェイション　アットダ　ホテゥ？⤴

写真を撮っていただけますか？
Could you take our picture?
クジュ　テイク　アワー　ピクチャ？⤴

●「Can you」の例

ルームチャージにしてもらえますか？
Can you charge it to my room?
キャニュ　チャージ　イット トゥ　マイ　ルーム？⤴

相手の許可を求めるときに

～～しても よろしいですか？	**May I ～～？** メアイ

試着してもよろしいですか？
May I try it on?
メアイ トライ イット オン？

ONEPOINT
ワンポイント

相手に対して「～してもよろしいですか？」と許可を求めるときのていねいな表現です。自分のしたいことについて、相手がどう思うかを気遣いながらたずねることができます。

『Can I ～？』も同様に許可を求めるフレーズですが、『May I ～？』よりカジュアルな表現で、「～してもいいですか？」というニュアンスになります。

国が違えばルールやマナーも異なります。トラブルを避けるためにも一声かけてみましょう。

＊応用例＊

ちょっとおたずねしてもよろしいですか？
May I ask you something?
メアイ　アスク ユー　サムシン？⤴

ここで写真を撮ってもよろしいですか？
May I take pictures here?
メアイ　テイク　ピクチャーズ ヒァ？⤴

領収書をいただいてもよろしいですか？
May I have a receipt?
メアイ　ハヴァ　レスィート？⤴

試食してもいいですか？
Can I try some?
キャナイ トライ サム？⤴

●「Can I」の例

お水をもらえますか？
Can I have some water?
キャナイ　ハヴ　サム　ウォーター？⤴

自分の希望を伝えたいときに

～～したいのですが	**I'd like to ～～** アイドライクトゥ

この靴を履いてみたいのですが。

I'd like to try these on.

アイドライクトゥ　トライ　ディーズ　オン

ONEPOINT ワンポイント

『I'd like to ～』もお願いしたいときに使うフレーズです。前述した『Could you ～ ?』(p.20) や『May I ～ ?』(p.22) も同じですが、これらは相手に依頼したり、相手から許可をもらう表現になります。『I'd (would) like to ～』の場合は「～したいのですが」と、自分の希望を伝えることで、相手にお願いするニュアンスです。

「～が欲しい」と表現したいときは「～」に名詞を入れます。

『I want to ～』も同じ意味で使われますが、『I'd like to ～』よりもカジュアルな表現になります。

『Could you ～ ?』などと一緒に使っていきましょう。

✻応用例✻

マッサージを受けたいのですが。
I'd like to have a massage.
アイドライクトゥ ハヴァ マッサージ

このストールを返品したいのですが。
I'd like to return this stole.
アイドライクトゥ リターン ディス ストーゥ

プールのあるホテルがいいのですが。
I'd like a hotel with a swimming pool.
アイドライカ ホテゥ ウィザ スウィミング プーゥ

席を移りたいのですが。
I want to move to a different seat.
アイ ウォントゥ ムーヴ トゥ ァ ディファレント スィート

●「I'd like」の例

チーズバーガーとコーラが欲しいのですが。
I'd like a cheeseburger and Coke.
アイドライカ チーズバーガー アンド コーク

場所を聞きたいときに

～～は どこですか？	**Where is ～～ ?** ウェアリズ

レストランはどこですか？

Where is a restaurant?

ウェアリズ　ァ　レストラン？↘

ONEPOINT
ワンポイント

「～はどこですか？」と聞きたいときは『Where is～?』でOKです。

また、場所はわかったけど、そこまでどう行ったらいいのか「行くための手段」をたずねるには『How can I get to ～？』で聞いてみましょう。

教えてもらったあとは『Thank you』と必ずいいましょう。

応用例

地下鉄の駅はどこですか？
Where is the subway station?
ウェアリズ　ダ　サブウェイ　ステイション？↘

トイレはどこですか？
Where is a restroom?
ウェァリズ　ァ レストルーム？↘

試着室はどこですか？
Where is the fitting room?
ウェアリズ　ダ　フィッティング ルーム？↘

ガイドさんはどこですか？
Where is our tour guide?
ウェアリズ　アワー トゥア ガイド？↘

● 行き方を聞くとき

ダラスホテルへはどうやって行ったらいいですか？
How can I get to Dallas Hotel?
ハゥ　キャナイ　ゲットゥ　ダラス　ホテゥ？↘

確認したいときに

～～はありますか？	**Do you have ～～ ?** ドゥユ　ハヴ

「コーチ」のバッグはありますか？
Do you have some COACH bags?
ドゥユ　ハヴ　サム　コーチ　バッグス？↗

ONEPOINT ワンポイント

お店やレストランで、自分の欲しいものがあるか（所有しているか）どうかを確かめたいときに使える便利なフレーズです。他にもサービス内容を確かめるときやドレスコードがあるかなど幅広く使うことができます。

主に場所を聞くときや「あるかどうか（存在しているか）」をたずねるときに使う『Is there / Are there ～ near here?』（「このあたりに～はありますか？」）という表現も覚えておくと便利です。

✽応用例✽

お箸はありますか？
Do you have chopsticks?
ドゥユ　ハヴ　チョップスティックス？↗

別の色はありますか？
Do you have different colors?
ドゥユ　ハヴ　ディファレント カラーズ？↗

もう少し安いものはありますか？
Do you have a little bit cheaper one?
ドゥユ　ハヴ　ァ リロッビット　チーパー　ワン？↗

近くに目印になるものがありますか？
Are there any landmarks nearby?
アーデァ　エニィ ランドマークス　ニァバイ？↗

●「Is there」の例

近くに両替所はありますか？
Is there a money exchange near here?
イズデァ　ア　マニー　イクスチェンジ　ニァヒァ？↗

シーン別 お役立ちフレーズ

買い物などで役立つフレーズ

～～を探しています。	**I'm looking for a handbag.** アイム ルッキングフォ ァ ハンドバッグ
これはいくらですか？	**How much is this?** ハウマッチ イズディス？⤵
これをください。	**I'll take this one.** アイゥ テイク ディス ワン

行き方などをたずねる役立つフレーズ

どのくらいかかりますか？	**How long does it take?** ハウロング ダズィット テイク？⤵
～～まで歩いて行けますか？	**Can I walk to the hotel?** キャナイ ウォークトゥ ダ ホテゥ？⤴
～～行きの次の電車は何時に来ますか？	**What time is the next train for London?** ウァッタイム イズ ダ ネクスト トレイン フォ ランドン？⤵

方法を聞きたいときに役立つフレーズ

～～をするにはどうしたらいいですか？	**How can I buy today's tickets?** ハウ キャナイ バァイ トゥデイズ ティケッツ？⤵
これの使い方を教えてください。	**Could you tell me how to use this?** クジュ テウミー ハウトゥ ユーズ ディス？⤴

会話がわからないときに役立つフレーズ

ゆっくり話していただけますか？	**Could you speak slowly?** クジュ スピーク スロゥリィ？⤴
日本語が話せる人はいますか？	**Does anyone here speak Japanese?** ダズ エニワン ヒァ スピーク ジャパニーズ？⤴

入国・出国

ENTRY AND DEPARTURE

機内での会話

搭乗手続きが済んだら、いよいよ海外旅行のスタートです。機内では食事や機内販売などのさまざまなサービスが提供されます。飛行機の中では長い時間を過ごすことになるので、できるだけ快適に過ごせるように、要望があったら搭乗員さんに伝えましょう。

搭乗するとき

✓ 8Bの席はどこですか？	**Where is 8B?** ウェアリズ　エイトビー？↘
（搭乗券を見せながら） 私の席はどこですか？	**Where is my seat?** ウェアリズ　マイ　スィート？↘
通していただけますか？	**May I get through?** メアイ　ゲッスルー？↗
ここは私の席だと思うのですが。	**I think this is my seat.** アイ スィンク ディスィズ マイ スィート
（相手に対して） チケット［シート番号］を確認していただけますか？	**Could you check your ticket [seat number] please?** クジュ　チェック　ヨァ　ティケット［スィートナンバー］　プリーズ？↗
私の席に他の人が座っています。	**Someone is sitting in my seat.** サムワンィズ　スィティング ィン マイ スィート
空いている席に移動してもいいですか？	**Can I move to a vacant seat?** キャナイ ムーヴ　トゥ ァ ヴェイカント スィート？↗
（連れがいる場合） 隣同士の席に座りたいのですが。	**We'd like to sit next to each other.** ウィドライクトゥ　スィット ネクスト トゥ イーチアダァ
（荷物を指して） 手伝ってもらえますか？	**Could you help me?** クジュ　ヘゥプミー？↗

この荷物をあそこに上げていただけますか？	**Could you put my bag up there?** クジュ プットマイ バッグ アップ ゼァ？↗
この荷物を入れるスペースがないのですが。	**There isn't enough space for this bag.** デァ イズント イナーフ スペース フォ ディス バッグ

WORD LIST

座席まわりの名称

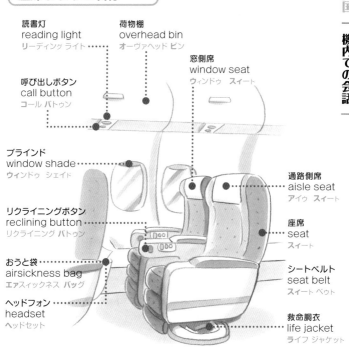

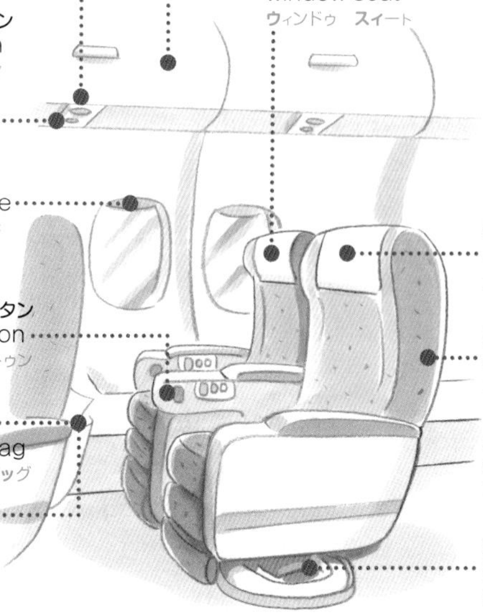

シートベルト着用
fasten seat belt
ファスン スィート ベウト

あの荷物を降ろしていただけませんか？	**Could you take down that bag?** クジュ テイクダウン ダッ バッグ？↗
コートを預かっていただけますか？	**Could you keep my coat?** クジュ キープ マイ コート？↗

飛行中の会話

新聞か雑誌はいかがですか？	Would you like a magazine or newspaper? ウジュライカ マガジン オァ ニューズペイパァ↘
日本語の新聞［雑誌］はありますか？	**Do you have a Japanese newspaper [magazine]?** ドゥユ ハヴァ ジャパニーズ ニューズペイパァ［マガジン］？↗
（後ろの席の人に）席を倒してもいいですか？	**May I recline my seat?** メアイ リクライン マイ スィート？↗
（前の人にたずねられて）どうぞ。	**Go ahead.** ゴゥ アヘッド
食事が終わるまで待ってください。	**Please wait until I finish my meal.** プリーズ ウェイト アンティゥ アイ フィニッシュ マイ ミーゥ
（隣の席の人に）日よけを下ろして［上げても］もいいですか？	**May I pull down [lift] the window shade?** メアイ プゥダウン［リフト］ダ ウィンドゥ シェード？↗
寒い［暑い］のですが。	**I feel cold [hot].** アイ フィーゥ コーゥド［ホット］
✓ 毛布Aをいただけますか？	**May I have a blanket?** メアイ ハヴァ ブランケット？↗
耳栓はありますか？	**Do you have some earplugs?** ドゥユ ハヴ サム イアプラグス？↗
トイレはどこですか？	**Where is the restroom?** ウェアリズ ダ レストルーム？↘
シートの倒し方Bを教えてください。	**Please tell me how to recline the seat.** プリーズ テゥミー ハゥトゥ リクライン ダ スィート

WORDBOOK ワードブック

A

枕
pillow
ピロゥ

毛布
blanket
ブランケット

耳栓
earplugs
イァプラグス

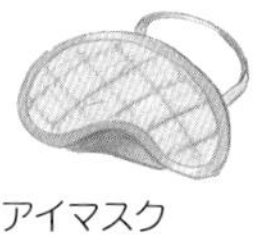

アイマスク
sleep mask
スリープ マスク

B

TVの使い方
how to use the TV
ハゥトゥ ユーズ ダ ティーヴィー

リモコンの操作方法
how to use the
ハゥトゥ ユーズ ダ
remote controller
リモート コントローラー

機内トイレの名称

WORD LIST

使用中
occupied
オキュパイド

空き
vacant
ベイカント

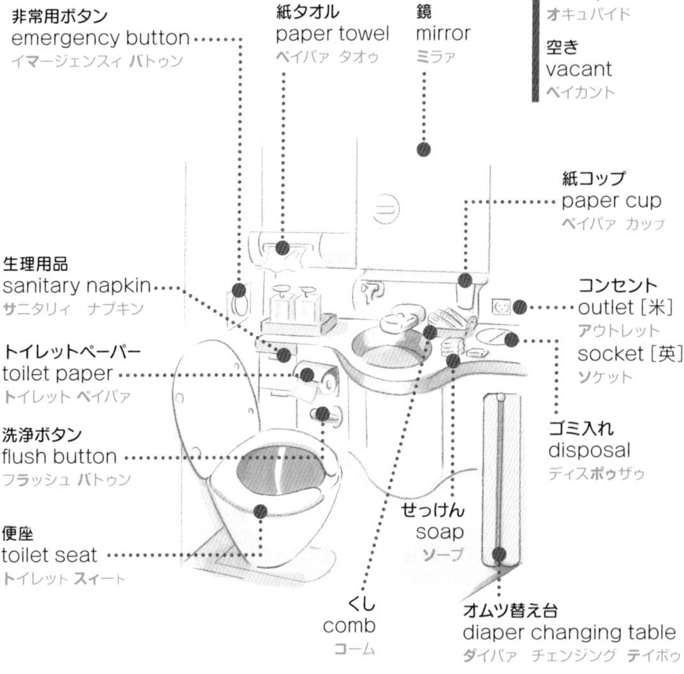

今、電子機器を使っても大丈夫ですか？	**Can I use my electronic devices now?** キャナイ ユーズ マイ エレクトロニックデヴァイス ナウ？
(機内で)インターネットは使えますか？	**Do you have the Internet access?** ドゥユ ハヴ ディ インターネット アクセス？⤴
接続料金は1時間いくらですか？	**How much is an hourly charge for Wi-Fi?** ハウマッチ イズ アンナワーリー チャージ フォー ワイファイ？⤵
食事の時間に起こしていただけますか？	**Could you wake me up for the meal?** クジュ ウェイクミー アップ フォー ダ ミーゥ？⤴
食事はいらないので寝かしておいてください。	**Please don't wake me up** プリーズ ドント ウェイクミー アップ **for the meal service.** フォ ダ ミーゥ サーヴィス
(ヘッドフォンなど)交換していただけますか？	**Could you change it with another one?** クジュ チェンジィット ウィズ アナダ ワン？⤴

機内飲食サービス

お食事は牛肉とお魚どちらになさいますか？	Would you like beef or fish? ウジュライク ビーフ オァ フィッシュ？⤵
牛肉［魚］をお願いします。	**Beef [Fish], please.** ビーフ［フィッシュ］プリーズ
あとでいただけますか？	**Could I have it later?** クダイ ハヴィット レイラー？⤴
(食事は) お済みですか？	Are you finished? アーユー フィニシュト？⤴
お飲み物はいかがですか？	Would you like something to drink? ウジュライク サムシン トゥ ドリンク？⤴
どんな飲み物がありますか？	**What kind of drinks do you have?** ウァッカインドォブ ドリンクス ドゥユ ハヴ？⤵

日本茶Aはありますか？	**Do you have Japanese tea?** ドゥユ　ハヴ　ジャパニーズ　ティー？⤴
コーヒーをください。	**Coffee please.** カフィ　プリーズ
クリームと砂糖は入れますか？	With sugar and cream? ウィズ シュガァ アンド クリーム？⤵
クリーム［と砂糖］をお願いします。	**Cream [and sugar], please.** クリーム　［アンド シュガァ］　プリーズ
どちらも結構です。（ブラックで）	**No, thank you.** ノゥ　テンキュー
それは無料ですか？	**Is it free?** イズィット フリー？⤴
ビールをもう１杯ください。	**Can I have another beer?** キャナイ ハヴ　アナダ　ビア？⤴
飲み物をこぼしてしまったのですが。	**I spilled my drink.** アイ スピゥド マイ　ドリンク

WORDBOOK ワードブック

A

水
water
ウォーター

コーヒー
coffee
カフィ

紅茶
tea
ティー

コーラ
coke
コーク

オレンジジュース
orange juice
オレンジ　ジュース

赤ワイン
red wine
レッド ワイン

白ワイン
white wine
ホワイト ワイン

ビール
beer
ビア

ウィスキー（水割り）
whisky with water
ウィスキー ウィズ ウォーター

日本酒
Japanese sake
ジャパニーズ　サケ

機内販売

このバッグを見せてください。	**Could you show me this bag?** クジュ ショーミー ディス バッグ？↗
（カタログを指しながら）これをください。	**I'd like this one.** アイドライク ディス ワン
いくらですか？	**How much is it?** ハウマッチ イズィット？↘
クレジットカードで払えますか？	**Do you accept credit card?** ドゥユ アクセプト クレディットカード？↗
日本円は使えますか？	**Can I use Japanese Yen?** キャナイ ユーズ ジャパニーズ イェン？↗
おつりはポンド［ドル］でもらえますか？	**Can I have the change in pounds [dollars]?** キャナイ ハヴ ダ チェンジ イン パウンズ［ダラーズ］？↗

到着前の会話

（税関申告書など）この書類の書き方を教えてください。	**Please tell me how to fill in this form.** プリーズ テゥミー ハゥトゥ フィリン ディス フォーム
座席を元の位置に戻してください。	Please return your seats プリーズ リターン ヨァ スィーツ to the upright position. トゥ ディ アップライト ポジション
今のアナウンスはなんといっていましたか？	**What did the announcement just say?** ウァッ ディド ディ アナウンスメント ジャスト セイ？↘
あとどれくらいでサンフランシスコへ着きますか？	**How long does it take to get to** ハウロング ダズィット テイク トゥ ゲットゥ **San Francisco?** サンフランスィスコ？↘
到着は何時になりますか？	**What time will we arrive?** ウァッタイム ウィゥウィ アライヴ？↘
到着はどのくらい遅れそうですか？	**How late this flight will be?** ハウ レイト ディス フライト ウィゥビー？↘

乗り継ぎについてたずねる

午後1時発の乗り継ぎに間に合いますか？	**Can I catch my connecting flight at 1 p.m.?** キャナイ キャッチ マイ コネクティング フライト アットワン ピーエム？↗
すみません。ちょっと難しいと思います。	I'm sorry, but I think it's difficult. アイムソーリー バット アイ スィンク イッツ ディフィカゥト
どうすればいいですか？	**What should I do?** ウァッ シュダイ ドゥ？↘
乗り継ぎのチェックインカウンターで相談してください。	Please ask at flight connection check in counter. プリーズ アスク アット フライト コネクション チェッキン カウンター

TRAVEL COLUMN

機内サービスについて

●エンターテインメント・プログラム

最近では、多くの航空会社が座席にパーソナルモニターを設置しています。新作の映画やテレビ番組、スポーツや音楽チャンネルなど長時間のフライトを快適に過ごせるようになっています。

●ドリンクサービスと機内食

一般的な国際線ではビールやワインなどのアルコール類（※）やミネラルウォーターやソフトドリンクなどが無料でサービスされます。エコノミークラス症候群を予防するためにも、水分はきちんと補給しましょう。機内食は各社で工夫を凝らしたメニューを用意しています。夜食としてパンやサンドイッチ、カップ麺などの軽食を用意している会社もあります。

※一部航空会社やLCC（格安航空会社）を除きます。

●機内販売

商品カタログで商品を選び、CAさんから購入します。ブランド品のバッグや化粧品、航空会社のオリジナルグッズなどを買うことができます。航空会社系のクレジットカードで購入すると割引やポイント率のアップなど、よりお得に買い物をすることができますよ。

海外でスマートフォンを使うときの注意点

●機内でのインターネットサービスについて

現在では、多くの航空会社で機内のインターネットサービスが有償で提供されています。ノートパソコンでメールのチェックをしたり、スマートフォンからSNSを利用することができます。

※接続についての詳細は、利用する航空会社のWebサイトでチェックしてください。

●高額請求されないように　～定額サービスを利用する～

海外旅行先で通話やメールのチェックをしたい場合は、事前に「海外向け定額サービス」を利用すると、一日の利用料金が一定額以上にならないようになります。

海外での通話料金が心配な場合は、この定額サービスに加入することをおすすめします。詳しくは各携帯電話会社のWebサイトで確認してみてください。

●通話も通信もしない場合は

飛行機に乗る前にはスマートフォンの設定を「機内モード」にしておきましょう。機内モードを設定すると、電話やインターネット接続の機能が使えなくなります。ただしカメラや時計などの機能は使うことができます。

●通信料金を抑えたい場合は

電話は通じるようにしておきたいけれど通信料金を抑えたいという場合は、海外に多い無料のWi-Fiを利用します。

機内モード：解除（通話も通信もできます）
データローミング：オフ（通信はできても他社の通信回線にはつながりません）
Wi-Fi：オン（ただし無料のWi-Fiスポットのみで使用します）

できれば日本から出国するときに、空港にある携帯電話会社などで設定を確認してもらうといいでしょう。

※設定の方法は各スマートフォンのマニュアルをご覧ください。

入国審査での会話

飛行機が目的地に到着すると、まず最初に入国審査を受けます。ここでは入国の目的や滞在期間、滞在場所などを質問されます。質問の内容はある程度決まっているので、あらかじめ覚えておきましょう。

入国書類の提出と質問事項

私は観光客です。	**I'm a tourist.** アイム ァ トゥーリスト
どこに並べばいいですか？	**Where should I line up?** ウェア シュダイ ラインナップ？↘
パスポートを見せてください。	Please show me your passport. プリーズ ショーミー ヨァ パスポート
ESTA のコピーを見せてください。	May I see a printed copy of ESTA? メアイ スィー ァ プリンティト コピー オブ エスタ？↗
どうぞ。	**Here it is.** ヒァ イティ イズ
入国の目的はなんですか？	What's the purpose of your visit? ウァッツ ダ パーパス オブ ヨァ ヴィズィット？↘
✓ 観光です。	**Sightseeing.** サイトスィーイング
乗り継ぎをするだけです。	**I'm just passing through.** アイム ジャスト パッスィングスルー
同行者はいますか？	Are you traveling with anybody? アーユー トラヴェリング ウィズ エニバディ？↗
はい。父と妹が一緒です。	**Yes. I'm with my father and sister.** イエス アイム ウィズ マイ ファダァ アンド スィスタァ

いいえ。1人です。	**No. I'm traveling alone.** ノゥ アイム トラヴェリング アローン
この国にどのぐらい滞在しますか？	How long will you stay in this country? ハウロング ウィゥユー ステイン ディス カントリー？⤵
✓ 10日間です。	**For 10 days.** フォー テン デイズ
2週間ぐらいです。	**About 2 weeks.** ァバウト トゥー ウィークス
どこに滞在する予定ですか？	Where are you going to stay? ウェア アーユー ゴーイング トゥ ステイ？⤵
ビバリーヒルズのグランドホテルです。	**I'll stay at Grand Hotel in Beverly Hills.** アイゥ ステイ アット グランド ホテル イン ベヴァリーヒゥズ
ブルックリンに住んでいる友人［親戚］の家に泊めてもらいます。	**I'll stay at my friend's [relative's]** アイゥ ステイ アット マイ フレンズ ［レラティヴズ］ **house in Brooklyn.** ハウス イン ブルックリン
記入漏れがあります。滞在するホテルの住所を記入してください。	There is an omission. デァリズ ァン オミッション Please write the address of the hotel. プリーズ ライト ディ アドレス ォブ ダ ホテゥ
現金はどのくらいお持ちですか？	How much cash are you bringing ハウマッチ キャッシュ アーユー ブリンギング into this country? イントゥ ディス カントリー？⤵
✓ 1500ドルほどです。	**I have about** アイ ハヴ ァバウト **1500 dollars.** ワン サウザンド アンド ファイヴ ハンドレッド ダラーズ
職業はなんですか？	What's your occupation? ウァッツ ヨァ オキュペイション？⤵
✓ 事務員🅰です。	**I'm an office worker.** アイム ァン オフィス ワーカー

指紋認証・顔写真撮影での質問

（アメリカの入国審査時に）左手の親指を乗せてください。右手の親指を乗せてください。	**Please press your left thumb.** プリーズ　プレス　ヨァ　レフト サム **And now your right.** アンド ナゥ　ヨァ　ライト
左手［右手］の4本指を乗せてください。	**Press the 4 fingers** プレス　ダ　フォ フィンガース **on your left [right] hand.** オン ヨァ　レフト［ライト］ハンド
カメラをまっすぐ見てください。	**Look straight at the camera please.** ルック　ストレイト　アット ダ　キャメラ　プリーズ
メガネを外してください。	**Please take off your glasses.** プリーズ　テイクオフ　ヨァ　グラスィズ

WORDBOOK ワードブック

A

事務員 **office worker** オフィス ワーカー	会社員 **business person** ビジネス　パーソン	アルバイト **part-time worker** パートタイム ワーカー
公務員 **public servant** パブリック サーヴァント	経営者 **manager** マネジャー	自営業 **self-employed** セウフ エンプロイド
主婦 **housewife** ハウスワイフ	学生 **student** スチューデント	引退（退職） **retired** リタイヤード

入国時の関連用語

WORD LIST

入国管理	immigration イミグレーション	入国審査	immigration check イミグレーション チェック
検疫	quarantine クォーランティーン	観光客	visitor／tourist ヴィズィター／トゥーリスト
外国人	foreigner フォーリナー	予防接種証明書	vaccination certificate ヴァクスィネーション サーティフィケイト

荷物の受け取り

機内へ預けた荷物を受け取る場所を「バギッジクレイム(bagagge claim)」といいます。
荷物が出てこなかったり破損していた場合は、荷物を預けたときに受け取った引換券(claim tag)を持って近くの空港スタッフに相談しましょう。

手荷物の引き渡し

預けた荷物はどこで受け取ればいいですか?	**Where can I pick up my baggage?** ウェア キャナイ ピックアップ マイ バギッジ?↘
✓ ユナイテッド航空001便の荷物の受け取り場所はどこですか?	**Where is the baggage claim of UNITED 001?** ウェアリズ ダ バギッジ クレイム オブ ユナイテッド ゼロゼロワン?↘
荷物を受け取るまでに、どれくらいかかりますか?	**How long does it take to receive my baggage?** ハウロング ダズィット テイク トゥ レスィーヴ マイ バギッジ?↘
カートはどこにありますか?	**Where can I find baggage carts?** ウェア キャナイ ファインド バギッジ カーツ?↘

トラブル ~荷物の紛失・損傷を伝える~

✓ 私の荷物が出てきません。	**My baggage didn't come out.** マイ バギッジ ディドン カマウト
(荷物は)大型の白いキャリーバッグA です。	**It's a large white trolley bag.** イッツァ ラージ ホワイト トロリィ バッグ
荷物を紛失した場合どうすればいいですか?	**What should I do about my lost baggage?** ウァッ シュダイ ドゥ アバウト マイ ロストバギッジ?↘

確認いたします。	Let me check. レッミー　チェック
あなたの荷物は今、シカゴにあります。	Your baggage is now in Chicago. ヨァ　バギッジ　イズ ナゥイン シカゴ
あなたの荷物は3日後にここに着きます。	It'll arrive here in 3 days. イトゥ アライヴ ヒァ　イン スリー デイズ
どこに滞在されるか教えていただけますか？	Could you tell us where you're staying? クジュ　テゥアス ウェア　ユァ　ステイング？↗
滞在先はグランドホテルです。	**I'm staying at Grand Hotel.** アイム ステイング　アット グランド ホテル
数日後には、ここにいません。	**I won't be here in a few days.** アイ ウォントビー ヒァ　インナ フュー デイズ
見つかり次第、ここに連絡していただけますか？	**Would you call me at this number** ウジュ　コーゥミー　アット ディス ナンバー **as soon as you find it?** アズ スーンァズ　ユー　ファインディット？↗
日用品を買う費用を負担してもらえますか？	**Would you pay for** ウジュ　ペイ　フォー **any daily necessities?** エニィ デイリー ネセスィティーズ？↗
紛失証明書を発行してください。	**Please make out a report of the** プリーズ　メイカウト　ァ リポート　オブ ダ **loss certificate.** ロス　サーティフィケイト
スーツケースが壊れていました。	**My suitcase is damaged.** マイ　スーツケース イズ ダミッジド

WORDBOOK
ワードブック

A

キャリーバッグ
trolley bag
トロリィ バッグ

スーツケース(ハード)
hard luggage
ハード ラギッジ

スーツケース(ソフト)
soft luggage
ソフト ラギッジ

ボストンバッグ
boston bag
ボストン　バッグ

※スーツケースはハード・ソフトの区別なく「suitcase」ともいいます。

税関での会話

多くの空港では、税関の窓口が「申告する」「申告なし」に分かれています。持ち込みが禁止されているものや免税範囲を超えるものがなければ「申告なし」です。「申告するものはありますか？」と聞かれたら「Nothing.（なにもありません）」と答えましょう。

税関でのやりとり

✓（税関申告書を渡しながら）これが申告書です。	**Here is my declaration form.** ヒアリズ　マイ　デクラレイション　フォーム
申告するものはありますか？	Do you have anything to declare? ドゥユ　ハヴ　エニスィン　トゥ デクレア？↗
なにもありません。	**Nothing.** ナッシン
申告するものがあるかどうかわかりません。	**I'm not sure if I have anything to declare.** アイム ノット シュア イフ アイ ハヴ エニスィン トゥ デクレア
スーツケースを開けてください。	Open your suitcase, please. オープン ヨァ　スーツケース　プリーズ
これはなんですか？	What's this? ウァッツ　ディス？↘
これは<u>胃腸薬</u>です。	**It's a <u>medicine for stomach</u>.** イッツァ <u>メディスン　フォ　スタマック</u>
私の身の回り品です。	**These are for my own use.** ディーズアー　フォ　マイ　オウン　ユース
これらの<u>化粧品</u>は私のものです。	**These <u>cosmetics</u> are mine.** ディーズ　<u>コスメティックス</u> アー　マイン

酒やタバコは持っていますか？	Do you have any alcohol or cigarettes? ドゥユ ハヴ エニィ アルコホール オァ シガレッツ？↗
ワインを３本持っています。	**I have 3 bottles of wine.** アイ ハヴ スリー ボトゥス ォブ ワイン
これは課税対象になります。	You'll have to pay duty on this. ユーゥ ハフトゥ ペイ デュゥティ オン ディス
どうすればいいでしょうか？	**What should I do?** ウァッ シュダイ ドゥ？↘
あそこに並んでください。	Please line up there. プリーズ ラインナップ デァ
これは持ち込み禁止です。	This is prohibited. ディスィズ プロヒビティット
ここで捨ててください。	**Please dispose of it here.** プリーズ ディスポゥズ ォブ イット ヒァ
他に荷物はありますか？	Do you have any other bags? ドゥユ ハヴ エニィ アダァ バッグス？↗
ありません。	**Nothing, that's all.** ナッシン ダッツ オーゥ
この申告書を出口にいる係官に渡してください。	Please give this declaration form プリーズ ギヴ ディス デクラレイション フォーム to the officer at the exit. トゥ ディ オフィサー アット ディ エグジット

TRAVEL COLUMN

日本への持ち込みが禁止・制限されているもの

外国からの肉製品の中には日本へ持込めないものがあります。

- アメリカ（ハワイ、グアム、サイパンを含む）、カナダで販売されているビーフジャーキーなどの牛肉加工製品。
- ヨーロッパやアジアからハム、ソーセージなどの肉製品。

アメリカやオーストラリア、ニュージーランドから、ハム、ソーセージなど豚・鶏類の肉製品を日本に持ち帰る場合は、検査証明書が必要となります。

到着・空港からホテル(市内)へ

入国手続きが済んだら、すぐ到着ロビーです。ここから他の便に乗り換えるためにターミナル間を移動したり、市内のホテルなどに移動することになります。空港からホテルや市内までの交通はシャトルバスやシャトルバンをはじめ、電車、タクシーなどさまざまな方法があります。

参照 p.51「乗り継ぎ・乗り換え」

空港内到着ロビーで

AAA観光の方ですか?	**Are you from AAA tour company?** アーユー フロム エーエーエー トゥアー カンパニー? ↗
✔ 観光案内所Ⓐはどこですか?	**Where is the tourist information?** ウェアリズ ダ トゥーリスト インフォメーション? ↘
休憩する場所はありますか?	**Is there a resting place around here?** イズデァ ァ レスティング プレイス アラウンド ヒァ? ↗
市内の地図をもらえますか?	**Could I get a free city map?** クダイ ゲッタ フリー スィティ マップ? ↗
近くにATM[両替所]はありますか?	**Is there an ATM machine [money exchange] near here?** イズデァ アン エーティーエム マシーン [マニー イクスチェンジ] ニァヒァ? ↗
ここでホテルの予約はできますか?	**Can I reserve a hotel here?** キャナイ リザーヴァ ホテゥ ヒァ? ↗
無料Wi-Fiを利用するにはどうしたらいいですか?	**How can I use free Wi-Fi?** ハウ キャナイ ユーズ フリー ワイファイ? ↘
日本語が話せる人はいますか?	**Does anyone here speak Japanese?** ダズ エニワン ヒァ スピーク ジャパニーズ? ↗

空港からホテル（市内）へ

（ガイドブックを見せて）ここへの行き方を教えてください。	**Could you tell me how to get here?** クジュ テウミー ハウトゥ ゲットヒア？↗
市内へ行く一番いい方法はなんですか？	**What is the best way to go downtown?** ウァティズ ダ ベスト ウェイ トゥ ゴゥ ダウンタウン？↘
市内までいくらで行けますか？	**How much does it cost to get to the city?** ハウマッチ ダズィット コスト トゥ ゲットゥ ダ スィティ？↘
✓ バス［タクシー］の乗り場はどこですか？	**Where is the bus stop [taxi stand]?** ウェアリズ ダ バスストップ［タクスィースタンド］？↘
市内までのシャトルバスはありますか？	**Do you have shuttle service to the city?** ドゥユ ハヴ シャトゥ サーヴィス トゥ ダ スィティ？↗
（バスや電車の）チケット売り場はどこですか？	**Where is the ticket counter?** ウェアリズ ダ ティケット カウンター？↘
オークホテルの送迎バスはどこから出ていますか？	**Where does the shuttle of Oak hotel leave?** ウェア ダズ ダ シャトゥ オブ オーク ホテゥ リーヴ？↘
レンタカーオフィスはどこですか？	**Where is a rental car office?** ウェアリズ ァ レンタゥカー オフィス？↘

WORDBOOK ワードブック

A

観光案内所
tourist information
トゥーリスト インフォメーション

両替所
money exchange
マニー イクスチェンジ

ATM
ATM machine
エーティーエム マシーン

喫煙所
smoking area
スモーキング エリア

トイレ
restroom
レストルーム

休憩所
resting place
レスティング プレイス

バス停
bus stop
バスストップ

タクシー乗り場
taxi stand［米］
タクスィスタンド

taxi rank［英］
タクスィランク

シャトルバス、シャトルバンでたずねる

✓ このシャトルはサンタモニカホテルに行きますか？	**Does this shuttle go to** ダズ　ディス シャトゥ　ゴゥトゥ **Santa Monica hotel?** サンタモニカ　ホテゥ？⤴
サンタモニカまでいくらですか？	**How much is it to Santa Monica?** ハウマッチ　イズィット トゥ サンタモニカ？⤵
料金はいつ払えばいいですか？	**When should I pay the fare?** ウェン　シュダイ　ペイ　ダ　フェア？⤵
これはヒルズホテルのバスですか？	**Is this a shuttle of Hills hotel?** イズディス ァ シャトゥ　オブ ヒルズ ホテゥ？⤴
次のシャトルバスは何時に来ますか？	**When will the next shuttle bus come?** ウェン　ウィゥ ダ　ネクスト シャトゥバス　カム？⤵
どのくらいの間隔で走っていますか？	**How often do shuttle buses run?** ハウオフン　ドゥ シャトゥバスィズ　ラン？⤵
荷物はどこに載せたらいいですか？	**Where should I put my baggage?** ウェア　シュダイ　プット マイ バギッジ？⤵

空港と市街地を結ぶ鉄道でたずねる

✓ （ロンドンで）ヒースローコネクトに乗るには、どうしたらいいですか？	**How do I take the Heathrow Connect?** ハウ　ドゥアイ テイク ダ　ヒースローコネクト？⤵
チケットを買うには、どうすればいいですか？	**How can I buy a ticket?** ハウ　キャナイ バァイ ァ ティケット？⤵

乗り換え・乗り継ぎ

国際線から国内線の乗り換えなど、経由地の空港で別の飛行機を乗り換えることを「トランスファー(transfer)」といいます。燃料の補給や乗務員の交代を行うための寄港を「トランジット(transit)」といいます。トランジットは補給が終わるまで機内か空港内で待機します。

参照 p.53「搭乗手続き(帰路・乗り換え)」

乗り換え ～トランスファー～

(チケットを見せながら)この便に乗るにはどこへ行ったらいいですか?	**Where should I go to take this flight?** ウェア シュダイ ゴゥトゥ テイク ディス フライト?
私は<u>USエア001</u>便に乗り継ぎます。	**I make a connection to <u>US Air 001</u>.** アイ メイカ コネクション トゥ <u>ユーエスエァ ゼロゼロワン</u>
✓ <u>USエアウェイズ</u>のターミナルはどこですか?	**Please tell me where <u>US Airways</u> terminal is.** プリーズ テゥミー ウェア <u>ユーエス エァウェイズ</u> ターミナゥ イズ
ターミナル<u>1</u>へはどう行ったらいいですか?	**How can I get to terminal <u>1</u>?** ハウ キャナイ ゲットゥ ターミナゥ <u>ワン</u>?
ターミナル<u>1</u>へ行くバスはどこから乗ればいいですか?	**Where should I take the bus for terminal <u>1</u>?** ウェア シュダイ テイク ダ バス フォ ターミナゥ <u>ワン</u>?
乗り継ぎの時間はどのくらいありますか?	**How much time do I have for my connection?** ハウマッチ タイム ドゥアイ ハヴ フォマイ コネクション?
もう一度セキュリティー検査を受ける必要がありますか?	**Do I need to go through security again?** ドゥアイ ニートゥ ゴゥスルー セキュリティー アゲイン?

このバスはターミナル1へ行きますか？	**Does this bus go to terminal 1?** ダズ ディス バス ゴゥトゥ ターミナゥ ワン？⤴

同じ飛行機で乗り継ぐ ～トランジット～

どのくらいここに留まりますか？	**How long will we stay here?** ハウロング ウィゥウィー ステイ ヒア？⤵
機内で待っていればいいのですか？	**Should I wait inside the plane?** シュダイ ウェイト インサイド ダ プレイン？⤴
飛行機の外に出られますか？	**Can I go out of the airplane?** キャナイ ゴゥアウト ォブ ディ エアプレイン？⤴
荷物はここに置いたままでもいいですか？	**Is it OK to leave my bags here?** イズィット オーケィ トゥ リーブ マイ バッグス ヒア？⤴

TRAVEL COLUMN

乗り継ぎと乗り換えについて

経由地の空港で別の飛行機に「乗り換える（トランスファー）」ときは、到着した空港で入国審査や税関審査などを受け、その後、国内便などの別の飛行機に乗り換えることになります。

「乗り継ぎ（トランジット）」では、出発まで機内で待つ場合と空港のトランジットルームを利用する場合とがあります。機外に出るときにはパスポートなどの貴重品は必ず携帯して、足元の荷物などは荷物入れに納めましょう。また係員から渡されるトランジットパスはなくさないように注意してください。

アメリカの場合、国際線から国内線への「乗り換え」でも、最初に到着した空港で荷物を受け取り、その空港で入国審査を受けることになります。

搭乗手続き（帰路・乗り換え）

まず航空会社のカウンターでチェックインの手続きをします。その後、セキュリティ・チェックと出国の審査を行います。搭乗手続きには時間がかかるので、出発の2時間前を目安に早めに空港に着くようにしましょう。

自動チェックイン機で搭乗券を入手

USエアウェイズのチェックインカウンターはどこですか？	**Where is US Airways check in counter?** ウェアリズ ユーエス エアウェイズ チェッキン カウンター？↘
この列に並んで、自動チェックイン機で手続きをお願いします。	Please stand in line and follow プリーズ スタンド インライン アンド フォロゥ the self check-in kiosk procedures. ダ セルフ チェッキン キオスク プロスィージャー
（自動チェックイン機の）操作方法を教えてください。	**Could you show me** クジュ ショウ ミー **how to use the self check in kiosk?** ハウトゥ ユーズ ダ セルフ チェッキン キオスク？↗
これが私のチケットです。	**This is my ticket.** ディスィズ マイ ティケット
（自動チェックイン機を）日本語で表示することはできますか？	**Can you display Japanese?** キャニュ ディスプレイ ジャパニーズ？↗
（チケットを見せながら）預ける荷物には別料金がかかりますか？	**Is there an extra charge** イズデァ アン エクストラ チャージ **for the checked baggage?** フォ ダ チェックト バギッジ？↗

窓口で搭乗券を入手

✓ チェックインをお願いします。	**I'd like to check in.** アイドライクトゥ チェッキン

パスポートとEチケットをお願いします。	Please show me your passport プリーズ　ショウミー　ヨァ　パスポート and e-ticket. アンド イーティケット
はい、どうぞ。	**Here it is.** ヒァ　イティイズ
✓ (友人と) 隣同士の席にしていただけますか？	**May we sit together?** メイウィー　スィット トゥゲダァ？⤴
窓側［通路側］の席にしていただけますか？	**Could I take a window [aisle] seat?** クダイ　テイカ　ウィンドウ［アイゥ］スィート？⤴
前方［後方］の席にしていただけますか？	**Can I move to a front [rear] seat?** キャナイ ムーヴ　トゥ ァ フロント［リァ］スィート？⤴
マイレージの登録をお願いします。	**I'd like to register** アイドライクトゥ レジスター **frequent flyer program.** フリークエント フライヤー プログラム
USエア001便の出発まであと1時間しかないのですが、間に合いますか？	**US Air 001 will leave in 1 hour,** ユーエスエァ ゼロゼロワン ウィゥ リーヴ イン ワンナワー **but can I make it?** バット キャナイ メイキット？⤴
もう間に合いません。	It's too late. イッツ トゥー レイト
他の便に変更していただけないでしょうか？	**Could you change my flight?** クジュ　チェンジ　マイ　フライト？⤴

荷物の預け入れ

✓ この荷物を預けたいのですが。	**I'd like to check in this baggage.** アイドライクトゥ チェッキン　ディス バギッジ
預ける荷物はありますか？	Do you have any baggage to check in? ドゥユ　ハヴ　エニィ バギッジ　トゥ　チェッキン？⤴

はい、これらがそうです。	**Yes, I want to check in these.** イエス アイ ウォントゥ チェッキン　ディーズ
預け入れ荷物の最大重量はなんですか？	**What's the maximum weight for checked baggage?** ウァッツ　ダ　マキシマム　ウェイ　フォ　チェックトバギッジ？↘
1つ当たり50ポンドです。	The maximum weight per item is 50 pounds. ダ　マキシマム　ウェイ　パァアイテム イズ　フィフティ パウンズ
重量が2パウンドオーバーしています。	This is 2 pounds over. ディスィズ トゥー パウンズ オーヴァー
超過料金は60ドルです。	The excess baggage fee is 60 dollars. ディ エクセス バギッジ フィー イズ スィックスティ ダラーズ
荷物の一部を手荷物にすれば大丈夫ですか？	**Will it be OK if I put some of them into the bag?** ウィィウイットビー オーケィ イフアイ プット サムォブデム　イントゥ ダ　バッグ？↗
このバッグは機内に持ち込めますか？	**Can I bring this bag on board the plane?** キャナイ ブリング ディス バッグ オンボード　ダ　プレイン？↗
これはサイズオーバーなので機内に持ち込めません。	I'm sorry but this is too big to carry in. アイムソーリー バット ディスィズ トゥー ビッグ　トゥ キャリー イン

手荷物検査・ボディスキャナー検査で

ポケットの中のものをこのトレーに入れてください。	Could you put the things in your pocket クジュ　プットダ　スィングス イン ヨァ ポケット on this tray? オン ディス トレイ？⤴
ノートパソコンはこちらのトレイに置いてください。	Please put your laptop on this tray. プリーズ　プット ヨァ　ラップトップ オン ディス トレイ
靴とベルトはこのトレーに置いてください。	Please put your shoes and belt プリーズ　プット ヨァ　シューズ アンド ベゥト on this tray. オン ディス トレイ
ドリンク類は機内に持ち込めません。	You can't take any drinks on the plane. ユー　キャント テイク エニィ ドリンクス オンダ プレイン
わかりました。処分してください。	**All right. Please dispose of it.** オーライト　プリーズ　ディスポーズ ォブ イット
（ボディスキャナー検査で）もう一度やり直してください。	One more time, please. ワン　モア　タイム　プリーズ
わかりました。	**OK.** オーケィ
金属探知器が反応したのでこちらに来てください。	The metal detector responded, ダ　メタゥ　ディテクター レスポンディッド so please come here. ソゥ プリーズ　カム　ヒア
何も持っていませんが。	**I don't have anything special.** アイドン　ハヴ　エニスィング　スペシャゥ
他人から預かったものはありませんか？	Do you keep something belonging ドゥユ　キープ　サムシン　ビロンギング to someone else? トゥ サムワン　エゥス？⤴
ありません。	**No, I don't.** ノー　アイドン

搭乗口で

(チケットを見せて)この便の搭乗ゲートはどこですか?	**Where is the boarding gate for this flight?** ウェアリズ ダ ボーディング ゲート フォ ディス フライト?↘
7番ゲートはどこか教えてください。	**Please tell me where gate 7 is.** プリーズ テゥミー ウェア ゲート セヴン イズ
ここはNH45便の搭乗ゲートですか?	**Is this a boarding gate of NH45?** イズディス ァ ボーディング ゲート オブ エヌエイチ フォーティファイヴ?↗
NH45便の搭乗手続きは何時からですか?	**What is NH45's boarding time?** ウァティズ エヌエイチ フォーティファイヴズ ボーディング タイム?↘
今のアナウンスはNH45便のものですか?	**Is the present announcement for NH45?** イズ ダ プレゼント アナウンスメント フォ エヌエイチ フォーティファイヴ?↗
搭乗券とパスポートを見せてください。	May I see your boarding pass and passport? メアイ スィー ヨァ ボーディング パス アンド パスポート?↗
座席番号40から60までの方は搭乗ゲートにお進みください。	Passengers whose seat number is 40 to 60, please proceed to the boarding gate. パッセンジャーズ フーズ スィートナンバー イズ フォーティ トゥ スィックスティ プリーズ プロスィード トゥ ダ ボーディング ゲート
搭乗券を拝見します。	Your boarding pass, please. ヨァ ボーディング パス プリーズ
出発は何時になりますか?	**When is the departure time?** ウェン イズ ダ ディパーチャー タイム?↘
どのくらい遅れるのですか?	**How long the delay will be?** ハウロング ダ ディレイ ウィゥビー?↘

入国・出国 — 搭乗手続き(帰路・乗り換え) —

トラブル

ユナイテッド航空99便は1時間の遅れです。	**United 99 has beed delayed for 1 hour.** ユナイティッド ナインティナイン ハズ ビーン ディレイド フォ ワン アワー
天候のため全日空45便は欠航になりました。	**ANA 45 is canceled due to the weather.** エーエヌエー フォーティファイヴ イズ キャンセゥド ドゥトゥ ダ ウェザー
他の便を手配してください。	**Please arrange another flight.** プリーズ アレンジ アナダァ フライト
次の東京行きの便は何時ですか？	**When will the next flight to Tokyo depart?** ウェン ウィゥ ダ ネクスト フライト トゥ トウキョ デパート？↘
出発まで休めるところはありますか？	**Is there a resting place until the departure?** イズデァ ァ レスティング プレイス アンティル ダ デパーチャー？↗

搭乗手続きに役立つ用語

WORD LIST

乗り継ぎ便（接続便）	connecting flight コネクティング フライト	乗り換え	transfer トランスファー
乗り継ぎ	transit トランジット	乗り継ぎ券	transit pass トランジット パス
乗り換え客	transfer passenger トランスファー パッセンジャー	国際線	international flight インターナショナル フライト
国内線	domestic flight ドメスティック フライト	空港シャトルバス	airport shuttle エアポート シャトゥ
航空券	airline ticket エアライン ティケット	搭乗券	boarding pass ボーディング パス
手荷物引換券	baggage claim バギッジ クレイム	手荷物検査	baggage check バギッジ チェック
機内持ち込み荷物	carry on baggage キャリィオン バギッジ	預け入れ手荷物	checked baggage チェックト バギッジ

交通

TRAFFIC

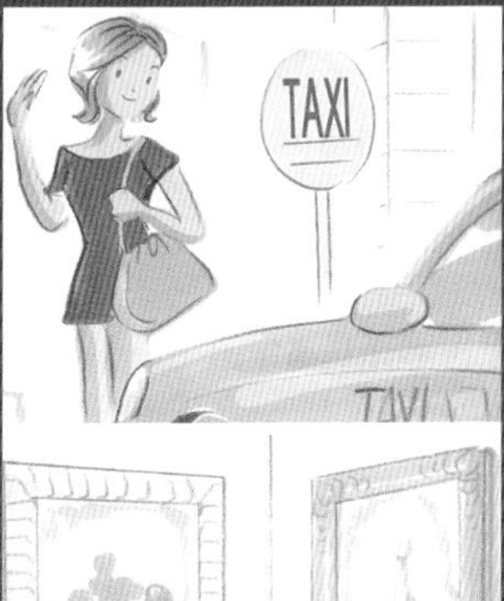

交通手段をたずねる

ホテルから観光地やショッピングセンターなどに移動する場合、都市や目的地ごとに移動に適した交通機関があります。目的地までどれを利用するのがいいか、ホテルなどで確認してから移動するようにしましょう。

利用する交通機関についてたずねる

バス［地下鉄］の路線図はありますか？	**Is there a route map of bus [subway]?** イズデア　ア ルート　マップ オブ バス［サブウェイ］？↗
✓ フィッシャーマンズワーフへ行く方法を教えていただけますか？	**Could you tell me how to get to Fisherman's Wharf?** クジュ　テゥミー　ハゥトゥ　ゲットゥ　フィッシャーマンズワーフ？↗
ヤンキースタジアムへ行くにはなにを使ったらいいですか？	**What should I use to go to Yankee Stadium?** ウァッ　シュダイ　ユーズ トゥ ゴゥトゥ　ヤンキー ステイデイゥム？↘
ロデオドライブまでバスで行けますか？	**Can I get to Rodeo Drive by bus?** キャナイ ゲットゥ　ロデオドライヴ　バイ バス？↗
大英博物館へ行くにはどの路線を使ったらいいですか？	**Which line should I take to get to British Museum?** ウィッチ　ライン　シュダイ　テイク　トゥ ゲットゥ　ブリティッシュ ミューズィアム？↘
バスと地下鉄では、どちらが便利ですか？	**Which is convenient between bus and subway?** ウィッチ　イズ コンヴィニエント　ビットウィン　バス　アンド サブウェイ？↘
タクシー以外で行く方法を教えてください。	**Could you tell me the way to go there except by taxi?** クジュ　テゥミー　ダ　ウェイ トゥ ゴゥ　デァ　エクセプト バイ タクスィ？↗

そのバス［電車］は女性だけで乗っても安全でしょうか？	**Is it safe for woman to get on** イズィット セイフ フォ ウーマン トゥ ゲットオン **that bus [train] by herself?** ダット バス ［トレイン］ バイ ハーセゥフ？↗

乗り継ぎや時間についてたずねる

✓ ゴールデンゲートブリッジに一番早く着く方法を教えてください。	**Please tell me the fastest way to** プリーズ テゥミー ダ ファステスト ウェイ トゥ **arrive at Golden Gate Bridge.** アライヴ アット ゴーゥデン ゲートブリッジ
✓ 近代美術館に一番安く行く方法を知りたいのですが。	**I'd like to know how to go to** アイドライクトゥ ノゥ ハウトゥ ゴゥトゥ **the Museum of Modern Art at** ダ ミューズィアム ォブ モダンアート アット **the lowest price.** ダ ローエスト プライス
タクシーで行くといくらぐらいかかりますか？	**How much is it by taxi?** ハウマッチ イズィット バイ タクスィ？↘
地下鉄を使った場合、何分かかりますか？	**If I use subway, how many minutes** イフ アイ ユーズ サブウェイ ハウメニィ ミニッツ **does it take?** ダズィット テイク？↘
料金はどれくらい違いますか？	**What is the fare difference?** ウァティズ ダ フェア ディファレンス？↘
乗り継ぎは必要でしょうか？	**Do I need to transit?** ドゥアイ ニード トゥ トランジット？↗

交通 ―交通手段をたずねる―

道をたずねる

ホテルや駅など目的地までの道をたずねるときは「Where is the ～?」を使います。道をたずねるときは、できるだけ警官やお店の人などに聞くようにしましょう。声をかけるときの「Excuse me.」と、お礼の「Thak you.」を忘れずに。

駅やバス停の場所をたずねる

道を教えてください。	**Could you tell me the directions.** クジュ テゥミー ダ ディレクションズ？↗
✓ 地下鉄の駅Ⓐはどこでしょうか？	**Where is the subway station?** ウェアリズ ダ サブウェイ ステイション？↘
タクシー乗り場を教えてください。	**Please tell me where the taxi stand is.** プリーズ テゥミー ウェア ダ タクスィスタンド イズ
アラモアナセンター行きのバス停を探しています。	**I'm looking for the bus stop for Ala Moana Center.** アイム ルッキンフォ ダ バスストップ フォ アラモアナ センター
そこまで歩いて行けますか？	**Can I walk there?** キャナイ ウォーク デァ？↗
何分くらいかかりますか？	**How many minutes does it take?** ハウメニィ ミニッツ ダズィット テイク？↘

道をたずねる

✓ 近くに観光案内所はありますか？	**Is there a tourist information near here?** イズデァ ア トゥーリスト インフォメーション ニァヒァ？↗

✓ 博物館Bへはどう行けばいいですか？	**How can I get to the museum?** ハウ　キャナイ ゲットゥ　ダ　ミューズィアム？↘
ロイヤルホテルまで歩いて行けますか？	**Can I walk to Royal Hotel?** キャナイ ウォークトゥ ロイヤル　ホテゥ？↗

WORDBOOK ワードブック

A

地下鉄の駅
subway station ［米］
サブウェイ ステイション
underground train station ／
アンダァグラウンド トレイン ステーション／
tube station ［英］
トゥーブ ステイション

駅
station
ステイション

バス停
bus stop
バスストップ

タクシー乗り場
taxi stand ［米］
タクスィスタンド
taxi rank ［英］
タクスィランク

B

公園
park
パーク

海岸
beach
ビーチ

博物館
museum
ミューズィアム

美術館
art museum
アート ミューズィアム

遊園地
amusement park
アミューズメント パーク

劇場
theater
スィアタァ

8番街へ行きたいのですが、この道であっていますか？	**Is this the right way to the 8th Avenue?** イズディスダ ライトウェイ トゥ ディ エイス アベニュー？
近くに目印になるものがありますか？	**Are there any landmarks nearby?** アーデァ エニィ ランドマークス ニァバイ？
道のどちら側にありますか？	**Which side of the street?** ウィッチ サイド ォブ ダ ストリート？
もう一度教えていただけますか？	**Could you tell me once again?** クジュ テゥミー ワンス アゲイン？
地図［住所］を書いていただけませんか？	**Could you draw me a map [write the address]?** クジュ ドロゥミー ァ マップ ［ライト ディ アドレス］？
近くにWi-Fiスポットはありますか？	**Do you know a Wi-Fi hotspot near here?** ドゥユ ノゥ ァ ワイファイ ホットスポット ニァヒア？

メモや地図を見せながら

✓	ここへの行き方を教えてください。	**Could you tell me how to get here?** クジュ テゥミー ハウトゥ ゲットヒア？
✓	この住所まで行きたいのですが。	**I'd like to go to this address.** アイドライクトゥ ゴゥトゥ ディス アドレス
	この通りはなんという名前ですか？	**What's the name of this street?** ウァッツ ダ ネイム ォブ ディス ストリート？
	この地図のどこにいるか教えてください。	**Could you show me where we are now on this map?** クジュ ショウミー ウェア ウィアー ナゥ オン ディス マップ？
	クィーンズシアターはこの地図のどこになりますか？	**Where is Queens Theater on this map?** ウェアリズ クィーンズ スィアタァ オン ディス マップ？

その他のやりとり

一緒に行ってあげましょう。	I'll take you, come with me. アイゥ テイキュー カム ウィズ ミー
私についてきてください。	Please follow me. プリーズ ファロゥ ミー
ご親切に感謝します。	**I appreciate your kindness.** アイ アプリシエイト ヨァ カインドネス
いいえ。結構です。	**Thank you, but I'll go by myself.** テンキュー バット アイゥ ゴゥ バイ マイセゥフ

道を教えてもらう

この道をまっすぐ行ってください。	Go straight down this street. ゴゥ ストレイト ダウン ディス ストリート
次の角を右［左］に曲がってください。	Turn right [left] at the next corner. ターン ライト［レフト］アット ダ ネクスト コーナー
2つめの信号を左へ曲がってください。	Turn left at the second traffic lights. ターン レフト アット ダ セカンド トラフィック ライツ
五差路が見えてきます。	Five forked road comes into sight. ファイブ フォークド ロード カムズ イントゥ サイト
セルフリッジ百貨店の隣です。	It's next to the Selfridges department store. イッツ ネクスト トゥ ダ セゥフリッジ デパートメント ストァ
突き当たりの右［左］側にあります。	Go straight until the end and then ゴゥ ストレイト アンティゥ ディエンド アンド デン you'll find it on the right [left] . ユーゥ ファインディット オン ダ ライト［レフト］
オックスフォード通りとデューク通りの角にあります。	It's on the corner of Oxford Street イッツ オン ダ コーナー オブ オックスフォード ストリート and Duke Street. アンド デューク ストリート
ここから歩いて5分くらいです。	It'll be about 5 minutes walk from here. イトゥビー ァバウト ファイヴ ミニッツ ウォーク フロム ヒァ

道案内で使われる単語

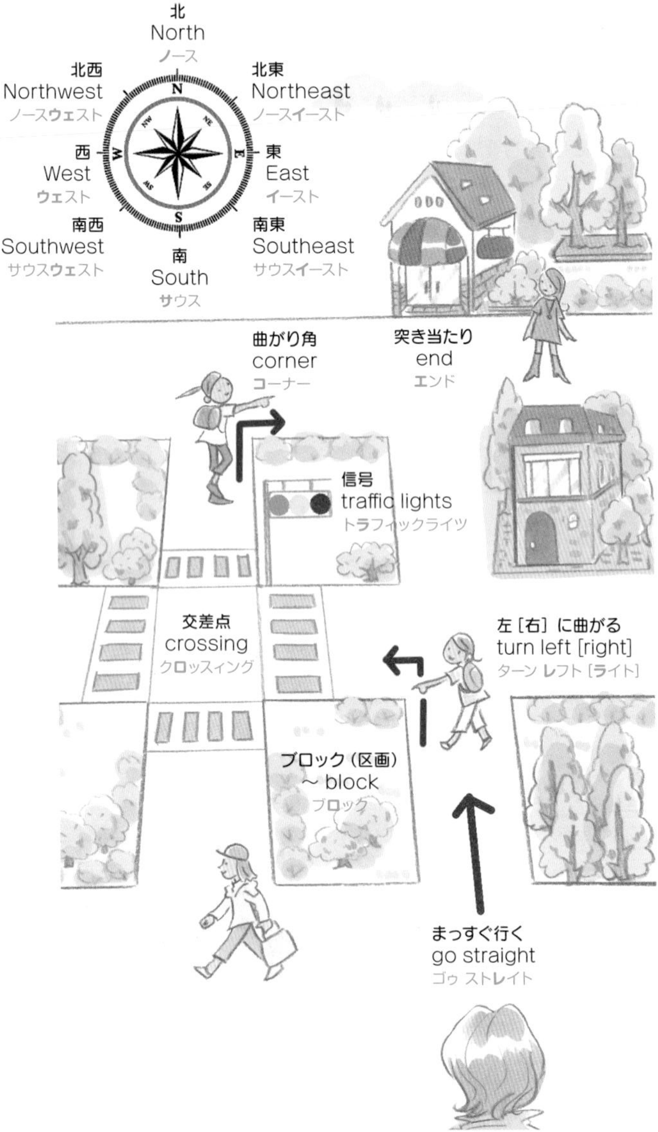
北
North
ノース
北西
Northwest
ノースウェスト
北東
Northeast
ノースイースト
西
West
ウェスト
東
East
イースト
南西
Southwest
サウスウェスト
南東
Southeast
サウスイースト
南
South
サウス
曲がり角
corner
コーナー
突き当たり
end
エンド
信号
traffic lights
トラフィックライツ
交差点
crossing
クロッスィング
左［右］に曲がる
turn left [right]
ターン レフト［ライト］
ブロック（区画）
～ block
ブロック
まっすぐ行く
go straight
ゴゥ ストレイト

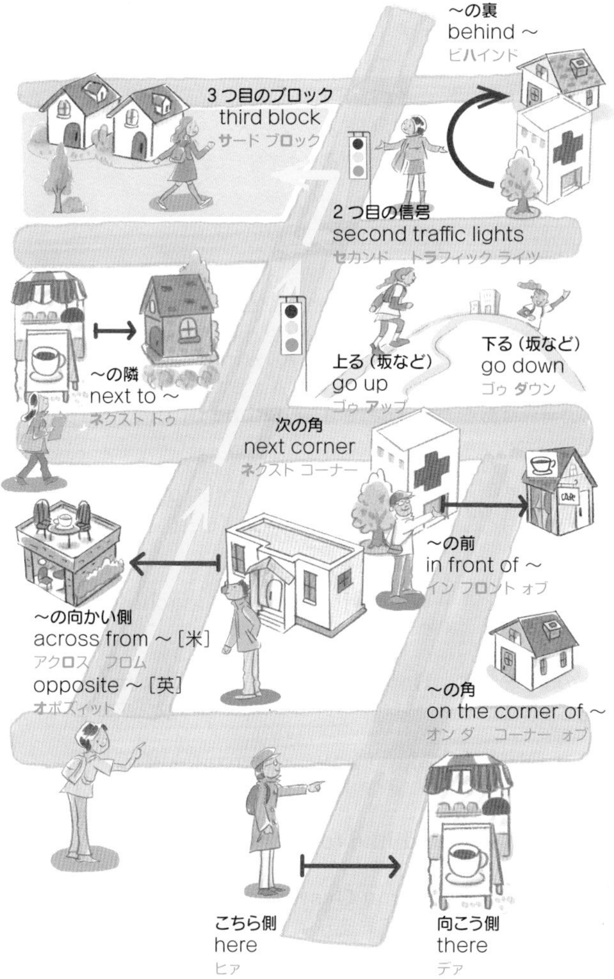

～の裏
behind ～
ビハインド
3つ目のブロック
third block
サード ブロック
2つ目の信号
second traffic lights
セカンド　トラフィック ライツ
～の隣
next to ～
ネクスト トゥ
上る（坂など）
go up
ゴゥ アップ
下る（坂など）
go down
ゴゥ ダウン
次の角
next corner
ネクスト コーナー
～の前
in front of ～
イン フロント ォブ
～の向かい側
across from ～［米］
アクロス　フロム
opposite ～［英］
オポズィット
～の角
on the corner of ～
オンダ　コーナー　ォブ
こちら側
here
ヒア
向こう側
there
デア

交通 ― 道をたずねる ―

地下鉄・列車

海外でも日本と同様にプリペイドカード式の乗車券が一般的になっています。ニューヨークの「メトロカード」やロンドンの「オイスターカード」などが有名です。バスとの相互利用や運賃の割引などもあるので、ぜひ活用してみては？

切符売り場での会話

地下鉄の路線図はありますか？	**Is there a route map of subway (tube)?** イズデア ァ ルート マップ オブ サブウェイ（トゥーブ）？⤴
鉄道の時刻表はありますか？	**Is there a schedule of the railroad?** イズデア ァ スケジュール オブ ダ レイゥロード？⤴
（ニューヨークで）メトロカードはどこで買えますか？	**Where can I buy Metro Card?** ウェア キャナイ バァイ メトロカード？⤵
切符の券売機はどこですか？	**Where is the ticket machine?** ウェアリズ ダ ティケット マシーン？⤵
券売機の使い方を教えてもらえますか？	**How can I use this ticket machine?** ハウ キャナイ ユーズ ディス ティケット マシーン？⤵
✔ メトロカードをください。	**May I have a Metro CARD?** メアイ ハヴァ メトロ カード？⤴
（ロンドンで）オイスターカードに5ポンドチャージしたいのですが。	**I'd like to charge 5 pounds** アイドライクトゥ チャージ ファイヴ パウンズ **to my Oyster card.** トゥ マイ オイスターカード
オイスターカードの残高を精算したいのですが。	**I'd like to balance on the Oyster card** アイドライクトゥ バランス オン ディ オイスターカード **account.** アカウント

お金を入れたのに切符が出てきません。	**I put money in, but the ticket didn't come out.** アイ プットマニーイン バット ダ ティケット ディドン カマウト
メトロカードが通らないのですが。	**This Metro Card can't be read.** ディス メトロカード キャントビー レッド

目的地への行き方をたずねる

✓ リバーサイドパークへ行くにはどうすればいいですか？	**How should I get to Riverside Park?** ハウ シュダイ ゲットゥ リヴァーサイド パーク？↘
ホルボーン駅まで乗り換えなしで行きますか？	**Is this a direct train to Holborn Station?** イズディス ァ ダィレクト トレイン トゥ ホゥボーン スティション？↗
乗り換えるのは何駅ですか？	**At which station should I transfer?** アット ウィッチ ステイション シュダイ トランスファー？↘

ホームや路線をたずねる

✓ タイムズスクエア行きはどのホームですか？	**Which platform does the train for Times Square leave from?** ウィッチ プラットフォーム ダズ ダ トレイン フォ タイムズスクエア リーヴ フロム？↘
3番線ホームはどこですか？	**Where is the train line number 3?** ウェアリズ ダ トレインライン ナンバー スリー？↘
マイアミ行きはこのホームから出ますか？	**Does the train for Miami leave from this platform?** ダズ ダ トレイン フォ マイアミ リーヴ フロム ディス プラットフォーム？↗
グランドセントラル駅へ行くには、このホームでいいですか？	**Is this the right platform to go to Grand Central Station?** イズディス ダ ライト プラットフォーム トゥ ゴゥトゥ グランドセントラル ステイション？↗

停車駅をたずねる

タイムズスクエアへ行くにはどの駅で降りたらいいですか？	**Where should I get off to go to Times Square?** ウェア シュダイ ゲットオフ トゥ ゴゥトゥ タイムズスクエア？↘
✓ この列車はキングスクロス駅に止まりますか？	**Does this train stop at King's Cross Station?** ダズディス トレイン ストッパト キングスクロス スティション？↗
ヴィクトリア駅はいくつめですか？	**How many stops are there to Victoria Station from here?** ハウメニィ ストップス アー デァ トゥ ヴィクトリア スティション フロム ヒア？↘

列車の行き先や現在の駅をたずねる

✓ この列車はブライトンに行きますか？	**Does this train go to Brighton?** ダズディス トレイン ゴゥトゥ ブライトン？↗
この列車はどこ行きですか？	**Where does this train bound for?** ウェア ダズ ディス トレイン バウンドフォー？↘
これは普通列車ですか、急行ですか？	**Is this a local train or an express train?** イズディス ァ ローカゥトレイン オァ ァン エクスプレストレイン？↘
ここは何駅ですか？	**Where are we now?** ウェア アーウィー ナウ？↘
次は何駅ですか？	**What's the next station?** ウァッツ ダ ネクスト スティション？↘

発車・停車の時刻をたずねる

この列車は何時に発車しますか？	**When will it leave?** ウェン ウィゥイット リーヴ？↘

✓ 次のバーミンガム行きは何時ですか？	**What time is the next train for Birmingham?** ウァッタイム イズダ ネクスト トレイン フォー バーミンガム？
次の列車が来るまであとどれくらいですか？	**How long until the next train come?** ハウロング アンティル ダ ネクスト トレイン カム？
停車時間は何分ですか？	**How long does it stop?** ハウロング ダズィット ストップ？
始発［最終］電車は何時に出発しますか？	**When dose the first [last] train leave?** ウェン ダズ ダ ファースト［ラスト］トレイン リーヴ？

出口をたずねる

✓ キングスロードへの出口はどこですか？	**Where is the exit for Kings Road?** ウェアリズ ディ エグジット フォー キングスロード？
メトロポリタン美術館へ行くには何番出口が便利ですか？	**Which gate is convenient to get to The Metropolitan Museum of Art?** ウィッチ ゲイト イズ コンヴィニエント トゥ ゲットゥ ダ メトロポリタン ミューズィアム オブ アート？
出口は１つだけですか？	**Do you have only one exit?** ドゥユ ハヴ オンリー ワン エグジット？

長距離列車 ～切符売り場にて～

リヴァプールまでの切符をください。	**Could I have a ticket to Liverpool?** クダイ ハヴァ ティケット トゥ リヴァプーゥ？
シアトルまではいくらですか？	**How much is the fare to Seattle?** ハウマッチ イズダ フェア トゥ スィアトゥ？
往復ですか、片道ですか？	One-way or round-trip ticket? ワンウェイ オァ ラウンドトリップ ティケット？
急行ですか、普通列車ですか？	Local or express? ローカゥ オァ エクスプレス

どのくらい時間が違いますか？	**How different is time?** ハウ　ディファレント イズ タイム？↘
１等ですか、２等ですか？	**First or second class?** ファースト オァ セカンド クラス？↘
この切符を1等に変更したいのですが。	**I'd like to change this ticket to first class.** アイドライクトゥ チェンジ ディス ティケット トゥ ファーストクラス
払い戻しをしてもらえますか？	**Could I get a refund?** クダイ　ゲッタ　リファンド？↗

長距離列車 ～レイルパス（周遊券）を使う～

レイルパスをください。	**Can I have a Rail Pass?** キャナイ ハヴァ　レイゥパス？↗
使用開始手続きをお願いします。	**Please validate my pass.** プリーズ　ヴァリデイト マイ　パス
このパスで列車に乗れますか？	**Can I get on the train with this pass?** キャナイ ゲットオン ダ　トレイン ウィズ　ディス パス？↗

長距離列車 ～車内での会話～

✓（チケットを指しながら）この席はどこですか？	**Where is this seat?** ウェアリズ　ディス スィート？↘
通してください。	**Let me through, please.** レッミー　スルー　プリーズ
ここは私の席ですが。	**I believe this is my seat.** アイ ビリーヴ ディスィズ マイ　スィート
この席は空いていますか？	**Is this seat available?** イズ ディス スィート アヴェイラボゥ？↗
ここには友人が座っています。	**My friend is taking this seat.** マイ　フレンド　イズ テイキング ディス スィート

どれくらい料金が違いますか？	**How much charges are different?** ハウマッチ　チャージィズ アー ディファレント？↘
指定席はありますか？	**Do you have any reserved seats?** ドゥユ　ハヴ　エニィ リザーヴド　スィーッ？↗

WORD LIST

鉄道関連の用語

～行き	bound for ～ バウンドフォー	乗り換え	transfer トランスファー	路線図	route map ルート　マップ
時刻表	a schedule ァ スケジュール	停車駅	stop ストップ	プラットホーム	platform プラットホーム
切符売り場	ticket counter ティケット カウンター	券売機	ticket machine ティケット マシーン		
運賃	fare フェア	周遊券	excursion ticket エクスカアージョン ティケット	1日券	one-day ticket ワンデイ ティケット
案内所	information counter インフォメーション カウンター	待合室	waiting room ウェイティング ルーム		
改札口	ticket gate ティケット ゲート	車掌	conductor コンダクター	食堂車	dining car ダイニング カー
入口（改札）	entrance［米］ エントランス　way in［英］ ウェイイン	出口（改札）	exit［米］ エグジット　way out［英］ ウェイアウト		
乗車	get on ゲットオン	降車	get off ゲットオフ	途中下車	stop off ストッポフ
始発駅	starting station スターティング ステイション	終着駅	terminal station タァミナゥ ステイション		
片道切符	one-way ticket［米］ ワンウェイ　ティケット single ticket［英］ シングル ティケット	往復切符	round-trip ticket［米］ ラウンドトリップ ティケット return ticket［英］ リターン　ティケット		
1等席	first class ファーストクラス	2等席	second class セカンドクラス		
指定席	reserved seat リザーヴド　スィート	自由席	unreserved seat アンリザーヴド　スィート		
普通列車	local train ローカゥ トレイン	急行列車	express train エクスプレス トレイン		
特急列車	limited express train リミティド エクスプレス トレイン	寝台列車	sleeper train スリーパー トレイン		

ここに荷物を置いてもいいですか？	**May I put my bag here?** メアイ プットマイ バッグヒァ？↗
窓を開けて［閉めても］もいいですか？	**May I open [close] the window?** メアイ オープン［クローズ］ダ ウィンドゥ？↗
どうぞ。	Sure. Go ahead. シュァ ゴゥアヘッド
いいえ。しないでください。	I'm sorry, but please don't. アイムソーリー バット プリーズ ドント
トイレ［食堂車］はどこですか？	**Where is the restroom [dining car]?** ウェアリズ ダ レストルーム［ダイニングカー］？↘

トラブル

車掌を呼んでもらえますか？	**Would you call a conductor, please?** ウジュ コールァ コンダクター プリーズ？↗
切符をなくしてしまいました。	**I've lost my ticket.** アイヴ ロスト マイ ティケット
乗り越してしまいました。	**I missed my stop.** アイ ミスト マイ ストップ
車内に忘れ物をしました。	**I left something on the train.** アイ レフト サムシン オンダ トレイン

市内バス・長距離バス

空港やバスターミナルなどには、いろいろな方面行きのバスが通っています。不安なときは「Does this bus go to ～?（このバスは～に行きますか？）」「Does this bus stop at ～?（～に停まりますか？）」とたずねましょう。

市内バス ～バスの案内所で～

路線図をいただけますか？	**May I have a route map?** メアイ ハヴァ ルート マップ? ↗
✓ ロンドン塔へ行くバスはどこから乗ればいいですか？	**Where should I take a bus to the Tower of London?** ウェア シュダイ テイカ バス トゥダ タワー オブ ランドン? ↘
（ガイドブックを指しながら）ここへ行くにはどのバスに乗ればいいですか？	**Which bus should I take to get to this place?** ウィッチ バス シュダイ テイク トゥ ゲットゥ ディス プレイス? ↘
（ハワイで）4DAYパスをください。	**Can I have 4day pass, please?** キャナイ ハヴ フォーデイパス プリーズ? ↗

市内バス ～行き先を確認する～

✓ このバスはフィッシャーマンズワーフに行きますか？	**Does this bus go to Fisherman's Wharf?** ダズ ディス バス ゴウトゥ フィッシャーマンズワーフ? ↗
✓ シビックセンターに停まりますか？	**Does this bus stop at Civic Center?** ダズ ディス バス ストッパト スィヴィックセンター? ↗

シビックセンターはいくつめですか？	**How many stops are there before Civic Center?** ハウメニィ ストップス アーデァ ビフォ スィヴィックセンター？
チャイナタウンへ行くにはどこで降りればいいですか？	**Where do I have to get off to go to Chinatown?** ウェア ドゥアイ ハフトゥ ゲットオフ トゥ ゴゥトゥ チャイナタウン？
いつ降りたらいいか教えてもらえますか？	**Could you let me know when to get off?** クジュ レッミー ノゥ ウェン トゥ ゲットオフ？
次の次のバス停です。	The stop after next. ダ ストップ アフター ネクスト

市内バス ～料金を支払う～

運賃はいつ払えばいいですか？	**When should I pay the fare?** ウェン シュダイ ペイ ダ フェア？
料金はいくらですか？	**How much is the fare?** ハウマッチ イズダ フェア？
小銭がないのですが。	**I don't have small change.** アイドン ハヴ スモーゥ チェンジ
（ロサンゼルスで）タップカードはどこに読み取らせればいいですか？	**Where should I read Tap Card?** ウェア シュダイ リード タップカード？
（乗り換え券を見せて）このチケットで乗れますか？	**Can I ride on with this ticket?** キャナイ ライドオン ウィズ ディス ティケット？
✓ 乗り換え券をください。	**I want a transfer ticket, please.** アイ ウォンタ トランスファー ティケット プリーズ

市内バス ～車内で～

ここに座ってもいいですか？	**May I have a seat here?** メアイ　ハヴァ　スィート ヒア？↗
（席を譲る場合） どうぞ。座ってください。	**Please have a seat, if you'd like to.** プリーズ　ハヴァ　スィート イフ ユードライクトゥ

市内バス ～降車するとき～

次で降ります。	**I'll get off at the next stop.** アイゥ ゲットオフ アッダ　ネクスト ストップ
（車内アナウンス） 次、停まります。	Stop Requested. ストップ リクエスティット
✓ （混雑時に） ここで降ります。	**Excuse me. I'm getting off here.** エクスキューズミー アイム ゲッティングオフ ヒア
⚡ 乗り越してしまいました。	**I missed my stop.** アイ ミスト　マイ　ストップ
⚡ 反対方向行きのバスはどこで乗れますか？	**Where can I ride on the bus going** ウェア　キャナイ ライドオン　ダ　バス　ゴゥイング **the other way?** ディアダァ　ウェイ？↘

長距離バス ～バスの案内所で～

長距離バスの乗り場はどこですか？	**Where can I get a long-distance bus?** ウェア　キャナイ ゲッタ　ロングディスタンス　バス？↘

✓ サンディエゴ行きのバスに乗りたいのですが。	**I'd like to take a bus for San Diego.** アイドライクトゥ テイカ バス フォ サンディエゴ
ニューオリンズまでの料金はいくらですか？	**What is the fare to New Orleans?** ウァティズ ダ フェア トゥ ニューオリンズ？↘
ポートランドまで時間はどのくらいかかりますか？	**How long does it take to get to Portland from here?** ハウロング ダズィット テイク トゥ ゲットゥ ポートランド フロム ヒア？↘
次のバスの出発時間は何時ですか？	**When is the departure time of the next bus?** ウェン イズダ ディパーチャー タイム オブダ ネクスト バス？↘

バスで使われる用語

WORD LIST

次、停まります。	Stop Requested ストップ リクエスティッド	○○行き	for ○○ フォ	降車	get off ゲットオフ
通過	pass パス	停車	stop ストップ	バス停	bus stop バスストップ
運賃	fare フェア	おつり	change チェンジ	小銭	small change スモーゥ チェンジ

TRAVEL COLUMN

バスの乗り換え券について

ハワイやニューヨークのバスでは、料金の支払時にトランスファーチケット(乗り換え券・transfer ticket) をもらうと、2時間以内であれば他のバスに乗り換えることができます。

最初に乗ったバスで運賃を払ったら「I want a transfer ticket, please.（乗り換え券をください。)」といってトランスファーチケットをもらい、別のバスに乗り換えたときにそのチケットを渡します。

タクシー

移動に便利なタクシーですが、不慣れな都市ではホテルやレストランなどのスタッフに手配してもらいましょう。行き先を告げる場合は、住所を伝えるよりも建物名や目的地付近の交差点を伝えましょう。チップは料金の15～20%が目安です。

タクシーを拾う・乗車する

タクシーはどこで拾えますか？	**Where can I catch a taxi?** ウェア キャナイ キャッチァ タクスィ？
✓ タクシー乗り場はどこでしょうか？	**Where is the taxi stand (taxi rank)?** ウェアリズ ダ タクスィスタンド（タクスィランク）？
✓ タクシーを呼んでいただけますか？	**Would you call me a taxi, please?** ウジュ コーゥミー ァ タクスィ プリーズ？
4人乗れますか？	**Can 4 people get on?** キャン フォ ピーポゥ ゲットォン？
トランクを開けていただけますか？	**Could you open the trunk?** クジュ オープン ダ トランク？
荷物を運ぶのを手伝っていただけますか？	**Could you help me to carry my baggage?** クジュ ヘゥプミー トゥ キャリー マイ バギッジ？

行き先を伝える

どちらまで？	Where to? ウェアトゥ？
（メモを見せて）この場所までお願いします。	**To this place, please.** トゥ ディス プレィス プリーズ

✓ 5番街のダラスホテルまで行ってください。	**To Dallas Hotel on Fifth Avenue, please.** トゥ ダラス ホテゥ オン フィフス アヴェニュー プリーズ
ユニオン通りとフィルモア通りの交差点に行きたいのですが。	**I'd like to go to Union St. and** アイドライクトゥ ゴウトゥ ユニオン ストリート アンド **Fillmore St.** フィゥモア ストリート
まっすぐ行ってください。	**Please just go straight.** プリーズ ジャスト ゴゥ ストレイト
1つめの信号を右［左］に曲がってください。	**Could you turn right [turn left]** クジュ ターン ライト［ターン レフト］ **at the first traffic lights?** アット ダ ファースト トラフィックライツ？⤴

時間や運賃についてたずねる

✓ ワードウエアハウスまで時間はどのくらいかかりますか？	**How long will it take to get to** ハウロング ウィゥイット テイク トゥ ゲットゥ **Ward Warehouse?** ワードウェアハウス？⤵
9時までに駅に着きますか？	**Is it possible to arrive at** イズィット パッスィボゥ トゥ アライヴ アット **the station by 9?** ダ ステイション バイ ナイン？⤴
✓ ロックフェラーセンターまでいくらかかりますか？	**How much does it cost to go to** ハウマッチ ダズィット コスト トゥ ゴゥトゥ **Rockefeller Center?** ロックフェラー センター？⤵
そこまで20ドルで足りますか？	**Do you think 20 dollars are enough** ドゥユ スィンク トゥエンティー ダラーズ アー イナーフ **to go there?** トゥ ゴゥ デア？⤴
50ドル札でおつりはありますか？	**Do you have change** ドゥユ ハヴ チェンジ **from fifty-dollar bill?** フロム フィフティ ダラー ビゥ？⤴

車内での会話

冷房を弱く［強く］していただけますか？	**Could you turn down [turn up] the air conditioner?** クジュ ターンダウン ［ターナップ］ ディ エァコンディショナー？⤴
暖房を入れてもらえますか？	**Could you turn on the heater?** クジュ ターノン ダ ヒーター？⤴
窓を開けて［閉めて］もいいですか？	**May I open [close] the window?** メアイ オープン［クローズ］ダ ウィンドゥ？⤴
もっとゆっくり走っていただけませんか？	**Could you drive more slowly?** クジュ ドライヴ モア スローリー？⤴
急いでいただけますか？	**Could you hurry, please?** クジュ ハァリィ プリーズ？⤴
9時までに駅に着きたいのです。	**I'd like to get to the station by 9.** アイドライクトゥ ゲットゥ ダ ステイション バイ ナイン
セントラル駅に着いたら教えてください。	**Please let me know when we get to Central Station.** プリーズ レッミー ノゥ ウェン ウィ ゲットゥ セントラル ステイション

トラブル

メーターを倒してください。	**Please start the meter.** プリーズ スタート ダ ミーター
道を間違えていませんか？	**Is this the right way?** イズディス ダ ライトウェイ？⤴
そんなに高いはずはありません。	**It can't be that expensive.** イット キャントビー ダット エクスペンスィヴ
料金がメーターと違います。	**The fare is different from the meter.** ザ フェア イズ ディファレント フロム ダ ミーター

目的地に着いて

次の交差点で停めてください。	**Please pull over at the next crossing.** プリーズ プゥオーヴァ アット ダ ネクスト クロッシング
ここで停めてください。	**Pull over, please.** プゥオーヴァ プリーズ
駅Aの前で一度停めてください。	**Please make a brief stop in front of the station.** プリーズ メイクァ ブリーフ ストップ イン フロントォブ ダ ステイション
ここでしばらく待っていただけますか?	**Could you wait here for a few minutes?** クジュ ウェィト ヒァ フォァ フュー ミニッツ? ⤴
すぐに戻ります。	**I'll be back soon.** アイゥ ビー バック スーン

WORDBOOK
ワードブック

A

駅
the station
ダ ステイション

ホテル
the hotel
ダ ホテゥ

交差点
crossing
クロッシング

TRAVEL COLUMN

チップについて

アメリカの場合、タクシーのチップは料金の15%が目安です。

日本でタクシーの運転手さんに「おつりは取っておいてください」「おつりは○○円でいいです」というのと同じ感覚で、料金にチップ代を加えて「Keep the change.」「I need ○ dollars.」と伝えれば大丈夫ですよ。

支払い・チップ

いくらですか？	**How much?** ハウマッチ？↘
ありがとう。おつりは取っておいてください。	**Thank you. Keep the change.** テンキュー　キープ　ダ　チェンジ
（チップを渡しながら）これはチップです。	**Here, this is the tip.** ヒア　ディスイズ ダ　ティップ
（おつりが5ドルなどの場合）おつりは3ドルだけでいいです。	**I need just 3 dollars.** アイ ニード ジャスト スリー ダラーズ
領収書をいただけますか？	**May I have a receipt?** メアイ　ハヴァ　レスィート？↗
おつりが足りないと思います。	**I think this is not enough change.** アイ スィンク ディスィズ ノット イナーフ チェンジ
そんなに高いはずはありません。	**It can't be that expensive.** イット キャントビー ダット エクスペンスィヴ
料金がメーターと合っていません。	**The charge doesn't suit the meter.** ダ　チャージ　ダズント　スー　ダ　ミーター

交通関連の用語

WORD LIST

タクシー乗り場	taxi stand [米] タクスィスタンド	taxi rank [英] タクスィランク		空車	vacant ヴェイカント
回送車	off duty オフ ドゥーティ	メーター	meter ミーター	運賃（料金）	fare フェア
おつり	change チェンジ	トランク	trunk [米] トランク	boot [英] ブート	
領収書	receipt レスィート	信号	traffic lights トラフィック ライツ	有料道路	toll way トーゥウェイ
交通渋滞	traffic jam トラフィック ジャム	近道	shortcut ショートカット	遠回り	detour ディトァ
直進	go straight ゴー ストレイト	右折	turn right ターン ライト	左折	turn left ターン レフト

交通—タクシー—

レンタカー

レンタカーを借りる場合、保険契約のような難しいやりとりがあります。大手のレンタカー会社なら日本で予約できるところもあるので、活用するのもひとつの手です。ガソリンの給油は、自分自身でおこなうセルフサービスが一般的です。

レンタカーオフィスでの会話

✓ レンタカーを借りたいのですが。	**I'd like to rent a car.** アイドライクトゥ レンタカー
予約をした鈴木です。	**I have a reservation under the name Suzuki.** アイ ハヴァ リザヴェイション アンダー ダ ネイム スズキ
予約番号は1234です。	**The confirmation number is 1234.** ダ コンファメーション ナンバー イズ ワントゥスリーフォー
✓ 今日から3日間借りたいのですが。	**I'd like to rent it for 3 days from today.** アイドライクトゥ レンティット フォ スリー デイズ フロム トゥデイ
どんな車種がありますか？	**What type of cars do you have?** ウァッタイプォブ カーズ ドゥユ ハヴ？↘
小型車🅰はありますか？	**Do you have any compact cars?** ドゥユ ハヴ エニィ コンパクトカーズ？↗
この車には6人乗れますか？	**Does this car have 6 seats?** ダズディス カー ハヴ スィックス スィーッ？↗
トランクにスーツケースが4つ入る車を希望します。	**I need a car that can accommodate 4 suitcases in the trunk.** アイ ニーダ カー ダット キャン アコモデイト フォー スーツケースィズ イン ダ トランク

日本語のカーナビがついた車はありますか？	**Is there a car with Japanese navigation?** イズデア ァ カー ウィズ ジャパニーズ ナヴィゲイション？↗
チャイルドシートをつけたいのですが。	**I'd like to use a child seat.** アイドライクトゥ ユーズ ァ チャイルド スィート
ロサンゼルス空港で乗り捨てできますか？	**Can I drop off the car at Los Angeles Airport?** キャナイ ドロッポフ ダ カー アット ロサンジェルス エアポート？↗
何時までに返却すればいいですか？	**By what time do I have to return the car?** バイ ウァッタイム ドゥアイ ハフトゥ リターン ダ カー？↘
道路地図をもらえますか？	**Can I get a road map?** キャナイ ゲッタ ロード マップ？↗

料金・保険について

✓ 1日の料金はいくらですか？	**How much does it cost per day?** ハウマッチ ダズィット コスト パァ デイ？↘

WORDBOOK
ワードブック

A

日本車
Japanese cars
ジャパニーズカーズ

マニュアル車
stick shift cars
スティックシフト カーズ

オープンカー
convertible cars
コンヴァーティボゥ カーズ

ワゴン車
station wagons ［米］
ステイション ワゴンズ
estate cars ［英］
エステイト カーズ

小型車
compact cars
コンパクト カーズ

ワンボックスカー
vans
バンズ

料金表を見せてください。	**Please show me a price list.** プリーズ ショウミー ァ プライス リスト
おすすめのプランはどれですか？	**Which plan do you recommend?** ウィッチ プラン ドゥユ レコメンド？↘
料金にガソリン代は含まれていますか？	**Is the gasoline fee included** イズ ダ ギャソリン フィー インクルーディット **in the rental fee?** イン ダ レンタゥ フィー？↗
ガソリンは満タン返しですか？	**Should I return the car with a full tank?** シュダイ リターン ダ カー ウィズ ァ フゥ タンク？↗
✓ 保険料はいくらですか？	**How much is the insurance?** ハウマッチ イズ ディ インシュランス？↘
料金に保険は含まれていますか？	**Is the insurance included** イズ ディ インシュランス インクルーディット **in the rental fee?** イン ダ レンタゥ フィー？↗
フルカバーの保険をお願いします。	**I'll take full coverage insurance.** アイゥ テイク フゥ カヴァレイジ インシュランス
前払いした予約の中に、保険料も含まれていると思うのですが。	**I believe the insurance fee is included** アイ ビリーヴ ディ インシュランス フィー イズ インクルーディット **in the reservation that I paid.** イン ダ リザヴェイション ダット アイ ペイド

支払い

この車種［保険］に決めました。	**I decided on this car [insurance].** アイ ディサイディッド オン ディス カー［インシュランス］
国際免許証を見せていただけますか？	Could you show me your international クジュ ショウミー ヨァ インターナショナゥ driver's license? ドライヴァーズライセンス？↗
こちらです（はい、どうぞ）。	**Here it is.** ヒァ イティ イズ

これがクレジットカードです。	**Here is my credit card.** ヒァリズ　マイ クレディットカード

車の受け渡し

車のキズを一緒にチェックしていただけますか？	**Could you check the scratch with me?** クジュ　チェック ダ スクラッチ ウィズ ミー？↗
ここに傷があります。	**I found a scratch here.** アイ ファウンダ スクラッチ ヒァ
燃料給油口の開け方を教えてください。	**Can you tell me how to open the fuel lid?** キャニュ テゥミー ハウトゥ オープン ダ フューェウリッド？↗
カーナビの使い方を教えてください。	**Could you show me how to use this car navigation system?** クジュ ショウミー ハウトゥ ユーズ ディズ カー ナヴィゲィション システム？↗

ガソリンスタンド

✓ 給油のやり方を教えてください。	**Could you show me how to pump gas?** クジュ ショウミー ハウトゥ パンプ ギャス？↗
料金は先払いですか、後払いですか？	**Do I pay now or later?** ドゥアイ ペイ ナゥ オァ レイラー？↘
✓ 3番給油ポンプへ20ドル分お願いします。	**20 dollars worth of gas on 3, please.** トェンティー ダラーズ ワースォブ ギャス オン スリー プリーズ
レギュラーを満タンにしてください。	**I'd like a full tank of regular.** アイドライカ フゥタンク オブ レギュラー
タイヤの空気圧をチェックしてください。	**Please check the air pressure in tires.** プリーズ チェック ディ エアープレッシャー イン タイアズ

ドライブ中

近くにガソリンスタンド［駐車場］はありますか？	**Is there a gas station [parking lot] near here?** イズデァ ァ ギャス スティション［パーキング ロット］ニァヒァ？⤴
ラスベガスまでの道を教えてください。	**Could you tell me how to get to Las Vegas from here?** クジュ テゥミー ハウトゥ ゲットゥ ラスベガス フロム ヒァ？⤴
どの方向へ行けばいいですか？	**Which way do I have to go?** ウィッチ ウェイ ドゥアイ ハフトゥ ゴゥ？⤵
（店員に対して）お客用の駐車場はありますか？	**Do you have customer parking lot?** ドゥユ ハヴ カスタマー パーキングロット？⤴
ここに駐車できますか？	**Can I park here?** キャナイ パーク ヒァ？⤴

車の返却

車を返却したいのですが。	**I'd like to return the car.** アイドライクトゥ リターン ダ カー
鍵と書類はここにあります。	**Here's your key and a document.** ヒァズ ヨァ キー アンド ァ ドキュメント
ガソリンは満タンになっていますか？	**Did you fill it up?** ディジュ フィリット アップ？⤴
トラブルなどはありませんでした。	**There was no trouble.** デァワズ ノゥ トラボゥ
ちょっとこすってしまいました。	**I scratched the car a little.** アイ スクラッチド ダ カー ァ リロゥ
保険でカバーできますか？	**Does the insurance cover it all?** ダズ ディ インシュランス カヴァー イット オーゥ？⤴

トラブル

ロードサービスをお願いします。	**Could you send a road service car?** クジュ センド ア ロード サーヴィス カー？↗
タイヤがパンクしてしまいました。	**I have a flat tire.** アイ ハヴァ フラットタイア
バッテリーがあがってしまいました。	**The battery is dead.** ダ バッテリー イズ デッド
車中にキーを置いたままドアを閉めてしまいました。	**I happened to lock myself out of my car.** アイ ハップントゥ ロック マイセゥフ アウトォブ マイ カー
自分の車をどこに停めたか忘れてしまいました。	**I forgot where I parked the car.** アイ フォガット ウェア アイ パークト ダ カー

WORD LIST

ドライブ関連の名称

カーナビ	car navigation system カー ナヴィゲイション システム	クルーズコントロール	cruise control クルーズ コントローゥ		
ワイパー	wiper ワイパー	ウィンカー	turn signal [米] ターン シグナル	winkers [英] ウィンカーズ	
燃料給油口	fuel lid フューエウ リッド	無鉛ガソリン	unleaded アンレディッド	有鉛ガソリン	leaded レディッド
レギュラー	regular レギュラー	ハイオク	super／premium スーパー／プレミアム	軽油	diesel ディーゼゥ

遊覧船・フェリー・客船クルーズ

観光スポットの島に渡る数十分程度の船から、数時間かけて観光名所を見て回る遊覧船、数日間かける旅客クルーズまで、船を使った移動・観光にはさまざまなものがあります。普段見られない風景が楽しめるのが船の魅力ですね。

チケット売り場での会話

フェリーの切符はどこで買えますか？	**Where can I buy ferry tickets?** ウェア キャナイ バァイ フェリー ティケッツ？↘
✓ サンタカタリナ島に行きたいのですが。	**I'd like to go to Santa Catalina Island.** アイドライクトゥ ゴゥトゥ サンタカタリナ アイランド
アバロン島行きの料金はいくらですか？	**How much is the boat fare to the Avalon Island?** ハウマッチ イズダ ボート フェア トゥ ディ アヴァロン アイランド？↘
乗船券を3枚ください。	**3 tickets, please.** スリー ティケッツ プリーズ
往復［片道］でお願いします。	**I want a round-trip [one way] ticket, please.** アイ ウォンタ ラウンドトリップ［ワン ウェイ］ ティケット プリーズ
乗船時間はどれくらいですか？	**How long does it take to get there?** ハウロング ダズィット テイク トゥ ゲット デァ？↘

乗り場や出航時間をたずねる

どのフェリーに乗ればいいですか？	**Which ferry should I take?** ウィッチ フェリー シュダイ テイク？↘

✓ フェリーは何時に出港しますか？	**What time does the ferry leave?** ウァッタイム ダズ ダ フェリー リーヴ？↘
次の出航は何時ですか？	**What time does the next ship leave?** ウァッタイム ダズ ダ ネクスト シップ リーヴ？↘
何時から乗船できますか？	**When can I embark?** ウェン キャナイ エンバーク？↘
午後2時までに乗船してください。	Please be on board by 2 p.m. プリーズ ビー ォンボード バイ トゥー ピーエム

船上での会話

デッキに出てもいいですか？	**Can I go up on deck?** キャナイ ゴゥアップ オン デック？↗
あそこの席に座ってもいいですか？	**May I have a seat over there?** メアイ ハヴァ スィート オーヴァ デァ？↗
到着は何時ですか？	**When does it arrive?** ウェン ダズィット アライブ？↘

客船クルーズ ～チケット売り場で～

✓ ディナークルーズに参加したいのですが。	**I'd like to take a dinner cruise** アイドライクトゥ テイカ ディナー クルーズ
内側、海側、スイートの3種類があります。	We have 3 kinds of rooms ウィ ハヴ スリー カインズォブ ルームス inside, ocean side, and suite. インサイド オーシャンサイド アンド スゥイート

それぞれの料金はいくらですか？	**How much is the rate for each room?** ハウマッチ イズダ レイト フォ イーチ ルーム？
海側を2人ください。	**2 ocean side tickets, please.** トゥー オーシャンサイド ティケッツ プリーズ
食事はついていますか？	**Is a meal included?** イズァ ミーゥ インクルーディット？
船内でのイベントはありますか？	**Are there any activities on the boat?** アーデァ エニィ アクティヴィティズ オン ダ ボート？

客船クルーズ ～船上で～

✓ (チケットを見せながら) 私の船室はどこですか？	**Where is my cabin?** ウェアリズ マイ キャビン？
食事するところはどこですか？	**Where can I have a meal?** ウェア キャナイ ハヴァ ミーゥ？
お酒などが買える売店はありますか？	**Do you have a kiosk selling alcohol?** ドゥユ ハヴァ キオスク セリング アルコホール？
ここにはどのくらい停泊しますか？	**How long will we anchor here?** ハウロング ウィゥウィー アンカー ヒア？
停泊中に街を見学したいのですが。	**Can I go sightseeing** キャナイ ゴゥ サイトスィーイング **while we anchor here?** ワイゥ ウィー アンカー ヒア？
揺れは続きますか？	**Are the waves going to continue** アー ダ ウェイヴス ゴゥイング トゥ コンティニュー **being so rough?** ビーイング ソゥ ラフ？
⚡ 船酔いで気分が悪いです。	**I get seasick, and feel bad.** アイ ゲット スィースィック アンド フィーゥ バッド
⚡ 酔い止めの薬をもらえますか？	**May I have some medicine for nausea?** メアイ ハヴ サム メディスン フォ ノージァ？

ホテル

HOTEL

ホテル探し・予約

日本でホテルを予約しないで行った場合は、現地の観光案内所などでホテルを探してもらいましょう。予算や宿泊日数、部屋の希望などをあらかじめメモしておくと、ホテル探しがスムーズになりますよ。

観光案内所で ～ホテルを探す～

✓ ホテルを探しているのですが。	I'm looking for a hotel. アイム ルッキンフォ ァ ホテゥ
ここでホテルの予約はできますか？	Can I reserve a hotel here? キャナイ リザーヴァ ホテゥ ヒァ？⤴
この近くにホテルはありますか？	Are there any hotels near here? アーデァ エニィ ホテゥス ニァヒァ？⤴
どのようなホテルをお探しですか？	What type of hotel would you like? ウァッタイプォブ ホテゥ ウジュライク？⤵
✓ 空港Aに近いホテルはありますか？	Is there a hotel near the airport? イズデァ ァ ホテゥ ニァ ディ エアポート？⤴
市街地にあるホテルを探しています。	I'm looking for a hotel in downtown. アイム ルッキンフォ ァ ホテゥ イン ダウンタウン
交通の便利なホテルがいいのですが。	I'd like to stay at a hotel アイドライクトゥ ステイ アッタ ホテゥ with good transportation. ウィズ グッド トランスポーテイション
長期滞在できるホテルを探しています。	I'm looking for a long stay hotel. アイム ルッキンフォ ァ ロング ステイ ホテゥ
（ホテルリストを見ながら）お勧めのホテルはどこですか？	Which hotel do you recommend? ウィッチ ホテゥ ドゥユ レコメンド？⤵

観光案内所で ～部屋の種類や日程で探す～

ツインBの部屋を探しています。	**I'm looking for a twin room.** アイム ルッキンフォ ァ トゥインルーム
3人で泊まれるところを探しています。	**I need a room for 3 people.** アイ ニーダ ルーム フォ スリー ピーポゥ
いつから泊まり始めますか？	When will you start to stay? ウェン ウィゥユー スタート トゥ ステイ？↘
今日からです。	**From today.** フロム トゥデイ
✓ 5月8日から予約したいのですが。	**I'd like to reserve from May 8th.** アイドライクトゥ リザーヴ フロム メイ エイス
何泊滞在されますか？	How many nights will you stay? ハウメニィ ナイツ ウィゥユー ステイ？↘
2泊です。	**For 2 nights.** フォー トゥー ナイツ
今夜から3泊したいのですが。	**I'd like to stay for 3 nights from tonight.** アイドライクトゥ ステイ フォ スリー ナイツ フロム トゥナイト
3月10日から4泊予約したいのですが。	**I'd like to reserve 4 nights from March10th.** アイドライクトゥ リザーヴ フォー ナイツ フロム マーチ テンス

WORDBOOK ワードブック

A

空港
airport
エアポート

駅
station
ステイション

ビーチ
beach
ビーチ

ショッピングセンター
shopping mall [米]
ショッピングモーゥ
shopping center [英]
ショッピング センター

B

single room	シングルルーム	シングルベッドが1つある部屋
twin room	トゥインルーム	シングルベッドが2つある部屋
double room	ダブゥルーム	ダブルベッドが1つある部屋
suite room	スゥイートルーム	スイートルーム

観光案内所で ～サービスやロケーションについてたずねる～

朝食付きのホテルがいいのですが。	**I'd like a hotel that includes breakfast.** アイドライカ ホテゥ ダッ インクルーズ ブレックファスト
プールのあるホテルがいいのですが。	**I'd like a hotel with a swimming pool.** アイドライカ ホテゥ ウィザ スウィミング プーゥ
✓ 景色のいい部屋Ⓒに泊まりたいのですが。	**I'd like a room with a nice view.** アイドライクァ ルーム ウィザ ナイス ヴュー
インターネット接続ができる部屋に泊まりたいです。	**I'd like to stay at a room** アイドライクトゥ ステイ アッタ ルーム **which can use the Internet.** ウィッチ キャン ユーズ ディ インターネット
禁煙［喫煙］の部屋にしてください。	**I'd like a non-smoking [smoking] room.** アイドライカ ノンスモーキング ［スモーキング］ ルーム
バスタブ[シャワー]付きの部屋をお願いします。	**I'd like a room with a bathtub [shower].** アイドライカ ルーム ウィザ バスタブ ［シャワー］
日本語の通じるスタッフがいるホテルはありますか？	**Are there any hotels** アーデァ エニィ ホテゥス **with Japanese speaking staffs?** ウィズ ジャパニーズ スピーキング スタッフス？↗
女性だけで泊まっても安全なホテルを探しています。	**We are looking for a hotel** ウィアー ルッキンフォ ァ ホテゥ **where women can stay safe by their own.** ウェア ウィミン キャン ステイ セイフ バイ デァ オウン
ホテルの周辺は安全ですか？	**Is that hotel located in a safe area?** イズ ダッ ホテゥ ロケイティッド インナ セイフ エリア？↗
夜に外出しても大丈夫ですか？	**Do you think it's OK to go out at night?** ドゥユ スィンク イッツオーケィ トゥ ゴーアウト アットナイト？↗

観光案内所で ～料金についてたずねる～

✓ 1泊いくらですか？	**How much is it per night?** ハウマッチ イズィット パァ ナイト？↘

料金は2泊でいくらですか？	**How much is it for 2 nights?** ハウマッチ イズィット フォ トゥー ナイツ？↘
ツインとダブルのそれぞれの値段を教えてください。	**Could you tell me how much are double room and twin room?** クジュ テゥミー ハウマッチ アー ダブゥルーム アンド トゥインルーム？↘
予算は１泊60ドルぐらいです。	**Our budget is about 60 dollars per room.** アワー バジェット イズ ァバウト スィックスティ ダラーズ パァ ルーム
もう少し安いホテルを見つけていただけますか？	**Could you find cheaper hotels?** クジュ ファインド チーパァ ホテゥズ？↗
サービス料金と税金は含まれていますか？	**Does it include service charge and the tax?** ダズィット インクルード サーヴィス チャージ アンド ダ タックス？↗
連泊した場合、割引はありますか？	**If we'll stay a couple of days, will there be any discount?** イフ ウィーゥ ステイ ァ カッポウォブ デイズ ウィゥ デァ ビー エニィ ディスカウント？↗

観光案内所で ～予約の決定～

そのホテルを予約していただけますか？	**Would you make a reservation at the hotel?** ウジュ メイカ リザヴェイション アット ダ ホテゥ？↗

WORDBOOK
ワードブック

C

上層階の部屋
a room on the upper floor
ァ ルーム オン ディ アッパーフロァ

海側の部屋
an oceanfront room
ァン ノーシャンフロント ルーム

眺めのいい部屋
a room with a nice view
ァ ルーム ウィザ ナイス ヴュー

夜景のきれいな部屋
a room with a night view
ァ ルーム ウィザ ナイト ヴュー

ホテル ―ホテル探し・予約―

他のホテルを紹介してください。	**Please introduce another hotel.** プリーズ　イントロデュース アナダ　ホテゥ

チェックインの時間をたずねる

チェックインは何時からですか？	**When can I check in?** ウェン　キャナイ チェッキン？↘
これからチェックインできますか？	**May I check in now?** メアイ　チェッキン　ナウ？↗
早めにチェックインしても大丈夫ですか？	**May I check in a little earlier?** メアイ　チェッキン　ァ リロゥ　アーリアー？↗
チェックインは午後2時からです。	The time for check in is from 2 p.m. ダ　タイム フォ チェッキン イズ フロム トゥー ピーエム
チェックインが午後10時になることをホテルに伝えていただけますか？	**Would you tell that check in will be 10 p.m. to the hotel?** ウジュ　テゥ ダッ チェッキン ウィゥビー テン ピーエム トゥ ダ ホテゥ？↗

ホテルへの行き方をたずねる

✓ ホテルへの行き方を教えてください。	**Please tell me how to get to the hotel.** プリーズ　テゥミー　ハゥトゥ　ゲットゥ ダ　ホテゥ
ホテルまでどのくらいかかりますか？	**How long does it take to the hotel?** ハウロング　ダズィット テイク トゥ ダ　ホテゥ？↘
ここから遠いですか？	**Is it far from here?** イズィット ファー フロム ヒア？↗
最寄りの駅はどこですか？	**Where is the nearest station?** ウェアリズ　ダ　ニァレスト　ステイション？↘
ホテルまでの無料シャトルバスはありますか？	**Is there a free shuttle to the hotel?** イズデァ　ァ フリー シャトゥ　トゥ ダ　ホテゥ？↗

直接ホテルで ～部屋の空きをたずねる～

予約していませんが、空いている部屋はありますか？	**I have no reservation.** アイ ハヴ ノゥ リザ**ヴェ**イション **Do you have any rooms available?** ドゥ**ユ** ハヴ エニィ ルームス ア**ヴェ**イラボゥ？↗
何名様ですか？	For how many people? フォ **ハ**ウメニィ ピーポゥ？↘
3人です。	**There will be 3 of us.** **デァ** ウィゥビー スリー ォブアス
はい。お泊まりいただけます。	Yes. We have a room available. イエス ウィ ハヴァ ルーム ア**ヴェ**イラボゥ
申し訳ございません。予約でいっぱいです。	Unfortunately, アン**フォ**ーチュネットリー we have no rooms available. ウィ ハヴ ノゥ ルームス ア**ヴェ**イラボゥ

直接ホテルで ～部屋の情報をたずねる～

どのようなお部屋をご希望ですか？	What kind of room would you like? ワッ**カ**インドォブ ルーム ウジュ**ラ**イク？↘
ダブルの部屋に泊まりたいですが。	**I'd like to stay at a double room.** アイド**ラ**イクトゥ ス**テ**イ アッタ **ダ**ブゥルーム
部屋を見せてもらえますか？	**May I see the room?** メ**ア**イ スィーダ ルーム？↗
もう少し広い［安い］部屋はありませんか？	**Can you give me a larger [cheaper] room?** キャ**ニュ** ギヴミー ァ ラージャー［**チ**ーパー］ルーム？↗
この部屋にします。	**I'll take this room.** アイゥ テイク ディス ルーム
追加のベッドを用意してもらえますか？	**Can I have an extra bed in my room?** キャ**ナ**イ ハヴァン **エ**クストラ ベッド イン マイ ルーム？↗
部屋でインターネットは使えますか？	**Can I use the Internet in the room?** キャ**ナ**イ ユーズ ディ **イ**ンターネット イン ダ ルーム？↗

ホテル ─ ホテル探し・予約 ─

チェックイン

予約してあるホテルでは、チェックイン時に名前を伝えて宿泊帳(registration form)にサインします。その場合、クレジットカードの提示か保証金(deposit)を求められることがあります。先方の予約ミスで部屋が取れていないときは、別の部屋を確保するよう伝えましょう。

到着・チェックイン時の会話

いらっしゃいませ。	**May I help you?** メアイ　へゥプユー？↗
✓ チェックインをお願いします。	**I'd like to check in, please.** アイドライクトゥ チェッキン　プリーズ
予約されていますか？	**Do you have a reservation?** ドゥユ　ハヴァ　リザヴェイション？↗
ツインルームを予約した佐藤真奈美です。	**I'm Manami Sato.** アイム マナミ　サトウ **I reserved a twin room.** アイ リザーヴド ァ トゥインルーム
ご予約頂いている佐藤様ですね。	**Ms. Sato. Yes, we have your reservation.** ミズサトウ　イエス ウィ ハヴ　ヨァ　リザヴェイション
パスポートとクレジットカードを拝見できますか？	**May I have your passport and** メアイ　ハヴ　ヨァ　パスポート　アンド **credit card, please?** クレディットカード プリーズ？↗
(パスポートとクレジットカードを渡しながら) はい、どうぞ。	**Here you are.** ヒァ　ユー　アー

インターネットで予約した場合

Webで予約しました。予約番号は111です。	**I reserved on the Web.** アイ リザーヴド オン ダ ウェブ **The booking number is 111.** ダ ブッキングナンバー イズ ワンワンワン
お名前をうかがえますか？	May I have your name, please? メアイ ハヴ ヨァ ネイム プリーズ？⤴
お名前のつづりを教えていただけますか？	Could you tell me the spelling? クジュ テゥミー ダ スペリング？⤴
これが予約確認書です。	**Here is the confirmation slip.** ヒァリズ ダ コンファメーション スリップ

WORD LIST

ホテルのロビーとスタッフ

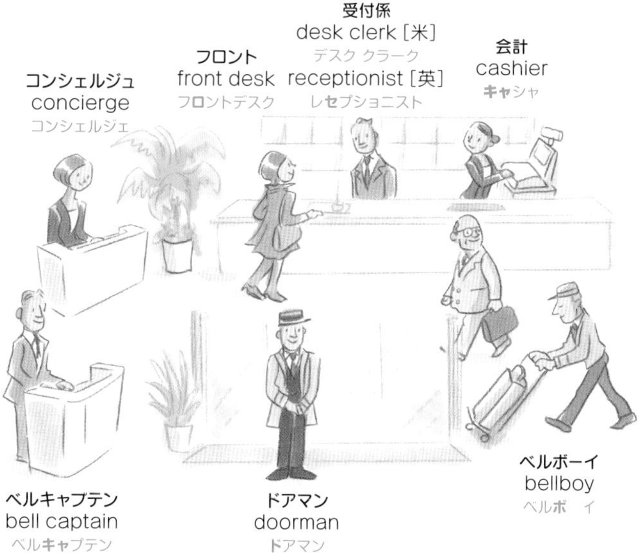

宿泊カードの記入と支払い方法の確認

宿泊カードにご記入いただけますか。	Please fill in this registration form. プリーズ　フィリン ディス レジストレーション フォーム
ここにはなにを書けばいいのですか？	What should I write here? ウァッ　シュダイ　ライト　ヒァ？↘
（書き終わって） これでいいですか？	OK, is this correct? オーケィ イズディス コレクト？↗
お支払いは現金ですか、クレジットカードですか？	How would you like to pay, ハウ　ウジュライクトゥ　ペイ cash or credit card? キャッシュ オァ クレディットカード？↘
クレジットカードでお願いします。	Credit card, please. クレディットカード プリーズ
前金として宿泊料金の5割をお預かりさせていただきます。	We require ウィ リクワイヤー 50 % cash deposit. フィフティ パーセント キャッシュ ディパズィット

フロントにたずねる

チェックインの時間まで荷物を預かってもらえますか？	Could you keep my baggage クジュ　キープ　マイ　バギッジ until I check in? アンティゥ アイ チェッキン？↗
部屋を見せてもらえますか？	May I see the room? メアイ　スィーダ　ルーム？↗
貴重品を預けたいのですが。	Could I leave my valuables here? クダイ　リーヴ　マイ　ヴァリュアボゥス ヒァ？↗
部屋に金庫はありますか？	Is there a safety box in the room? イズデァ　ァ セイフティボックス イン ダ　ルーム？↗
朝食は何時からですか？	What time can I have breakfast? ウァッタイム　キャナイ ハヴ　ブレックファスト？↘

朝食はどこで食べるのですか？	**Where can I have breakfast?** ウェア　キャナイ ハヴ　ブレックファスト？↘
部屋で朝食をとりたいのですが。	**I'd like to have breakfast in my room.** アイドライクトゥ ハヴ　ブレックファスト イン マイ ルーム

部屋へ移動する

係りの者がお部屋までご案内いたします。	We will take you to the room. ウィウィゥ テイキュー　トゥ ダ　ルーム
部屋まで荷物を運んでもらえますか？	**Could you help me with the baggage?** クジュ　ヘゥプミー　ウィズ ダ　バギッジ？↗
荷物は自分で運びます。	**I'll carry the baggage by myself.** アイゥ キャリー ダ　バギッジ　バイ マイセゥフ
（入口で荷物を預けたとき）荷物はどうやって受け取ればいいですか？	**How should I receive our baggage?** ハウ　シュダイ　レスィーヴ　アワー バギッジ？↘

TRAVEL COLUMN

ホテル内のチップについて

●ホテルのドアマンとポーター

ドアマンとポーターへのチップは、それぞれ荷物１つにつき１ドルくらいが相場です。ホテルによってはドアマンとポーターを兼ねているところもあります。ポーターは客室まで荷物を運んだあと室内の説明を行うので、説明が終わったところでお礼の言葉と一緒と渡しましょう。

●ハウスキーピング

室内を快適に整えてくれるハウスキーピングスタッフへのチップは「ピローチップ」とも呼ばれています。毎朝、ベッド１台につき１ドル程度をベッド脇のテーブルに置きます。チップと一緒に折り紙やお礼のメモなどを添えると喜ばれますよ。

エレベーターで

14階へ行くにはどのエレベーターに乗ればいいですか？	**Which elevator should I take to the 14th floor?** ウィッチ エレヴェイター シュダイ テイク トゥ ダ フォーティーンス フロァ？↘
上［下］ですか？	**Going up [down]?** ゴゥイング アップ［ダウン］？↗
5階[米](4階[英])をお願いします。	**Would you press the 5th [4th] floor, please?** ウジュ プレス ダ フィフス［フォース］フロァ プリーズ？
お先にどうぞ。	**Go ahead.** ゴゥ アヘッド
ちょっと待ってください。	**Just a moment, please.** ジャスタ モメント プリーズ
先に行ってください。	**Please go first.** プリーズ ゴゥ ファースト
降ります。	**I'm getting off.** アイム ゲッティング オフ

WORD LIST

ホテルの階層表示

アメリカ式　　イギリス式

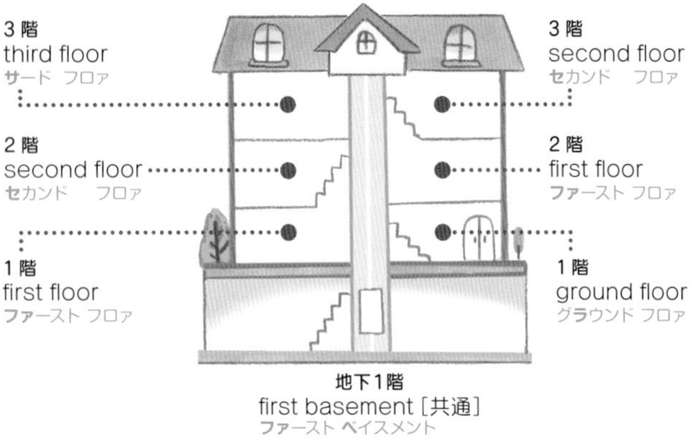

チップを渡す

（ポーターやドアマンなどに）ありがとう。これは気持ちです。	**Thank you. This is for you.** テンキュー ディスィズ フォ ユー
ありがとうございました。おかげさまで助かりました。	**Thank you very much for your help.** テンキュー ヴェリィマッチ フォ ヨァ ヘゥプ
（コンシェルジェなどに）チップはどうやって払えばいいですか？	**How should I tip?** ハウ シュダイ ティップ？↘

トラブル ～予約が入っていなかった場合～

お客様のお名前では、ご予約を承っていないようですが。	We have no record of your reservation. ウィ ハヴ ノゥ レコード ォブ ヨァ リザヴェイション
AAA トラベルに連絡してください。	**Could you call AAA Travel?** クジュ コーゥ エーエーエー トラヴェゥ？↗
もう一度確認してもらえますか？	**Could you check it again, please?** クジュ チェキット アゲイン プリーズ？↗
今晩、泊まれる部屋はありますか？	**Do you have any rooms available** ドゥユ ハヴ エニィ ルームス アヴェイラボゥ **for tonight?** フォ トゥナイト？↗
他のホテルを紹介してもらえますか？	**Could you help me** クジュ ヘウプ ミー **find another hotel?** ファインド アナダ ホテゥ？↗
泊まれないと困ります。	**I'll be in trouble if I can't stay here.** アイゥ ビー イン トラボゥ イフ アイ キャント ステイ ヒア
なんとかしてもらえませんか。	**Please do something about it.** プリーズ ドゥ サムシン ァバウト イット

両替・ATM

通貨の両替は日本で行い、海外での両替は必要最低限に留めたほうがお得です。現金は少額の買い物やチップ用と考えて、買い物にはクレジットカードを使ったほうが便利です。現金は空港に着いたときから必要なので、少額紙幣や硬貨を用意しておきましょう。

両替できる場所をたずねる

両替所はどこですか?	**Where is the money exchange?** ウェアリズ ダ マニー イクスチェンジ?↘
ここで外貨の両替はできますか?	**Can I exchange foreign currency here?** キャナイ イクスチェンジ フォリン カレンシィ ヒァ?↗

両替所で ～日本円を両替する～

両替をお願いします。	**Exchange Please.** イクスチェンジ プリーズ
✓ 円をドルⒶに両替してもらえますか?	**Could you change yen into dollars, please?** クジュ チェンジ イェン イントゥ ダラーズ プリーズ?↗
どのように両替しますか?	How would you like your bills? ハウ ウジュライク ヨア ビゥズ?↘
10ドル札でください。	**Ten-dollar bills, please.** テンダラー ビゥズ プリーズ
20ドル札を5枚、10ドル札を15枚、残りは1ドル札でお願いします。	**5 twenty-dollar bills,** ファイブ トゥエンティー ダラー ビゥズ **15 ten-dollar bills,** フィフティーン テン ダラー ビゥズ **and the rest in singles please.** アンド ザ レスト イン シングルス プリーズ

小銭も混ぜてください。	**May I have some coins too?** メアイ　ハヴ　サム　コインズ トゥ？⤴
円ドルの交換レートはいくらですか？	**What's today's exchange rate** ウァッツ　トゥデイズ　イクスチェンジ レイト **from yen to dollars?** フロム　イェン トゥ ダラーズ？⤵
領収書をもらえますか？	**May I have a receipt, please?** メアイ　ハヴァ　レスィート　プリーズ？⤴

両替所で ～細かい紙幣や小銭へ両替する～

✓ (20ドル札を出して) これをくずしてもらえますか？	**Do you have change for this?** ドゥユ　ハヴ　チェンジ　フォ　ディス？⤴
すべて1ドル札でお願いします。	**All in singles, please.** オーゥイン シングルス プリーズ
チップにするので小額のお札が欲しいのですが。	**I'd like some small bills for a tip.** アイドライク サム　スモーゥ ビゥズ フォ ァ ティップ

銀行・ATMでお金を引き出す

近くにATM［銀行］はありますか？	**Where is the nearest ATM machine** ウェアリズ　ダ　ニァレスト　エーティーエム マシーン **[bank]?** ［バンク］？⤵
お金を引き出したいのですが。	**I'd like to withdraw money.** アイドライクトゥ ウィズドロゥ　マニー

WORDBOOK
ワードブック

A

アメリカドル	US dollars	ユーエス ダラーズ
イギリスポンド	British pounds	ブリティッシュ パウンズ
カナダドル	Canadian dollars	カナディアン ダラーズ
オーストラリアドル	Australian dollars	オーストラリアン ダラーズ

クレームや要望を伝える

部屋に入ったらまず部屋の設備を確認します。わからないことがあったら荷物を運んでくれたポーターや、フロントに遠慮なく聞いてみましょう。部屋を替えてもらう場合は、差額料金が発生しないか忘れずに聞いておきましょう。

設備や備品についてのトラブルを伝える

✓ もしもし、502号室ですが。	**Hello. This is room 502.** ハロゥ ディスィズ ルーム ファイヴ ゼロ トゥ
✓ すぐに直してもらえますか？	**Could you fix it right now, please?** クジュ フィックスィット ライトナゥ プリーズ？↗
部屋の灯りが点かないのですが。	**The light in the room doesn't work.** ダ ライト イン ダ ルーム ダズント ワーク
テレビが映らないのですが。	**The TV doesn't work.** ダ ティーヴィー ダズント ワーク
冷蔵庫が壊れているようなのですが。	**I think the refrigerator is broken.** アイ スィンク ダ リフリッジュレイター イズ ブロゥクン
窓の鍵が閉まりません。	**I can't lock the window.** アイ キャント ロック ダ ウィンドゥ
カーテンが閉まらない［開かない］のですが。	**The curtain doesn't close [open].** ダ カーテン ダズント クローズ［オープン］
金庫が使えないのですが。	**I can't use the safety box.** アイ キャント ユーズ ダ セイフティボックス
インターネットにつながらないのですが。	**I can't connect to the Internet.** アイ キャント コネクト トゥ ディ インターネット

タオルが足りません。	**There aren't enough towels.** デァアーント　イナーフ　タオゥス
シーツが汚れています。	**The sheets are dirty.** ダ　シーツ　アー　ダァティ
取り替えてもらえますか？	**Could you change this for another one?** クジュ　チェンジ　ディス フォ アナダ　ワン？↗

WORD LIST

室内の設備や備品の名称

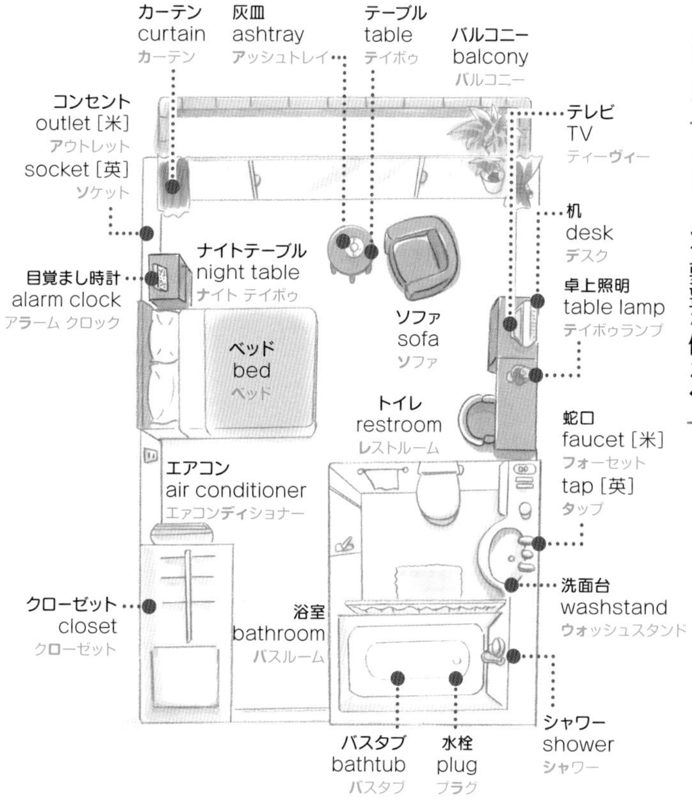

エアコンについての問い合わせ

部屋が寒い［暑い］のですが。	**My room is too cold [hot].** マイ ルーム イズ トゥー コーゥド［ホット］
室温の調節法を教えてください。	**How can I adjust room temperature?** ハウ キャナイ アジャスト ルーム テンパラチャー？
暖房を強くしたいのですが。	**I'd like to turn up the heater.** アイドライクトゥ ターナップ ダ ヒーター
冷房を弱くしたいのですが。	**I want to turn down** アイ ウォントトゥ ターンダウン **the air conditioner.** ディ エァコンディショナー

バスルームやトイレについてのトラブル

シャワーからお湯が出ません。	**I can't get hot water from shower.** アイ キャント ゲット ホット ウォーター フロム シャワー
バスタブの水が流れません。	**The water in the bathtub doesn't drain.** ダ ウォーター イン ダ バスタブ ダスント ドレイン
シャワーの水が濁っています。	**The water from shower is dirty.** ダ ウォーター フロム シャワー イズ ダァティ
トイレが流れません。	**The toilet doesn't flush well.** ダ トイレット ダズント フラッシュ ウエゥ
（トイレの）水が止まりません。	**The water doesn't stop running.** ダ ウォーター ダスント ストップ ラニング
トイレットペーパーがありません。	**There is no toilet paper in my room.** デァリズ ノゥ トイレット ペーパァ イン マイ ルーム
バスルーム［トイレ］が掃除されていないようです。	**My bathroom [restroom] looks unclean.** マイ バスルーム［レストルーム］ルックス アンクリーン
天井から水が漏れています。	**Water is leaking from the ceiling.** ウォーター イズ リーキング フロム ダ セイリング

部屋についての要望・クレームを伝える

これは希望通りの部屋ではありません。	**This isn't the room I expected.** ディスイズント ダ ルーム アイ エクスペクティット
海側の部屋を予約したはずです。	**I think I booked an oceanfront room.** アイ スィンク アイ ブックト アン ノーシャンフロント ルーム
隣の部屋がうるさくて眠れません。	**The people next door are too noisy to sleep.** ダ ピーポゥ ネクストドァ アー トゥーノイズィ トゥ スリープ
上の階の足音がうるさいのですが。	**Footsteps from the upper floor is very noisy.** フットステップス フロム ディ アッパーフロァ イズ ヴェリー ノイズィ
部屋がタバコ臭いです。	**The room smells like smoke.** ダ ルーム スメゥス ライク スモーク
もう少し広い部屋に移りたいのですが。	**I'd like to move to a bigger room.** アイドライクトゥ ムーヴ トゥ ァ ビガー ルーム

部屋を替えてもらう

部屋を替えてください。	**Could I change the room?** クダイ チェンジ ダ ルーム? ⤴
追加料金はかかりますか？	**Will there be an extra charge?** ウィゥデア ビー アン エクストラ チャージ? ⤴

TRAVEL COLUMN

クレームを上手につたえるコツ

せっかくの海外旅行でホテルの不備があったらがっかりしますね。「部屋が違う」「お湯が出ない」などの場面では、感情的になったり、逆に「まぁいいか」で済まさずホテル側にきちんとクレームを伝えましょう。

相手の対応が悪かったり、旅の疲れが重なったりすると余計にイライラしますが、そのようなときこそ冷静に「こちらの要望を伝えて対応（改善）してもらう」ほうが得策ですよ。

設備やアメニティについてたずねる

海外のホテルに宿泊しているとき、設備や用意されているアメニティの違いに戸惑うこともあります。そんなときは遠慮せずにホテルのスタッフやフロントにたずねましょう。スタッフからサービスを受けたら「Thank you」と感謝の気持を忘れずに伝えましょう。

館内の設備についてたずねる

製氷機はどこですか？	**Where is the ice machine?** ウェアリズ ディ アイス マシーン？↘
バー［レストラン］は何時まで開いていますか？	**How late is the bar [restaurant] open?** ハウ レイト イズダ バー［レストラン］オープン？↘
売店はどこですか？	**Where is the stand?** ウェアリズ ダ スタンド？↘
水を買いたいのですが、自動販売機はありませんか？	**I want a bottled water.** アイ ウォンタ ボトゥド ウォーター **Do you have any vending machines?** ドゥユ ハヴ エニィ ヴェンディング マシーンズ？↗
喫煙できる場所はありますか？	**Where can I smoke?** ウェア キャナイ スモーク？↘

備品についてたずねる

✓ 加湿器［ドライヤー］を貸してもらえますか？	**Could I borrow a humidifier [hair dryer]?** クダイ バロゥ ァ ヒューミディファイア［ヘァドライヤー］？↗
ひげ剃りを持ってこなかったのですが、あったらいただけますか？	**I didn't bring my razor, do you have a razor available?** アイ ディドン ブリング マイ レイザァ ドゥユ ハヴァ レイザァ アヴェイラボゥ？↗

アイロンとアイロン台を貸してもらえますか？	**May I borrow an iron and ironing board?** メアイ バロゥ アン アイロン アンド アイロニング ボード？↗
電池Aを売っているところはありませんか？	**Where can I buy a battery?** ウェア キャナイ バァイ ァ バッテリー？↘
ベビーカーの貸し出しサービスはありますか？	**Do you have stroller service?** ドゥユ ハヴ ストローラー サーヴィス？↗

WORDBOOK ワードブック

A

歯ブラシ
a tooth brush
ァ トゥース ブラッシュ

スリッパ
slippers
スリッパス

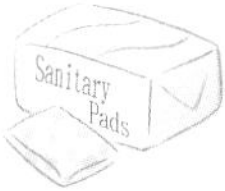

生理用品
sanitary protection
サニタリー プロテクション

ミネラルウォーター
bottled water
ボトゥド ウォーター

ビール
beer
ビァ

おかし
snacks
スナックス

薬
medicine
メディスン

日焼け止め
sun block
サンブロック

水着
a swim suit
ァ スウィム スーツ

電池
a battery
ァ バッテリー

メモリーカード
a memory card
ァ メモリーカード

ホテルのアメニティ（備品）について

●衛生アメニティなどは持参がおすすめ

スリッパや歯ブラシなど、日本のホテルや旅館には用意されているので大丈夫と思っても、海外のホテルでは部屋に置かれていないアメニティが意外とあるものです。部屋に着いてから慌てないように、予約するときに確認するといいでしょう。

シャンプーやせっけん、タオル類などのバスアメニティは海外のホテルでも用意されています。しかし、シャンプーやリンスなどは日本人の髪質に合わないこともあるので、気になる場合は歯ブラシなどと一緒に持参するといいでしょう。

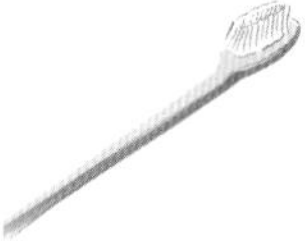

歯ブラシ
tooth brush
トゥース ブラッシュ

歯みがき粉
tooth paste
トゥース ペースト

ひげ剃り
razor
レイザー

シャンプー
shampoo
シャンプー

リンス
conditioner
コンディショナー

スリッパ
slippers
スリッパス

パジャマ
pajamas
パジャマス

●必要なものがあったらフロントに問い合わせ

加湿器やアイロンセットなど、部屋には置いていなくても貸し出してくれる備品もあります。

部屋に入ったらすぐに備品をチェックして、必要なものがあったらフロントに問い合わせてみましょう。

ヘヤードライヤー
hair dryer
ヘァ ドライアー

加湿器
humidifier
ヒューミディファイァ

湯沸し
water heater
ウォーター ヒーター

アイロン
iron
アイロン

アイロン台
ironing board
アイロニング ボード

ズボンプレス器
trouser press machine
トラゥザーズ プレッスィング マシーン

外出時の会話

観光やショッピングなどで外出するときは、フロントやコンシェルジュにタクシーを手配してもらったり、行き方を聞いておくと迷わずにすみます。いざというときのために、ホテルカード（ホテルの連絡先などを書いたもの）をもらっておくと安心です。

外出時のやりとり

502号室の佐藤です。	**I'm Sato from room 502.** アイム サトウ フロム ルーム ファイヴ ゼロ トゥ
✓ 出かけるので部屋の鍵をお願いします。	**I'm going out. Could you keep my key?** アイム ゴーインガウト クジュ キープ マイ キー？⤴
出かけるので部屋の掃除をお願いします。	**I'm leaving. Please clean my room.** アイム リーヴィング プリーズ クリーン マイ ルーム
ホテルカード（連絡先などを書いたもの）をください。	**Could I have a hotel business card?** クダイ ハヴ ァ ホテゥ ビジネス カード？⤴
近くにおすすめのスポットはありますか？	**Are there any recommended places nearby?** アーデァ エニィ レコメンディット プレイスィズ ニァバイ？⤴
この辺りで人気の買い物スポットはどこですか？	**Where is a popular shopping area around here?** ウェアリズ ァ ポピュラー ショッピングエリア アラウンド ヒァ？⤵
近くに素敵なカフェはありますか？	**Do you know a nice cafe near here?** ドゥユ ノゥ ァ ナイス カフェ ニァヒァ？⤴
（ガイドブックを見せて）ここへの行き方を教えてもらえますか？	**Could you tell me how to get there?** クジュ テゥミー ハウトゥ ゲッデァ？⤴
タクシーを呼んでもらえますか？	**Could you call me a taxi?** クジュ コーゥミー ァ タクスィ？⤴

佐藤です。今戻ってきました。	**I'm Sato. I came back now.** アイム サトウ アイ ケイムバック　ナウ
✓ 502号室の鍵をお願いします。	**Room 502, please.** ルーム　ファイヴ ゼロ トゥ プリーズ
⚡ 部屋番号を忘れてしまったのですが。	**I'm afraid I forgot my room number.** アイム アフレイド アイ フォガット マイ ルームナンバー
⚡ 部屋の鍵をなくしてしまいました。	**I'm sorry, but I lost my key.** アイムソーリー　バット アイ ロスト マイ キー

貴重品を預ける・引き取る

✓ 貴重品を預かってもらえますか？	**Could you keep my valuables, please?** クジュ　キープ マイ ヴァリュァボゥス プリーズ？⤴
貴重品を引き取りたいのですが。	**Could you give me back my valuables?** クジュ　ギヴミー バック マイ ヴァリュアボゥス？⤴
この用紙に記入していただけますか？	Could you fill in this form? クジュ　フィリン ディス フォーム？⤴

伝言を残す・受け取る

504号室に伝言をお願いしたいのですが。	**I'd like to leave a message** アイドライクトゥ リーヴァ　メッセージ **for room 504.** フォ　ルーム　ファイヴ ゼロ フォー
7時に戻ると伝えてください。	**Could you tell him [her]** クジュ　テゥ　ヒム　[ハー] **that I'll be back at 7?** ダッ　アイゥ ビー バック アット セヴン？⤴
私宛に伝言が届いていませんか？	**Is there any message for me?** イズデア　エニィ メッセージ　フォ　ミー？⤴
私宛に電話があったら、部屋に回してください。	**If someone calls me,** イフ サムワン　コーゥスミー **please transfer to my room.** プリーズ　トランスファー トゥ マイ ルーム

ホテルのサービスを利用する

ホテルには宿泊客が快適に過ごせるようさまざまなサービスがあります。インターネットやコピーなどは「ビジネスセンター」と呼ばれる専用コーナーで利用することも可能です。「こんなことをしたい」と思ったら、まずはフロントにたずねてみましょう。

モーニングコールを依頼する

502号室ですが。	**This is room 502.** ディスィズ ルーム ファイヴ ゼロ トゥ
✓ 6時にモーニングコールをお願いします。	**I'd like a wake-up call at 6.** アイドライカ ウェイカップ コーゥ アット スィックス

インターネットサービスを利用する

✓ 部屋からインターネットに接続できますか？	**Do you provide the Internet access in my room?** ドゥユ プロヴァイド ディ インターネット アクセス イン マイ ルーム？⤴
インターネットの利用は無料ですか？	**Is the Internet access free?** イズ ディ インターネット アクセス フリー？⤴
メールのチェックをしたいのですが。	**I'd like to check my e-mail.** アイドライクトゥ チェック マイ イーメイゥ
無線LANのパスワードを教えてください。	**Please tell me a password of the Wi-Fi.** プリーズ テゥミー ァ パスワード オブ ダ ワイファイ
LANケーブルを貸してもらえますか？	**Could I borrow a LAN cable?** クダイ バロゥ ァ ラン ケーブゥ？⤴
クローゼットの引き出しの中にあります。	It's in the drawer of the closet in your room. イッツ イン ダ ドローァ オブ ダ クローゼット イン ヨァ ルーム

(電源コンセントを見せながら)変換プラグを貸してもらえますか?	**Can I borrow an adapter please?** キャナイ バロゥ アン アダプター プリーズ?⤴
変換プラグはどこで買えますか?	**Where can I buy a plug adapter?** ウェア キャナイ バァイ ァ プラグアダプター?⤵

ビジネスセンターを利用する

ビジネスセンターはありますか?	**Where is the business center?** ウェアリズ ダ ビジネス センター?⤵
ビジネスセンターは無料で使えますか?	**Can I use the business center free of charge?** キャナイ ユーズ ダ ビジネス センター フリー ォブ チャージ?⤴
使用料は1時間5ドルになります。	There is a charge of 5 dollars per hour. デァリズァ チャージ ォブ ファイヴ ダラーズ パァ アワー

ランドリーサービスを利用する

クリーニングをお願いします。	**Laundry service please.** ランドリー サーヴィス プリーズ
(クリーニングの)料金表はありますか?	**Do you have a rate table?** ドゥユ ハヴァ レイト テーボゥ?⤴
ブラウスにアイロンをかけてください。	**Could I have my blouse pressed?** クダイ ハヴ マイ ブラウス プレスト?⤴
この汚れを落としてください。	**Could you get this stain out?** クジュ ゲット ディス ステイン アウト?⤴
ドライクリーニングでお願いします。	**Dry-clean please.** ドライクリーニング プリーズ
いつ仕上がりますか?	**When will it be ready?** ウエン ウィゥイット ビー レディ?⤵
3時までに仕上げてもらえますか?	**Could I get them by 3 o'clock?** クダイ ゲット デム バイ スリー オクロック?⤴

今夜、必要なのですが。	**I need them tonight.** アイ ニードデム　トゥナイト
お願いした洗濯物はできていますか？	**Is my laundry ready?** イズ マイ ランドリー　レディ？↗
これらは私のものではありません。	**I think these are not mine.** アイ スィンク ディーズ アー ノットマイン
昨日出した洗濯物がまだ戻ってきません。	**I haven't got my laundry yet.** アイ ハヴント ゴット マイ ランドリー　イェット
ワイシャツⒶが１枚足りません。	**One of my dress shirt is missing.** ワンノブ　マイ ドレス　シャート イズ ミッスィング

国際電話をかける

日本へ国際電話をかけたいのですが。	**I'd like to make a phone call to Japan.** アイドライクトゥ メイカ　フォンコーゥ　トゥ ジャパン
コレクトコールのかけかたを教えてください。	**How can I place a collect call?** ハウ　キャナイ プレイス ァ コレクトコーゥ？↘

WORDBOOK
ワードブック

Ⓐ

ブラウス
blouse
ブラウス

スカート
skirt
スカート

パンツ（ズボン）
pants［米］ trouser［英］
パンツ　トラウザー

ワンピース
dress
ドレス

ワイシャツ
dress shirt
ドレス シャート

スーツ
suit
スート

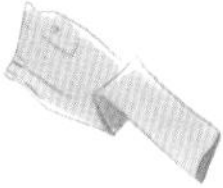
スラックス
slacks
スラックス

ジャケット
jacket
ジャケット

日本語の話せるオペレーターをお願いします。	**I'd like an operator** アイドライカン オペレイター **who can speak Japanese.** フー キャン スピーク ジャパニーズ
支払いはクレジットカードにします。	**I'll pay by credit card.** アイゥ ペイ バイ クレディットカード

郵便（エアメール、宅配便）を送る

郵便切手はありますか？	**Do you have stamps?** ドゥユ ハヴ スタンプス？⤴
エアメールを送りたいのですが。	**I want to send this by air-mail.** アイ ウォントゥ センド ディス バイ エアメイゥ
✓ これを日本に送りたいのですが。	**I'd like to send this to Japan.** アイドライクトゥ センド ディス トゥ ジャパン
日本までいくらかかりますか？	**How much does it cost to Japan?** ハウマッチ ダズィット コスト トゥ ジャパン？⤵
何日ぐらいで届きますか？	**How many days** ハウメニィ デイズ **does it take to get to Japan?** ダズィット テイク トゥ ゲットゥ ジャパン？⤵

その他のサービスを利用する

（新聞や雑誌を見せて）このページをコピーしたいのですが。	**I want to make a copy of this page.** アイ ウォントゥ メイカ コピー オブ ディス ペイジ
このデータを印刷してもらえますか？	**May I ask you to print out this data?** メアイ アスキュー トゥ プリントアウト ディス データ？⤴
この番号にファックスを送りたいのですが。	**I want to send a fax to this number.** アイ ウォントゥ センダ ファックス トゥ ディス ナンバー

ルームサービス

ルームサービスは部屋にあるメニューから注文し、食べ終わった食器は外に出すか清掃時に片づけてもらいます。朝食の場合は注文票に記入してドアノブにかけておくところもあります。チップは料金の10～15%程度です。手渡しの他に伝票にサインして部屋づけにすることもできます。

ルームサービスを依頼する

✓ 502号室ですが、ルームサービスをお願いします。	**This is room 502.** ディスィズ ルーム ファイヴ ゼロ トゥ **Room service, please.** ルームサーヴィス プリーズ
紅茶を2つお願いします。	**2 cups of tea, please.** トゥ カップス ォブ ティー プリーズ
コーヒーとサンドイッチをお願いします。	**I'd like to order coffee and a sandwich.** アイドライクトゥ オーダァ カフィ アンド ァ サンドウィッチ
ポットでお湯をもらえますか？	**Could you bring me a pot of boiled water?** クジュ ブリングミー ァ ポットォブ ボイゥド ウォーター？↗
かしこまりました。他にはよろしいですか？	Certainly. Anything else? サァータンリィ エニスィング エゥス？↗
それで全部です	**That's all.** ダッツ オーゥ

部屋をノックされたら

（ドア越しに） どなたですか？	**Who is it?** フー イズィット？↘

ルームサービスです。	**Room service.** ルームサーヴィス
ちょっと待ってください。	**Just a moment.** ジャスタ　モメント
どうぞ入ってください。	**Please come in.** プリーズ　カミン
ここに置いてください。	**Please leave it here.** プリーズ　リーヴィット ヒァ
サインをお願いします。	**Your signature, please.** ヨァ　シグネチャー　プリーズ
これはチップです。	**This is for you.** ディスィズ フォ ユー
(ルームサービスは)頼んでいませんよ。	**I didn't order room service.** アイ ディドン オーダァ ルームサーヴィス
部屋を間違えています。	**I think you are in the wrong room.** アイ スィンク ユーアー　インダ　ロング　ルーム

サービスについて確認する

ルームサービスはまだ頼めますか?	**Is the room service still available?** イズダ　ルームサーヴィス　スティゥ アヴェイラボゥ?⤴
カクテルが届いていません。	**We haven't got our cocktails yet.** ウィ ハヴント　ゴット アワー カクテゥズ　イエット
どのぐらいかかりますか?	**How long will it take?** ハウロング　ウィゥイッ テイク?⤵
早くしてもらえますか。	**Can you hurry up, please?** キャニュ　ハァリィ アップ プリーズ?⤴

ホテルの施設

ビーチやプール、エステサロンなどホテルにはさまざまな楽しみがあります。普段は体験できないその土地ならではのアクティビティもたくさんあるので、思い切ってチャレンジしてみませんか？

参照 p.222「アクティビティ」

ホテル内のアクティビティについてたずねる

✓ テニスAをしたいのですが。	**I want to play tennis.** アイ ウォントゥ プレイ テニス
予約は必要ですか？	**Do I need a reservation?** ドゥアイ ニード ァ リザヴェイション？⤴
テニスコートの予約をお願いします。	**Please reserve a tennis court.** プリーズ リザーヴァ テニス コート
近くにジョギングできるところはありますか？	**Is there a good jogging route around here?** イズデァ ァ グッド ジョギング ルート アラウンド ヒァ？⤴
エステBの予約を取りたいのですが。	**I want to reserve an esthetic treatment.** アイ ウォントゥ リザーヴ アン エステティック トリートメント
なにか用意するものはありますか？	**Should I bring something?** シュダイ ブリング サムシン？⤴

プールやビーチを利用する

プールはどこですか？	**Where is the swimming pool?** ウエアリズ ダ スウィミング プーゥ？⤵
プールは何時から使えますか？	**What time does the swimming pool open?** ウァッタイム ダズ ダ スウィミング プーゥ オープン？⤵
✓ プール用のタオルはどこでしょうか？	**Where can I find a towel?** ウエア キャナイ ファインダ タオゥ？⤵

ビーチチェア[パラソル]を借りたいのですが。	**I'd like to borrow a beach chair [parasol].** アイドライクトゥ バロゥ ァ ビーチチェア [パラソゥ]
(プールサイドバーで) アイスティーをください。	**Can I have iced tea please?** キャナイ ハヴ アイスト ティー プリーズ？ ♪
(プールサイドバーで) 502号室につけてください。	**Can you charge it to room 502, please?** キャニュ チャージ イット トゥ ルーム ファイヴ ゼロ トゥ プリーズ？ ♪
(売店で) 日焼け止めはありますか？	**Do you have sun block?** ドゥユ ハヴ サンブロック？ ♪

WORDBOOK ワードブック

A

ゴルフ
play golf
プレイ ゴゥフ

ジョギング
go jogging
ゴゥ ジョギング

フィットネス
do fitness
ドゥ フィットネス

テニス
play tennis
プレイ テニス

カラオケ
play karaoke
プレイ カラオキ

キッズルーム
play in the kids' room
プレイ イン ダ キッズルーム

B

足裏マッサージ
foot massage
フットマッサージ

ネイルケア
nail care
ネイゥ ケア

エステ
esthetic treatment
エステティック トリートメント

日射病にかかってしまいました。	**I think I've got sunstroke.** アイ スィンク アイヴ ゴット サンストローク

フィットネスを利用する

✓ ホテル内にスポーツジムはありますか？	**Do you have a gym in this hotel?** ドゥユ ハヴァ ジム イン ディス ホテゥ？↗
ジムは無料で利用できますか？	**Can we use the gym for free?** キャンウィー ユーズ ダ ジム フォ フリー？↗
どんなコースがありますか？	**What kind of service do you offer?** ウァッカインドォブ サーヴィス ドゥユ オファー？↘
ヨガはできますか？	**Can I do Yoga?** キャナイ ドゥ ヨーガ？↗
更衣室Cはどこですか？	**Where is the locker room?** [米] ウエアリズ ダ ロッカールーム？↘ **Where is the changing room?** [英] ウエアリズ ダ チェンジングルーム？↘
このマシンを使ってもいいですか？	**May I use this machine?** メアイ ユーズ ディス マシーン？↗
（インストラクターに）使い方を教えてもらえますか？	**Could you tell me how to use this machine?** クジュ テゥミー ハウトゥ ユーズ ディス マシーン？↗

WORDBOOK
ワードブック

C

シャワー室 shower room シャワールーム	更衣室 locker room [米] ロッカールーム changing room [英] チェンジングルーム	スタジオ studio ストゥディオ

ランニングマシン	treadmill	トレッドミゥ
ダンベルなどのウェイトトレーニング用具	weights	ウェイツ
ペダルを踏んで足を鍛える運動器具	elliptical trainer	エリプティカゥ トレィナー
エクササイズバイク	stationary bicycle	スティショナリー バイセコゥ

スパ・エステサロン

海外リゾートに行ったら、ぜひ体験したいのがスパやエステサロン。場所によって独自のコースがあるので、おすすめを教えてもらいましょう。
言葉に自信がなくてもいくつかの基本フレーズを使うだけなのでリラックスして癒されましょう。

情報収集

✔ ボディマッサージ🅰を受けたいのですが。	**I'd like to have a body massage.** アイドライク トゥ ハヴァ ボディ マッサージ
パンフレットはありますか？	**Do you have a brochure?** ドゥユ ハヴァ ブロシュア？⤴
（スパは）何時から営業していますか？	**What time dose the spa open?** ウァッタイム ダズ ダ スパ オープン？⤵
どんなコースがありますか？	**What kind of course do you offer?** ウァッカインドォブ コース ドゥユ オファー？⤵
友人と一緒に受けたいのですが。	**I'd like to have reflexology** アイドライクトゥ ハヴ リフレクソロジー **with a friend.** ウィズ ァ フレンド
部屋で受けることはできますか？	**Could I get it in my room?** クダイ ゲティット イン マイ ルーム？⤴
男性用のメニューはありますか？	**Do you have any service for men?** ドゥユ ハヴ エニィ サーヴィス フォ メン？⤴

予約する

✔ 予約したいのですが。	**I'd like to make a reservation.** アイドライクトゥ メイクァ リザヴェイション

日本語のわかる人はいますか？	**Does anyone know Japanese?** ダズ エニワン ノゥ ジャパニーズ？↗
今日の午後、4時ごろは空いていますか？	**Is this afternoon around 4 o'clock available?** イズ ディス アフタヌーン アラウンド フォー オクロック アヴェイラボゥ？↗
2時までに終わりますか？	**Can you finish the massage by 2 o'clock?** キャニュ フィニッシュ ダ マッサージ バイ トゥ オクロック？↗
なにか用意するものはありますか？	**Should I bring something?** シュダイ ブリング サムシン？↗
生理中ですが大丈夫でしょうか？	**I'm having my period.** アイム ハヴィング マイ ピリオド **Can I have the treatment?** キャナイ ハヴ ダ トリートメント？↗

入店と受付

4時に予約している佐藤です。	**Hello, I'm Sato.** ハロゥ アイム サトウ **I have a reservation at 4.** アイ ハヴァ リザヴェイション アット フォー
（ホテル内の場合）502号室の宿泊客です。	**We are hotel guests of room 502.** ウィアー ホテゥ ゲスツ オブ ルーム ファイヴ ゼロ トゥ

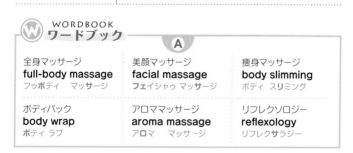

WORDBOOK
ワードブック

A

全身マッサージ **full-body massage** フゥボディ マッサージ	美顔マッサージ **facial massage** フェイシャゥ マッサージ	痩身マッサージ **body slimming** ボディ スリミング
ボディパック **body wrap** ボディ ラプ	アロママッサージ **aroma massage** アロマ マッサージ	リフレクソロジー **reflexology** リフレクサラジー

どのようなお手入れをご希望ですか？	What would you like to have done today? ウァッ ウジュライクトゥ ハヴ ダン トゥデイ？↘
✓ おすすめのコースは何でしょうか？	**Which service do you recommend?** ウィッチ サーヴィス ドゥユ レコメンド？↘
リラックスコースはいかがですか？	Would you like a relaxing course? ウジュライカ リラクスィング コース？↗
それでお願いします。	**That'll be fine.** ダットゥビー ファイン
✓ 脚のむくみBに効くマッサージをお願いします。	**I'd like a massage to reduce swelling of my feet.** アイドライカ マッサージ トゥ リデュース スウェリング オブ マイ フィート
アロママッサージの60分コースをお願いします。	**I'd like to have aroma massage of 60 minutes course.** アイドライクトゥ ハヴ アロマ マッサージ オブ スィックスティー ミニッツ コース

施術前のカウンセリング

この質問表に記入していただけますか？	Could you fill out this questionnaire? クジュ フィラウト ディス クエスチョネァ？↗
いくつか質問させていただきますね。	May I ask you something? メアイ アスキュー サムシン？↗
お肌で気になるところはありますか？	Do you have any troubles on your skin? ドゥユ ハヴ エニィ トラボゥス オン ヨァ スキン？↗
（肌質が）乾燥肌Cです。	**I have dry skin.** アイ ハヴ ドライ スキン
肌荒れDが気になります。	**I'm concerned about rough skin.** アイム コンサーンド ァバウト ラフ スキン

カウンセリングでよく聞かれる質問例

持病はありますか？	Do you have any chronic illness? ドゥユ　ハヴ　エニィ クロニック イゥネス？⤴
特にありません。	**Nothing in particular.** ナッシング　イン パティキュラー
妊娠されていますか？	Are you pregnant? アーユー　プレグナント？⤴
いいえ。	**No, I'm not.** ノゥ　アイム ノット
今、妊娠3ヵ月です。	**I'm 3 months pregnant.** アイム スリー マンス　プレグナント
体調で気になるところはありますか？	Do you have any health concerns? ドゥユ　ハヴ　エニィ ヘゥス　コンサーンズ？⤴
肩こりがひどいです。	**I have a very stiff neck.** アイ ハヴァ　ヴェリィ スティッフ ネック

WORDBOOK
ワードブック

B

脚のむくみ swelling of my feet スウェリング オブ マイ フィート	肩こり stiff neck スティッフ ネック	腰痛 backache バックエイク

C

乾燥肌 dry skin ドライ スキン	オイリー肌（脂性肌） oily skin オイリィ スキン	敏感肌 sensitive skin センスィティヴ スキン

D

肌荒れ rough skin ラフ　スキン	しみ spots スパッツ	しわ wrinkles リンクゥス
毛穴の黒ずみ pores ポァズ	くま dark circles ダーク サーコゥス	たるみ sagging skin サギング　スキン

施術・マッサージ

こちらのローブに着替えてください。	Please put on this robe. プリーズ　プットン　ディス ローブ
下着も取ったほうがいいですか？	**Should I take off my underwear, too?** シュダイ　テイクオフ マイ アンダーウェア トゥー？↗
紙ショーツはありますか？	**Do you have paper shorts?** ドゥユ　ハヴ　ペーパァ ショーツ？↗
こちらの使い捨て下着をお使いください。	Please wear this disposable プリーズ　ウェア　ディス ディスポゥザボゥ underwear. アンダーウェア
フットバスに足を入れてリラックスしてください。	Please put your feet in this footbath プリーズ　プット ヨァ　フィート イン ディス フットバス and relax. アンド リラックス
お好みの香りはありますか？	Which fragrance would you like? ウィッチ　フレグランス　ウジュライク？↘
これは何のオイルですか？	**What kind of oil is this?** ウァッカインドォブ　オイゥ イズディス？↘
あおむけに寝てください。	Please lie on your back. プリーズ　ライ オン ヨァ　バック
うつ伏せに寝てください。	Please lie on your stomach. プリーズ　ライ オン ヨァ　スタマック
膝を曲げてください。	Please bend your knees. プリーズ　ベンド　ヨァ　ニーズ
膝を伸ばしてください。	Please stretch your knees. プリーズ　ストレッチ ヨァ　ニーズ
いかがですか？	How do you feel? ハウ　ドゥユ　フィーゥ？↘
とても気持ちがいいです。	**I feel good, and relaxed.** アイ フィーゥ グッド アンド リラックスト

もう少し強く［弱く］お願いします。	**Could you press a little bit stronger [softer], please?** クジュ プレス ァ リロゥビット ストロンガー ［ソフター］ プリーズ？⤴
強すぎます。	**It's too strong.** イッツ トゥー ストロング
痛いです。	**It hurts.** イット ハーツ
（部屋が）暑い［寒い］です。	**This room is a little hot [cold] to me.** ディス ルーム イズ ァ リロゥ ホット ［コーゥド］ トゥ ミー
他に凝っている箇所はありませんか？	Is there any parts I've missed? イズデァ エニィ パーツ アイヴ ミスト？⤴
背中がまだ凝ってます。	**I still have a stiff back.** アイ スティゥ ハヴァ スティッフ バック

WORD LIST

エステで使う顔のパーツの名称

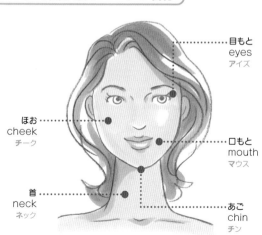

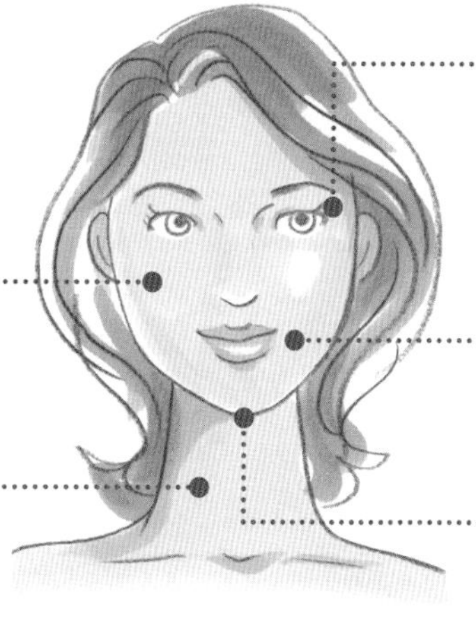

お手洗いに行きたいのですが。	**May I go to the restroom?** メ**ア**イ　ゴゥ トゥ ダ　**レ**ストルーム？↗
気分が悪いのですが。	**I feel sick.** アイ フィーゥ **ス**ィック

WORD LIST

エステで使う体のパーツの名称

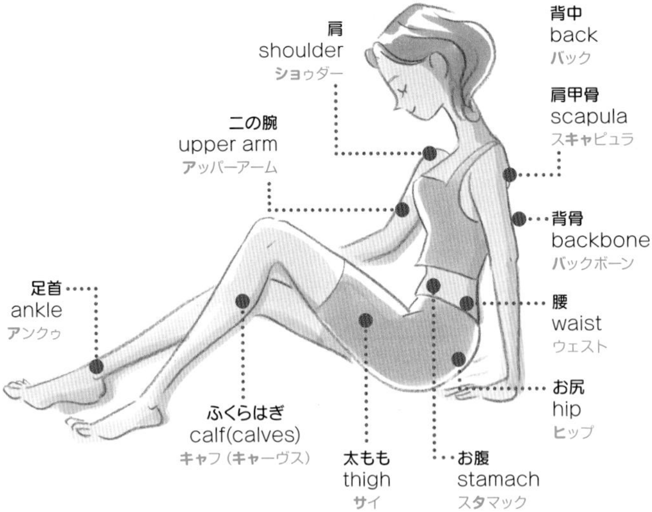

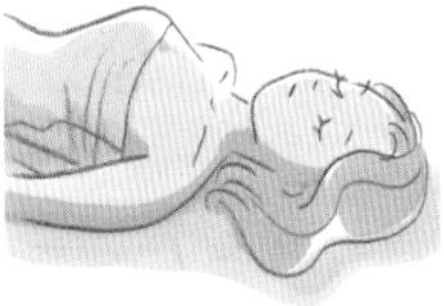

あおむけ
lie on your back
ライ オン ヨァ バック

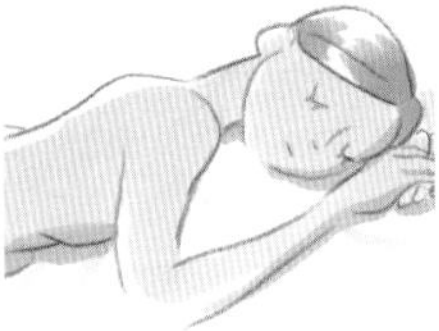

うつ伏せ
lie on your stomach
ライ オン ヨァ スタマック

ネイルサロン

観光やショッピングなどのちょっとした空き時間に楽しめるネイルサロン。ネイルの名称は「フレンチ」「グラデーション」など、日本のサロンで使っているものと同じです。海外ならではのカラフルなデザインに挑戦するのも楽しいですよ。

入店

✓ ネイルケアをお願いしたいのですが。	**I'd like to get my nails done.** アイドライクトゥ ゲットマイ ネイゥズ ダン
✓ 一番人気のあるスタイルはどれですか？	**What's the most popular style?** ウァッツ ダ モスト ポピュラー スタイゥ？⤵
✓ このデザイン［色］にしてください。	**I'd like this design [colors].** アイドライク ディス デザイン ［カラーズ］
マニキュア［ジェルネイル／スカルプチュア］をお願いします。	**I'd like a manicure** アイドライカ マニキュア **[gel nail / sculpture], please.** ［ジエゥ ネイゥ／スカゥプチュア］ プリーズ
フレンチネイルⒶにしてください。	**I want a French nail.** アイ ウォンタ フレンチ ネイゥ

施術

マニキュアの色はどれがいいですか？	Which color would you like? ウィッチ カラー ウジュライク？⤵
赤みがかったピンクにしてください。	**I prefer reddish-pink.** アイ プリファー レディッシュ ピンク
もっと明るいⒷ色がいいです。	**I'd like brighter color.** アイドライク ブライター カラー

アートのデザインはどうしますか？	What type of art design would you like? ウァッタイプォブ　アート デザイン ウジュライク？↘
ストーンをつけてください。	**I want to decorate my nails with stones.** アイ ウォントゥ デコレイト マイ ネイゥス ウィズ ストーンス
つめの形はどうしますか？	What shape would you like? ウァッ　シェイプ　ウジュライク？↘
オーバルCにしてください。	**Could you shape my nails oval?** クジュ　シェイプ　マイ ネイゥズ オーヴァゥ？↗

WORDBOOK ワードブック

A

フレンチネイル
French nail
フレンチ　ネイゥ

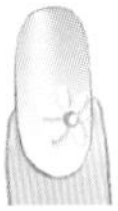

グラデーション
gradation
グラデイション

ホログラム
hologram
ホログラム

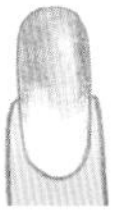

ラメ
lame
ラメイ

ドットアート
dot art
ドット アート

マーブルネイル
marble nail
マーボゥ　ネイゥ

ピーコックネイル
peacock nail
ピーコック　ネイゥ

3D
3D nail arts
スリーディー ネイゥ アーツ

B

明るい **brighter** ブライター	濃い **darker** ダーカー	落ち着いた **quieter** クワイエター	キラキラ光る **sparkly** スパァキィ

透明感のある **more transparent** モア　トランスペアレント	鮮やかな **more vivid** モア　ヴィヴィッド	メタリックな **more metallic** モア　メタリック
クリーム系の **creamer** クリーミァー	マット系の **more matte** モア　マット	目立つ **more striking** モア　ストゥライキング

(アートは) どの指につけますか?	Which fingernails would you like to get nail art? ウィッチ フィンガーネイゥズ ウジュライクトゥ ゲット ネイゥアート?↘
小指Dにつけてください。	**I'd like it on my little finger.** アイドライキット ォン マイ リトゥ フィンガー
甘皮をとりますね。	May I cut your cuticles? メアイ カット ヨァ キューティコゥス?↗
少し押し上げるだけでいいです。	**Please just push them back.** プリーズ ジャスト プッシュ デム バック
ジェルネイルを取ってもらえますか?	**I'd like to remove the gel nails.** アイドライクトゥ リムーヴ ダ ジェゥ ネイゥズ
ハンドケアEもやってもらえますか?	**May I have the hand care course too?** メアイ ハヴ ダ ハンドケア コース トゥー?↗

WORDBOOK ワードブック

C

オーバル
oval
オーヴァゥ

スクエアオフ
square off
スクエァ オフ

スクエア
square
スクエァ

ラウンド
round
ラウンド

ポイント
pointed
ポインティット

D

親指
thumb
サム

人差し指
forefinger
フォァフィンガー

中指
middle finger
ミドゥフィンガー

薬指
ring finger
リングフィンガー

小指
little finger
リトゥフィンガー

E

ハンドケア
hand care
ハンド ケア

フットケア
foot care
フット ケア

ペディキュア
pedicure
ペディキュア

チェックアウト

荷物の整理は前の晩から準備して、翌朝取りに来てもらえるように手配しておきましょう。飛行機の都合などで朝早くチェックアウトする場合は、前の晩に済ませることも可能です。そのときは、ミニバーなど部屋づけの会計も一緒に精算しておきます。

フロントへの問い合わせ

✓ チェックアウトは何時ですか？	**What time should I check out?** ウァッタイム　シュダイ　チェッカウト？↘
今晩のうちにチェックアウトを済ませたいのですが。	**I'd like to check out tonight.** アイドライクトゥ チェッカウト　トゥナイト
部屋には何時までいられますか？	**When do I have to leave the room?** ウェン　ドゥ アイ ハウトゥ　リーヴ　ダ　ルーム？↘
9時の便に乗るには、何時にホテルを出ればいいですか？	**I need to take the flight at 9.** アイ ニードトゥ テイク ダ　フライト　アットナイン **What time should I leave here?** ウァッタイム　シュダイ　リーヴ　ヒァ？↘
明日の朝6時にタクシーを手配してください。	**Will you call a taxi for us at 6 tomorrow morning?** ウィゥユー コーゥ ァ タクスィ フォ アス アット スィックス トゥモロゥ　モーニング？↗

予定を変更する

1日早く発ちたいのですが。	**I'd like to leave 1 night earlier.** アイドライクトゥ リーヴ　ワン ナイト アーリァー
あと2日、宿泊を延長したいのですが。	**I'd like to stay another 2 nights.** アイドライクトゥ ステイ アナダァ　トゥ ナイツ

あいにく満室です。	I'm sorry, but we don't have any rooms available. アイムソーリー バットウィドン ハヴ エニィ ルームス アヴェイラボゥ
シングルなら空いていますが。	We have a single room available. ウィ ハヴァ ァシングルルーム アヴェイラボゥ
差額の料金はいくらですか?	How much is the balance? ハウマッチ イズ ダ バランス?↘

チェックアウトの準備

チェックアウトするので、荷物を取りに来てもらえますか?	We're checking out now. ウィアー チェッキンガウト ナゥ Could you send someone to pick our baggage up? クジュ センド サムワン トゥ ピッカワー バギッジ アップ?↗
お荷物はいくつですか?	How many pieces of baggage do you have? ハウメニィ ピースィズ オブ バギッジ ドゥユ ハヴ?↘
スーツケース2個と買い物袋が3つです。	We have 2 suitcases and 3 bags. ウィ ハヴ トゥ スーツケースィズ アンド スリー バッグス
チェックアウトのあと荷物を預かってもらえますか?	Could you keep my baggage after check out? クジュ キープ マイ バギッジ アフター チェッカウト?↗

チェックアウトと支払い

✓ 502号室ですが、チェックアウトをお願いします。	Room 502. Check out, please. ルーム ファイヴ ゼロ トゥ チェッカウト プリーズ
貴重品を引き取りたいのですが。	I'd like to get my valuables. アイドライクトゥ ゲット マイ ヴァリュアボゥス
冷蔵庫(ミニバー)の中のものを何か召し上がりましたか?	Did you have anything from the minibar? ディジュ ハヴ エニィスィング フロム ダ ミニバァ?↗

ホテル ―チェックアウト―

いいえ。冷蔵庫（ミニバー）は利用していません。	**No, I didn't use any minibar.** ノゥ、アイ ディドン ユーズ エニィ ミニバァ
ビールを２本とコーラを飲みました。	**I had 2 beers and 1 coke.** アイ ハド トゥ ビアース アンド ワン コーク
支払いはカードでお願いします。	**Can I pay with my credit card?** キャナイ ペイ　ウィズ　マイ　クレディットカード？↗

忘れ物をしたとき

部屋にメガネを忘れてしまいました。	**I'm afraid I left my glasses in my room.** アイム アフレイド アイ レフト マイ グラスィズ イン マイ ルーム
取りに戻ってもいいですか？	**May I get it?** メアイ　ゲッティット？↗
調べてもらえますか？	**Would you check it, please?** ウジュ　チェッキット　プリーズ？↗

トラブル

すみませんが、この料金は何ですか？	**Excuse me, but what's this charge for?** エクスキューズミー バット ウァッツ ディス チャージ フォ？↘
有料チャンネルは見ていません。	**I didn't use any pay channel.** アイ ディドン ユーズ エニィ ペイ チャンネゥ
このサービスは利用していません。	**I didn't use this service.** アイ ディドン ユーズ ディス サーヴィス
これは余分に請求されているようですが。	**I think I'm charged too much.** アイ スィンク アイム チャージド トゥー マッチ
もう一度確認してもらえますか？	**Could you see that again?** クジュ　スィー ダッ　アゲイン？↗

食事

EAT OUT

情報収集

お目当てのお店は、あらかじめガイドブックなどで探しておくと安心です。また、ホテルや観光案内所で、その土地ならではのお店を教えてもらうのもいいでしょう。そのときには予約も一緒に取ってもらうといいですよ。

参照 p.142「予約」

店を教えてもらう

近くにおすすめのレストランはありませんか？	**Are there any good restaurants near here?** アーデァ エニィ グッド レストランツ ニァヒァ？↗
✓ 地元料理Ⓐのおいしい店を教えてください。	**Please tell me a nice local food restaurant.** プリーズ テウミー ァ ナイス ローカゥ フード レストラン
✓ 日本食Ⓑのレストランはありますか？	**Are there any Japanese restaurants?** アーデァ エニィ ジャパニーズ レストランツ？↗
女性に人気のある店を教えてもらえますか？	**Can you recommend any popular restaurants for women?** キャニュ レコメンド エニィ ポピュラー レストランツ フォ ウィミン？↗
✓ 近くにカジュアルなⒸレストランはありませんか？	**Do you know any casual restaurants nearby?** ドゥユ ノゥ エニィ カジュアゥ レストランツ ニァバイ？↗
夜景のきれいなお店はありますか？	**Are there any restaurants with a night view?** アーデァ エニィ レストランツ ウィザ ナイト ヴュー？↗
遅くまで営業しているレストランはありますか？	**Are there any restaurants open late?** アーデァ エニィ レストランツ オープン レイト？↗

1人20ドルくらいのお店を探しているのですが。	**I'm looking for a restaurant for about 20 dollars per person.** アイム ルッキングフォ ァ レストラン フォ ァバウト トェンティー ダラーズ パァ パーソン

場所をたずねる

ウィタードというお店の場所を知っていますか？	**Do you know where Whittard is?** ドゥユ ノゥ ウェア ウィタード イズ？↗
お店までの行き方を教えてください。	**Could you tell me the way to the restaurant?** クジュ テゥミー ダ ウェイ トゥ ダ レストラン↗
歩いてどのくらいですか？	**How long does it take on foot?** ハウロング ダズィット テイク オン フット？↘
地図を書いていただけますか？	**Could you draw a sketch map?** クジュ ドロゥ ァ スケッチ マップ？↗

WORDBOOK ワードブック

A

地元料理 local food ローカゥ フード

魚料理 fish dishes フィッシュ ディッシズ

ステーキ steak ステイク

ハンバーガー burger バーガー

B

日本食	Japanes	ジャパニーズ	メキシコ料理	Mexican	メキシカン
イタリア料理	Italian	イタリアン	地中海料理	Mediterranean	メディテラニアン
中華料理	Chinese	チャイニーズ			
フランス料理	French	フレンチ	エスニック料理	Ethnic	エスニック

C

カジュアルな	casual	カジュアゥ	流行りの	popular	ポピュラー
落ち着いた	good atmosphere	グッド アトモスフィア	おしゃれな	stylish	スタイリッシュ

予約

海外ではちょっとしたレストランでも予約を入れるのが一般的です。日時、人数、名前を伝えるだけなので、電話で予約してから出かけましょう。ホテルのフロントやコンシェルジュに頼むという方法もあります。

予約を取ってもらう

✓	（フロントで）このレストランに予約を入れてほしいのですが。	**Could you make a reservation for this restaurant?** クジュ メイカ リザヴェイション フォ ディス レストラン？⤴
	何名様ですか？	How many people? ハウメニィ ピーポゥ？⤵
✓	今晩8時に3人で予約したいのですが。	**Could I reserve a table for 3 people at 8 tonight?** クダイ リザーヴァ テイボゥ フォ スリー ピーポゥ アット エイト トゥナイト？⤴

電話で予約する

✓	予約をお願いします。	**I'd like to make a reservation.** アイドライクトゥ メイカ リザヴェイション
	何時にいらっしゃいますか？	What time would you like to come? ウァッタイム ウジュライクトゥ カム？⤵
	あいにくその時間は満席です。	I'm afraid all our tables are full at that time. アイム アフレイド オーゥ アワー テイボゥス アー フゥ アット ダット タイム
	何時なら予約できますか？	**What time can we reserve a table ?** ウァッタイム キャンウィー リザーヴァ テイボゥ？⤵

その時間で予約します。	**OK, we reserve a table on that time.** オーケィ ウィー リザーヴァ テイボゥ オン ダット タイム
お名前を教えてください。	May I have your name, please? メアイ ハヴ ヨァ ネイム プリーズ？⤴
佐藤です。	**I'm Sato.** アイム サトウ

ドレスコードなどを確認する

服装の決まりはありますか？	**Do you have a dress code?** ドゥユ ハヴァ ドレスコード？⤴
カジュアルな服装でも大丈夫ですか？	**Is casual clothing OK?** イズ カジュアゥ クローズィング オーケィ？⤴
子ども連れでも大丈夫ですか？	**Are children allowed?** アー チゥドレン アラウド？⤴
アレルギー対応のメニューはありますか？	**Do you have an allergy menu?** ドゥユ ハヴァン アラジィ メニュー？⤴

予約を変更する

8時に予約した佐藤です。	**I made a reservation at 8 under Sato.** アイ メイダ リザヴェイション アットエイト アンダー サトウ
予約の変更［キャンセル］をお願いします。	**I'd like to change [cancel] the reservation** アイドライクトゥ チェンジ［キャンセゥ］ダ リザヴェイション
予約した時間に20分ほど遅れます。	**I'm sorry, we'll be 20 minutes late.** アイムソーリー ウィーゥ ビー トゥエンティー ミニッツ レイト
2名で予約しましたが、4名に変更できますか？	**Can I change the table for 2 to 4?** キャナイ チェンジ ダ テイボゥ フォ トゥー トゥ フォー？⤴

食事―予約―

レストラン

欧米のレストランではテーブルごとに担当が決まっているので、最初に注文を取りに来た人の顔を覚えておきましょう。わからないことがあったら遠慮なく質問し、ちょっとしたことでも「Thank you」と伝えるといいですよ。

入店時の会話

8時に3名で予約した佐藤です。	**I reserved for 3 at 8** アイ リザーヴド フォ スリー アット エイト **under the name of Sato.** アンダー ダ ネイム オブ サトウ
あとからもう1人来ます。	**Another person will come later.** アナダ パーソン ウィウ カム レイラー
ご案内しますのでお待ちください。	Could you wait a few minutes? クジュ ウェイト ァ フュー ミニッツ？↗
こちらへどうぞ。	This way, please. ディス ウェイ プリーズ
窓際の席Aにしてもらえますか？	**Can I have a table by the window?** キャナイ ハヴァ テイボゥ バイ ダ ウィンドゥ？↗
コートを預かっていただけますか？	**Can you take my coat, please?** キャニュ テイク マイ コート プリーズ？↗
5名で9時に予約したはずですが。	**I asked for a table for 5 people at 9.** アイ アスクド フォァ テイボゥ フォ ファイヴ ピーポゥ アット ナイン

予約をしていない場合

予約をしていませんが空いている席はありますか？	**We don't have a reservation.** ウィドン ハヴァ リザヴェイション **Do you have any tables available?** ドゥユ ハヴ エニィ テイボゥス アヴェイラボゥ？↗

何名様ですか？	**How many pepole are in your party?** ハウメニィ　ピーポゥ　アー イン ヨァ パーリィ？↘
3人です。	**We are a group of 3.** ウィアー　ァ グループ　オブ スリー
全員一緒に座りたいのですが。	**We'd like to sit together.** ウィドライクトゥ　スイット トゥゲダァ

WORDBOOK ワードブック

A

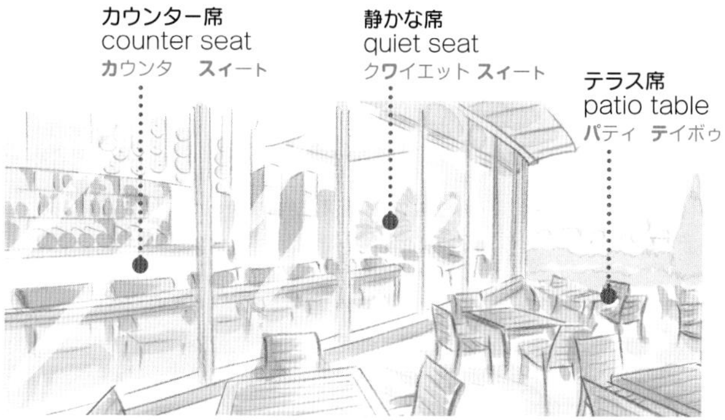

窓際の席
table by the window
テイボゥ バイ ダ ウィンドゥ

眺めのいい席
table with a nice view
テイボゥ ウィザ ナイス ヴュー

海の見える席
table with an ocean view
テイボゥ ウィザン オーシャン ヴュー

夜景のきれいな席
table with a beautiful night view
テイボゥ ウィザ ビューティフゥ ナイト ヴュー

満席なので少々お待ちいただけますか？	**I'm afraid all our seats are taken.** アイム アフレイド オーゥ アワー **スィ**ーッ アー **テ**イクン **Could you wait a while?** クジュ ウェイト ァ ウァイゥ？↗
どのくらい待ちますか？	**How long do we have to wait?** **ハ**ウロング ドゥウィ ハフトゥ **ウェ**イト？↘
15分ほどバーでお待ちいただけますか？	**Could you wait in the bar about 15 minutes?** クジュ ウェイト イン ダ **バー** ァ**バ**ウト フィフ**ティー**ン **ミ**ニッツ？↗
20分くらいになります。	**It will be 20 minutes or so.** **イ**ット ウィゥビー トゥ**エ**ンティー **ミ**ニッツ オァ ソゥ
わかりました。待ちます。	**OK. We'll wait.** **オー**ケィ ウィーゥ **ウェ**イト
では、またの機会にします。	**Well, we'll try some other day.** ウェゥ ウィーゥ **トラ**イ サム **ア**ダーデイ

TRAVEL COLUMN

テーブルの担当者が気が利く理由

テーブルの担当者は、つねに気にかけてくれています。ドリンクや料理の説明から、注文、そしてお酒などの飲み物の追加注文にも素早く対応してくれます。

もし、担当者が気づいていなかったら、「Excuse me.」と声をかけましょう。すぐに来てくれるはずです。

じつは、アメリカのウエイトレスやウエイターの給料はそれほど高くありません。でも、担当テーブルのチップは自分がもらえるので、しっかりと働きます。お客さんに、つねに気持ちよく食事をしてもらえるように気配りをしているのです。

飲み物の注文

お飲み物はいかがいたしますか？	Would you like something to drink? ウジュライク　サムシン　トゥ ドリンク？⤴
どんな種類のビールがありますか？	**What kind of beer do you have?** ウァッカインドォブ　ビァ　ドゥユ　ハヴ？⤵
ワインリストをいただけますか？	**Can I have the wine list?** キャナイ ハヴ　ダ　ワイン　リスト？⤴
✓ おすすめのワインⒷはどれですか？	**Which wine do you recommend?** ウィッチ　ワイン　ドゥユ　レコメンド？⤵
自家製ワインをデキャンタでください。	**I'd like a decanter of house wine.** アイドライカ　ディキャンター オブ ハウス　ワイン
辛口［甘口］の赤ワインをグラスⒸでお願いします。	**I'll have a glass of dry [sweet] red wine, please.** アイゥ ハヴ　ァ グラス オブ　ドライ［スウィート］ レッド ワイン　プリーズ
ミネラルウォーターをもらえますか？	**Can I have a bottle of mineral water?** キャナイ ハヴ　ァ ボトゥ　オブ ミネラゥ ウォーター？⤴

WORDBOOK ワードブック

B

ワイン　wine
ワイン

自家製ワイン house wine
ハウス ワイン

地ビール　craft beer
クラフトビァ

C

グラス
a glass of
ァ グラス ォブ

ボトル
a bottle of
ァ ボトゥ　ォブ

デキャンタ
a decanter of
ァ ディキャンター ォブ

炭酸入りと炭酸なしがあります。	We have sparkling or regular. ウィ ハヴ スパークリング オァ レギュラー
炭酸なしをください。	**Regular please.** レギュラー プリーズ

メニューについてたずねる

メニューを見せていただけますか？	**Can we have menus, please?** キャンウィ ハヴ メニューズ プリーズ？↗
日本語のメニューはありますか？	**Do you have a Japanese menu?** ドゥユ ハヴァ ジャパニーズ メニュー？↗
✓ この店のおすすめ料理はなんですか？	**What would you recommend?** ウァッ ウジュ レコメンド？↘
この土地の特別な料理はありますか？	**Do you have any local special dishes?** ドゥユ ハヴ エニィ ローカゥ スペシャル ディッシズ？↗
今の季節はなにがおいしいですか？	**What is delicious in this season?** ウァティズ デリシャス イン ディス スィーズン？↘
これはどんな料理ですか？	**What kind of dish is this?** ウァッカインドォブ ディッシュ イズディス？↘
この料理は辛いですか？	**Is this food spicy?** イズ ディス フード スパイスィー？↗
他になにかおすすめはありますか？	**Could you recommend something else?** クジュ レコメンド サムシン エゥス？↗

メニュー

WORD LIST

前菜
appetizer
アペタイザー
本日のおすすめ
today's special
トゥデイズ スペシャゥ
Appetizer
Ahi Tuna Tower
Maine Lobster Cocktail
Soup
Lobster Bisque
Baked Five Onion Soup
Salad
Caesar Salad
Chopped Salad
Side Dishes
Grilled Jumbo Asparagus
Sauteed Broccoli Florets
Today's Special
Signature Cut Prime
New York Strip
Meat
Center-Cut Filet Mignon
Porterhouse Steak
Seafood
Baked Stuffed Shrimp
Cold Water Lobster Tail
Dessert
Fresh Raspberries
Key Lime Pie
スープ
soup
スープ
サラダ
salad
サラッド
肉料理
meat
ミート
魚料理
seafood
スィーフード
副菜
side dishes
サイド ディッシズ
デザート
dessert
デザート

テーブルセッティング

WORD LIST

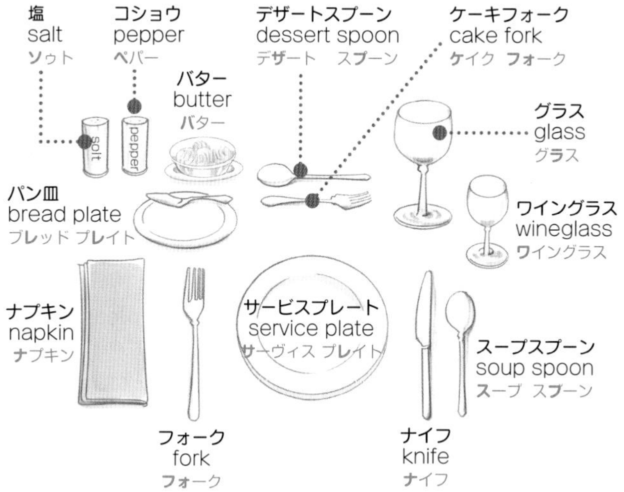

塩
salt
ソゥト
コショウ
pepper
ペパー
デザートスプーン
dessert spoon
デザート　スプーン
ケーキフォーク
cake fork
ケイク　フォーク
バター
butter
バター
salt
pepper
グラス
glass
グラス
パン皿
bread plate
ブレッド プレイト
ワイングラス
wineglass
ワイングラス
ナプキン
napkin
ナプキン
サービスプレート
service plate
サーヴィス プレイト
スープスプーン
soup spoon
スープ スプーン
フォーク
fork
フォーク
ナイフ
knife
ナイフ

料理を注文する

✓	注文をお願いします。	**May I order, please?** メアイ　オーダァ　プリーズ？⤴
	ご注文はお決まりですか？	Could I take your order? クダイ　テイク ヨァ　オーダァ？⤴
✓	本日のおすすめコースをください。	**I'd like today's special, please.** アイドライク トゥデイズ スペシャゥ　プリーズ
	（メニューを指して）これにします。	**I'll take this one.** アイゥ テイク ディス ワン
	これとこれをください。	**This one and this one, please.** ディス ワン　アンド ディス ワン　プリーズ
	（彼女［彼］と）同じものをお願いします。	**Let me have the same one.** レッミー　ハヴ　ダ　セイム　ワン
	コースの前菜は何にしますか？	Which appetizer would you order? ウィッチ アペタイザー　ウジュ　オーダァ？⤵
	どんなものがありますか？	**What kind of appetizer do you have?** ウァッカインドォブ　アペタイザー　ドゥユ　ハヴ？⤵
	魚と肉、どちらにしますか？	Which would you like, beef or fish? ウィッチ ウジュライク　ビーフ オァ フィッシュ？⤵
	（ステーキの）焼き加減はどうしますか？	How would you like it done? ハウ　ウジュライキット　ダン？⤵
	ミディアム［レア／ウェルダン］でお願いします。	**Medium [rare / well done], please.** ミディアム　［レァ／ウェゥダン］　プリーズ
	どのサイズにしますか？	What size would you like? ウァッ　サイズ ウジュライク？⤵
	中［小／大］にしてください。	**Medium [small / large], please.** ミディアム　［スモーゥ／ラージ］　プリーズ
	他になにかございますか？	Anything else? エニスィング　エゥス？⤴

以上でお願いします。	**That's all, thank you.** ダッツ　オーゥ テンキュー
注文を変えてもいいですか？	**May I change my order?** メアイ　チェンジ　マイ オーダァ？⤴

味や量についてリクエストする

この料理にはエビやカニDは使われていますか？	**Are shrimps or crabs used for this dish?** アー シュリンプス オァ クラブス ユーズド フォ ディス ディッシュ？⤴
私は甲殻類アレルギーです。	**I have a shellfish allergy.** アイ ハヴァ シエゥフィッシュ アラジィー
量はどのくらいですか？	**How big is that?** ハウ　ビッグ イズ ダット？⤵
少なめにしてもらえますか？	**Could you make it smaller?** クジュ　メイキット　スモーラー？⤴
塩Eを控えめにしてもらえますか？	**Could you add a little less salt, please?** クジュ　アド ァ リロゥ レス ソゥト プリーズ？⤴
あまり辛くしないでください。	**Please don't make it too spicy.** プリーズ ドント　メイキット トゥー スパイスィー

WORDBOOK
ワードブック

D

乳製品
dairy products
デァリィ プロダクツ

甲殻類
shellfish
シエゥフィッシュ

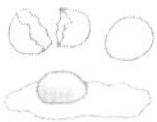
卵
eggs
エッグス

ナッツ
nuts
ナッツ

小麦
wheat
ウィート

E

スパイス	spice スパイス	ニンニク	garlic ガーリック	油	oil オイゥ

WORD LIST

ポテトの調理法について

baked potato
ベイクト ポテイト
ジャガイモをオーブンなどで焼き上げたもの

hash browns
ハッシュブラウンス
みじん切りにしたジャガイモを小判状にして揚げたもの

mashed potato
マッシュド ポテイト
茹でたジャガイモをすりつぶし、牛乳とバターで滑らかに仕上げたもの

french fries［米］
フレンチフライズ
chips［英］
チップス
ジャガイモを細長くに切って油で揚げたもの

WORD LIST

メニュー・食材の名前

● 前菜 appetizers

前菜の盛り合わせ
assorted of appetizers
アソーティッド オブ アペタイザーズ

カクテル
cocktail
カクテゥ

カナッペ
canape
カナッペ

マリネ
marinade
マラネイド

テリーヌ
terrine
テリーヌ

パテ
patty
パティ

チーズ
cheese
チーズ

生ハム
uncured ham
アンキュアド ハム

スモークサーモン
smoked salmon
スモークト サーモン

フレッシュキャビア
fresh caviar
フレッシュ キャヴィア

アンチョビ
anchovy
アンチョヴィ

エスカルゴ
escargot
エスカゥゴゥ

生ガキ
low oyster
ロゥ オイスター

オリーブ
olive
オリーヴ

● スープ soups

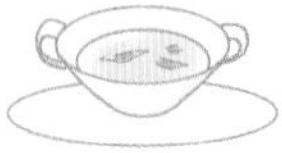
コンソメ
consomme
コンソメィ

クラムチャウダー
clam chowder
クラム チャゥダー

ミネストローネ
minestrone
ミネストロゥニ

ポタージュ
potage
ポタージュ

オニオンスープ
onion soup
オニオン スープ

ガスパッチョ
gazpacho
ガスパチョ

ヴィシソワーズ
vichyssoise
ヴィシソワーズ

冷製スープ
chilled soup
チゥド スープ

● サラダ salads

野菜サラダ
vegetable salad
ヴェジタボゥ サラダ

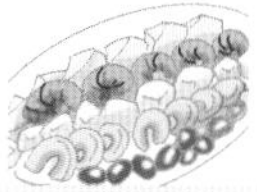

コブサラダ
cobb salad
コブ サラダ

コールスロー
coleslaw
コーゥスロー

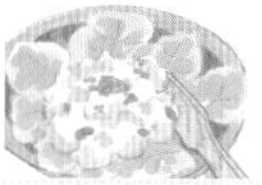

ポテトサラダ
potato salad
ポテイト サラダ

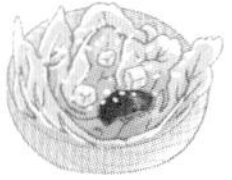

シーザーサラダ
caesar salad
スィーザー サラダ

魚介類のサラダ
seafood salad
スィーフード サラダ

温野菜サラダ
boiled salad
ボイゥド サラダ

マカロニサラダ
macaroni salad
マカロニ サラダ

● ドレッシング dressings

フレンチドレッシング	French dressing フレンチ ドレッスィング	イタリアンドレッシング	Italian dressing イタリアン ドレッスィング
サウザンアイランド	Thousand dressing サウザンド ドレッスィング	シーザードレッシング	Caesar dressing スィーザー ドレッスィング
オイル&ビネガー	oil and vinegar オイゥ アンド ヴィネガー	ブルーチーズドレッシング	blue cheese dressing ブルーチーズ ドレッスィング

● 野菜 vegetables

タマネギ	onion オニオン	ピーマン	green pepper グリーン ペッパー	キャベツ	cabbage キャベッジ
レタス	lettuce レタス	ジャガイモ	potato ポテイト	キュウリ	cucumber キューカンバー
トウモロコシ	corn コーン	ニンジン	carrot キャロット	トマト	tomato トメイト
カボチャ	pumpkin パンプキン	ハツカダイコン	radish ラディッシュ	カブ	turnip ターニップ
ホウレンソウ	spinach スピナッチ	セロリ	celery セロリ	パセリ	parsley パセリ
ネギ	green onion グリーン オニオン	キノコ	mushroom マッシュルーム	トリュフ	truffle トラフゥ
ナス	eggplant エッグプラント	インゲン豆	kidney beans キッドニィ ビーンズ		
アスパラガス	asparagus アスパラガス	アーティーチョーク	artichoke アーティチョーク		

アボガド	avocado アヴォカド	ブロッコリー	broccoli ブロッコリー	カリフラワー	cauliflower カリフラワー
ズッキーニ	zucchini ズッキーニ	ハクサイ	chinese cabbage チャイニイーズ キャベッジ	モヤシ	bean sprouts ビーン スプラウッ
ニンニク	garlic ガーリック	ショウガ	ginger ジンジャー	タケノコ	bamboo sprout バンブー スプラウト

● 魚介類 seafoods

スズキ	sea bass スィー バス	ヒラメ／カレイ	flounder フラウンダー	シタビラメ	sole ソウゥ
タラ	codfish カッドフィッシュ	ニシン	herring ヘリング	サケ	salmon サーモン
ニジマス	rainbow trout レインボゥ トラウト	カツオ	bonito ボニート	イワシ	sardine サーディーン
ナマズ	catfish キャットフィッシュ	ウナギ	eel イーゥ	マヒマヒ（シイラ）	mahi-mahi マヒマヒ
タコ	octopus アクトパス	カニ	crab クラブ	イカ	squid スクゥイド
小エビ（芝エビ）	shrimp シュリンプ	ロブスター	lobster ロブスター	車エビ	prawn プローン
ハマグリ	clam クラム	カキ	oyster オイスター	ホタテ貝	scallop スキャロップ
ムール貝	blue mussel ブルー マソゥ	アサリ	short-neck clam ショートネック クラム	アワビ	abalone アバロニ

● 肉 類 meats

牛肉	beef ビーフ	子牛肉	veal ヴィゥ	牛サーロイン	beef sirloin ビーフ サーロイン
牛ヒレ肉	beef tenderloin ビーフ テンダーロイン	牛肩ロース	chuck eye roll チャック アイ ロール		
牛あばら肉	beef rib ビーフ リブ	牛尻肉	beef rump ビーフ ランプ	牛テール（尾肉）	oxtail アックステイゥ
牛舌肉	beef tongue ビーフ タン	豚肉	pork ポーク	豚ロース肉	pork loin ポーク ロイン
豚ヒレ肉	pork tenderloin ポーク テンダーロイン	鶏肉	chicken チキン	鶏胸肉	chicken breast チキン ブレスト
鶏手羽先	chicken wing チキン ウィング	鶏もも肉	chicken thigh チキン サイ	七面鳥	turkey ターキー
アヒル	duck ダック	ガチョウ	goose グース	ウズラ	quail クウェイゥ
羊肉	mutton マトン	子羊肉	lamb ラム	鹿肉	venison ヴェニソン

● ステーキ・肉料理 steaks & meat cookeries

fillet mignon フィレミニョン	[牛] 脂肪の少ない柔らかいヒレ肉のステーキ
New York strip ニューヨーク ストリップ	[牛] サーロインの上質な部位を使った、分厚い霜降り肉のステーキ
T-bone steak T- ボーン ステイク	[牛] サーロインとヒレ肉がついた骨付きステーキ
porterhouse steak ポーターハウス ステイク	[牛] ヒレ肉とサーロインの両方の肉を楽しめる骨つきステーキ。T ボーンステーキの最高級品
sirloin steak サーロイン ステイク	[牛] サーロインステーキ
rib eye steak リブアイ ステイク	[牛] 脂身の多いリブ（アバラ）の近くの柔らかい骨つきの背ロースのステーキ
roast beef ロースト ビーフ	[牛] 牛肉の塊を蒸し焼きにしたもの
prime rib プライム リブ	[牛] 背ロース部分をローストビーフにしたもの
spare rib スペア リブ	[豚] 豚の骨つきばら肉をタレに漬け込んで焼いたもの
roast chicken ロースト チキン	[鶏] ニワトリをオーブンやグリルで丸ごと焼いたもの
fried chicken フライド チキン	[鶏] 鶏のから揚げ
grilled chicken グリゥド チキン	[鶏] グリルドチキン

● ステーキのサイズ sizes of steak

8oz（オンス） 約 230g	10oz 約 280g	12oz 約 340g	14oz 約 400g
16oz（=1 ポンド） 約 450g	20oz 約 570g	22oz 約 630g	

● ソース sauces

BBQ sauce バーベキュー ソース	バーベキューソース
Gravy sauce グレイビー ソース	肉汁で作ったソース
tartar sauce タルタル ソース	魚介類のフライなどに添えられるマヨネーズベースのソース
red wine sauce レッド ワイン ソース	赤ワインで作ったソース
plum sauce プラム ソース	豚肉やハムのステーキに使われる甘いソース
cocktail sauce カクテル ソース	エビや生ガキなどの冷製料理に使われるソース
chili sauce チリ ソース	魚介類や生春巻きなどに使われるソース
sour cream サワー クリーム	ボルシチなどに利用される酸味のあるクリームソース

● デザート desserts

			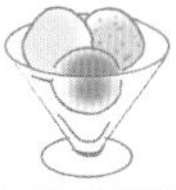
ケーキ cake ケイク	タルト tart タァト	プリン pudding プディング	シャーベット sherbet シャーベット

アイスクリーム ice cream アイスクリーム	ジェラート gelato ジェラートォ	ムース mousse ムース	スフレ souffle スフレ

ティラミス tiramisu ティラミス	クレープ crepe クレイプ	サンデー sundae サンデイ	ゼリー jelly ジェリー

● フルーツ fruits

オレンジ	orange オレンジ	グレープフルーツ	grapefruit グレイプフルート
リンゴ	apple アポゥ	イチゴ	strawberry ストロベリー
バナナ	banana バナナ	レモン	lemon レモン
ブドウ	grape グレイプ	メロン	melon メロン
パイナップル	pineapple パイナポゥ	モモ	peach ピーチ
マンゴー	mango マンゴー	パパイヤ	papaya パパイア
キウィ	kiwi キウィ	洋梨	pear ペァ
グアバ	guava グアバ	スイカ	watermelon ウォーターメロン
プラム	plum プラム	ブラックベリー	blackberry ブラックベリー
ラズベリー	raspberry ラズベリー	ネクタリン	nectarine ネクタリン
アンズ	apricot アプリコット	パッションフルーツ	passion fruit パッション フルート

● 食前酒 aperitifs

シャンパン champagne シャンペイン	シェリー sherry シェリー	キール kir キール	マティーニ martini マルティーニ

● ワイン wines

赤ワイン	red wine レッド ワイン	白ワイン	white wine ホワイト ワイン	ロゼ	rose ロウゼィ
スパークリングワイン	sparkling wine スパークリング ワイン	ハウスワイン	house wine ハウス　ワイン		

● ソフトドリンク soft drinks

コーヒー	coffee カフィ	エスプレッソ	espresso エスプレソ	カフェオレ	cafe au lait カフェオレ
カプチーノ	cappuccino カプチーノ	紅茶	tea ティー		
ミルクティ	tea with cream ティー ウィズ クリーム	レモンティー	tea with lemon ティー ウィズ レモン		
コーラ	coke コーク	ジンジャーエール	ginger ale ジンジャーエーゥ	レモネード	lemonade レモネード
オレンジジュース	orange juice オレンジ ジュース	リンゴジュース	apple juice アポゥ ジュース	ミネラルウォーター	mineral water ミネラゥ ウォーター
(炭酸入り)ミネラルウォーター	sparkling water スパークリング ウォーター	(炭酸抜き)ミネラルウォーター	still water スティゥ ウォーター		

● 調味料 seasonings

塩	salt ソゥト	コショウ	pepper ペパー	しょう油	soy sauce ソイ ソース
ニンニク	garlic ガーリック	ショウガ	ginger ジンジャー	酢	vinegar ヴィネガー
西洋ワサビ	horseradish ホースラディッシュ	マスタード	mustard マスタード	バター	butter バター
ケチャップ	ketchup ケチャップ	マヨネーズ	mayonnaise メィヨネイズ	唐辛子	chili pepper チリ ペッパー
バジル	basil バジゥ	タバスコ	Tabasco タバスコ	粉チーズ	grated cheese グレイティッド チーズ

● 調理方法 cooking methods

盛り合わせ	assorted アソーティッド	生の	raw ロゥ	(オーブンで)焼いた	baked ベイクド
網焼きした	grilled グリルド	遠火でゆっくり焼いた	roasted ロースティッド	粉をつけて炒めた	saute ソテイ
炒めた	stir-fried ステァ フライド	揚げた	deep fried ディープ フライド	ゆでた	boiled ボイゥド
蒸した	steamd スティームド	煮込んだ	stewed ステュード	漬け込んだ	marinated マリネード
燻製にした	smoked スモークト	パン粉をつけた	breaded ブレッティド	詰め物をした	stuffed スタッフド
つぶした	mashed マッシュド	細かく刻んだ	hashed ハッシュト	冷たくした	chilled チゥド

● 味覚表現 expressions for taste

熱い	hot ホット	ぬるい	lukewarm ルクウォーム	冷たい	cold コーゥド
甘い	sweet スウィート	辛い	hot ホット	塩辛い	salty ソゥティ
脂っこい	greasy グリースィー	すっぱい	sour サワー	苦い	bitter ビター
スパイスの効いた	spicy スパイシー	汁気の多い	juicy ジュースィー	滑らかな	creamy クリーミー
(肉が)固い	tough タフ	(肉が)柔らかい	tender テンダー		
味が濃い	strong flavor ストロング フレイヴァー	味が薄い	weak flavor ウィーク フレイヴァー		

● おいしい／まずいの表現 tasty / tasteless

おいしい	It tastes good. イット テイスツ グッド	とてもおいしい	delicious デリシャス
おいしそう(に見える)	It looks appetizing. イット ルックス アペタイズィング		
(婉曲に伝える)ちょっと変わった味	It tastes different. イット テイスツ ディファレント		
あまりおいしくない	It doesn't taste good. イット ダズント テイスト グッド		

食事中の依頼

（ウェイターを呼ぶとき） すみません。	**Excuse me.** エクスキューズミー
食べ方を教えていただけますか？	**Could you tell me how to eat this?** クジュ テゥミー ハウトゥ イート ディス？↗
分けて食べるのでお皿をもらえますか？	**Can I have some plates to share the dish?** キャナイ ハヴ サム プレイツ トゥ シェア ダ ディッシュ？↗
お箸はありますか？	**Do you have chopsticks?** ドゥユ ハヴ チョップスティックス？↗
ナイフ［フォーク］を落としたので、代わりをもらえますか？	**I dropped my knife [fork].** アイ ドロップド マイ ナイフ ［フォーク］ **Would you bring me another one?** ウジュ ブリングミー アナダ ワン？↗
すみません。ワインをこぼしてしまいました。	**I'm sorry, I've spilt wine.** アイムソーリー アイヴ スピゥト ワイン
これと同じものをもう１杯ください。	**Can I have another glass?** キャナイ ハヴ アナダ グラス？↗
パンをもう少しもらえますか？	**Let me have some more bread.** レッミー ハヴ サム モア ブレッド
（グラスを指して） お水をもらえますか？	**May I have a glass of water, please?** メアイ ハヴ ァ グラス オブ ウォーター プリーズ？↗
お代わりをもらえますか？	**Can I have a refill?** キャナイ ハヴァ リフィゥ？↗
これを下げてもらえますか？	**Could you take this away?** クジュ テイク ディス アウェイ？↗
お食事はお済みですか？	Are you finished? アーユー フィニッシュド？↗

はい。とてもおいしかったです。	**Yes. It was a wonderful meal.** イエス イットワズァ ワンダフゥ ミーゥ
まだ終わっていません。	**No, I'm not finished with this.** ノゥ アイムノット フィニッシュト ウィズ ディス
ドギーバッグ（持ち帰り用の容器）をもらえますか？	**Could I have a doggie bag?** クダイ ハヴァ ドギーバッグ？↗

会計する

✓ 会計をお願いします。	**Check, please.** チェック プリーズ
どこで払えばいいですか？	**Where should I pay?** ウェア シュダイ ペイ？↘
支払いは別々にしてもらえますか？	**Can we pay separately?** キャンウィ ペイ セパレイトリィ？↗
クレジットカードで支払えますか？	**Do you accept credit cards?** ドゥユ アクセプト クレディットカーズ？↗
チップは含まれていますか？	**Is tip included?** イズ ティップ インクルーディット？↗
（ホテルのレストランで）私の部屋の請求に加えてください。	**Could you charge it to my room, please?** クジュ チャージ イット トゥ マイ ルーム プリーズ？↗
レシート（領収書）をください。	**May I have a receipt?** メアイ ハヴァ レスィート？↗
お食事はいかがでしたか？	How did you like the dishes? ハウ ディジュライク ダ ディッシュイズ？↘
とてもおいしかったです。	**It was delicious.** イットワズ デリシャス
おつりは取っておいてください。	**You can keep the change.** ユーキャン キープ ダ チェンジ

（チップを渡しながら）ありがとう。これは取っておいてください。	**Thank you. This is for you.** テンキュー　ディスィズ フォ　ユー

トラブル

これは注文していませんよ。	**I didn't order this.** アイ ディドン オーダァ ディス
30分ほど前に注文したのですが、まだ料理がきません。	**I ordered about 30 minutes ago, but it hasn't come yet.** アイ オーダァド ァバウト サーティ ミニッツ アゴゥ バット イット ハズン カム　イエット
この豚肉は火が通っていません。	**This pork seems a bit rare.** ディス ポーク スィームズ ァ ビット レァ
料理に髪の毛が入っていました。	**There's a hair in my food.** デァズ　ァ ヘァ　イン マイ フード
これはなんの料金ですか？	**What's this charge for?** ウァッツ　ディス チャージ　フォ？↘
この金額は正しくないようですが。	**I think this charge is not right.** アイ スィンク ディス チャージ イズ ノット ライト

TRAVEL COLUMN

チップの相場は？

アメリカのレストランの場合、チップの相場は合計金額の15～20%が一般的です。少し高級なレストランでは20～25%が目安となります。
「料理が遅い」「サービスが悪かった」という場合は、直接相手に伝えましょう。くれぐれもチップを支払わないということはしないでください。
チップは、レストランのウェイターやウェイトレスにとって大切な収入源の1つなのですから。

ファストフード

ファストフードは気軽に食べられるだけでなく、その土地ならではの名物料理を楽しむこともできます。注文するときのフレーズも簡単なので、ショッピングや観光の途中でぜひ立ち寄ってみましょう。

注文する

ご注文をどうぞ。	May I help you? メアイ　ヘゥプユー？↗
✓（メニューを指差して）これとこれをください。	**I'll have this one and this one.** アイゥ ハヴ　ディス ワン　アンド ディス ワン
6番のセット（コンボ）をください。	**No.6 combo, please.** ナンバー スィックス コンボ プリーズ
お飲み物はなにになさいますか？	What would you like to drink? ウァッ　ウジュライク　トゥ ドリンク？↘
どのサイズになさいますか？	Which size would you like? ウィッチ　サイズ ウジュライク？↘
M［S／L］サイズでお願いします。	**Medium [Small / Large] please.** ミディアム　［スモーゥ／ラージ］　プリーズ
トッピングはすべて入れてよろしいですか？	With every toppings on it? ウィズ　エヴリ　トッピングス　オン イット？↗
ピクルスは抜いてください。	**No pickles, please.** ノゥ　ピクゥス　プリーズ
ドレッシングはなにになさいますか？	What kind of dressing would you like? ウァッカインドォブ ドレッスィング ウジュライク？↘
イタリアンをお願いします。	**Italian, please.** イタリアン プリーズ

こちらでお召し上がりですか、お持ち帰りですか？	For here or to go? [米] フォヒア　オァ トゥゴゥ？⤵ Eat in or take away? [英] イートイン オァ テイカウェイ？⤵
✓ 店内で食べます。	**For here, please.** [米] フォヒア　プリーズ **Eat in, please.** [英] イートイン プリーズ
✓ 持ち帰りでお願いします。	**To go, please.** [米] トゥゴゥ　プリーズ **Take away, please.** [英] テイカウェイ　プリーズ
他にご注文はありますか？	Anything else? エニスィング　エゥス？⤴
✓ 以上で結構です。	**That'll be all.** ダットゥ　ビー オーゥ
この番号札でお待ちください。	Please take this number プリーズ　テイク　ディス ナンバー and wait at your table, thanks. アンド ウェイト アット ヨァ テイボゥ サンクス
ご注文番号は 10 番です。	Your order number is 10. ヨァ　オーダァ ナンバー　イズ テン
できたらお呼びします。	We'll call you when it's ready. ウィーゥ コーゥユー ウェン　イッツ レディー
ケチャップをもらえますか？	**Can I have some ketchup?** キャナイ ハヴ　サム　ケチャップ？⤴
トレイはどこに戻せばいいですか？	**Where do I return the tray?** ウェア　ドゥアイ リターン　ダ　トレイ？⤵
あちらに運んでください。	Please bring it over there. プリーズ　ブリンギット オーヴァ デァ

カフェ

アメリカでは、日本でもおなじみのセルフ方式のカフェが一般的です。注文するときはサイズから始めます。コーヒーなどはカップいっぱいにつがれるので砂糖やミルクをたくさん入れたい場合は、少なめにつぐように「with room」と伝えましょう。

セルフ式のカフェで

ご注文はなににいたしましょう？	What can I get you? ウァット キャナイ ゲッチュー？↘
（メニューを見ながら）これをください。	Can I have this, please? キャナイ ハヴ ディス プリーズ？↗
アイスのメープルラテをトールでください。	I'll have tall, iced maple latte. アイゥ ハヴ トーゥ アイスト メイプゥラテ
ショートのノンカフェインコーヒーをお願いします。	Let me have decaf short coffee. レッミー ハヴ デキャフェ ショート カフィ
エスプレッソをください。	I'll have espresso. アイゥ ハヴ エスプレッソ
コーヒーをテイクアウトでお願いします。	I'll take coffee to go. アイゥ テイク カフィ トゥゴゥ
（クリームを加えるため）量を少し減らしますか？	Would you like room? ウジュライク ルーム？↗
お砂糖は必要ですか？	Do you need sugar? ドゥユ ニード シュガァ？↗
ホットとアイスのどちらにしますか？	Would you like it hot or iced? ウジュライキット ホット オァ アイスト？↘

お会計は10ドルです。（お呼びしますので）お名前を教えてください。	It'll be 10 dollars イトゥビー テン ダラーズ May I have your name? メアイ ハヴ ヨァ ネイム？⤴
ベーグルを温めてもらえますか？	**Can you toast the bagel please?** キャニュ トースト ダ ベィゴゥ プリーズ？⤴
水をもらえますか？	**Can I have some water?** キャナイ ハヴ サム ウォーター？⤴
ナイフ［フォーク］はどこですか？	**Where can I get a knife [fork]?** ウェア キャナイ ゲッタ ナイフ ［フォーク］？⤵

コーヒーショップで

メニューをください。	**Could I have the menu?** クダイ ハヴ ダ メニュー？⤴
注文はお決まりですか？	Could I take your order? クダイ テイク ヨァ オーダァ？⤴
コーヒーを2つください。	**2 cups of coffee, please.** トゥー カップス ォブ カフィ プリーズ
サンドウィッチのような軽いものはありますか？	**Do you have something light like a sandwich?** ドゥユ ハヴ サムシン ライト ライカ サンドウィッチ？⤴
このセットにはなにがつきますか？	**What does this combo come with?** ウァッ ダズ ディス コンボ カムウィズ？⤵
どのケーキがおすすめですか？	**Which cake do you recommend?** ウィッチ ケイク ドゥユ レコメンド？⤵
注文はどうすればいいですか？	**May I ask how to order?** メアイ アスク ハゥトゥ オーダァ？⤴
テーブルを片づけてもらえますか？	**Could you clean the table?** クジュ クリーン ダ テイボゥ？⤴

ビュッフェ

大きなホテルでの朝食はビュッフェ形式(buffet)が一般的です。好きな料理を自由に選べるので目移りしてしまいますが、コース料理と同様にオードブル、メイン、デザートの順に食べるとゆったりと朝食が楽しめます。

注文する

2人です。	**There are 2 of us.** デァアー トゥー オブ アス
朝食はビュッフェ形式になっております。	We serve breakfast in buffet style. ウィ サーヴ ブレックファスト イン バフェット スタイゥ
✓ ここに座ってもいいですか？	**Can we sit here?** キャンウィー スィット ヒア？↗
✓ これは別料金ですか？	**Does this cost an extra charge?** ダズディス コスト アン エクストラ チャージ？↗
これは辛いですか？	**Is this spicy?** イズディス スパイスィー？↗
ローストビーフを多め［少なめ］にしてください。	**Could I have extra [less] roast beef?** クダイ ハヴ エクストラ［レス］ローストビーフ？↗
✓ オムレツAをお願いします。	**Omelet, please.** アムレット プリーズ
（オムレツの注文時）ハムとオニオンを入れてください。	**With ham and onion, please.** ウィズ ハム アンド オニオン プリーズ
調味料はどこですか？	**Where is the seasoning?** ウェアリズ ダ スィーズニング？↘

お水をもらえますか？	**May I get a glass of water?** メアイ　ゲッタ　グラス　オブ　ウォーター？↗
コーヒーのお代わりをお願いします。	**May I have more coffee?** メアイ　ハヴ　モァ　カフィ？↗

WORDBOOK ワードブック

A

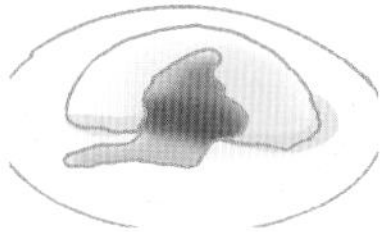

オムレツ
omelet
アムレット

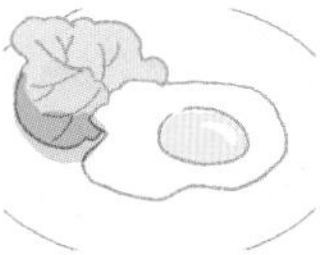

目玉焼き
fried egg
フライドエッグ

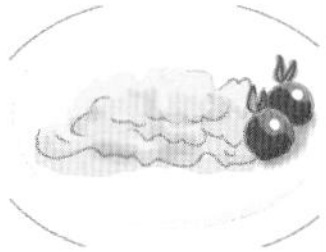

スクランブルエッグ
scrambled eggs
スクランブルドエッグス

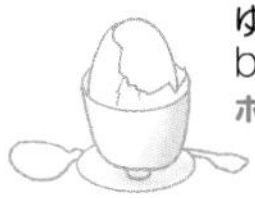

ゆで卵
boiled egg
ボイゥドエッグ

ポーチドエッグ
poached egg
ポーチド　エッグ

片面焼きの目玉焼き	sunny-side up	サニーサイドアップ
両面焼きの目玉焼き	over hard	オーヴァハード
両面焼きの目玉焼（黄身は半熟）	over easy	オーヴァイーズィ
固ゆで卵	hard boiled egg	ハード ボイゥドエッグ
半熟ゆで卵	soft boiled egg	ソフト ボイゥドエッグ

TRAVEL COLUMN

オリジナル卵料理を注文しよう

ホテルの朝食ではビュッフェ形式になっているところがあります。
ビュッフェ形式の場合、基本的に大きなお皿に並んでいるものを、好きなように自分のお皿にとります。
またその場で調理してくれるお料理もあります。その代表が卵料理。オムレツやスクランブルエッグなど、自分の好みの調理法でオーダーします。同時に、オニオンやハム、マッシュルームなど、卵といっしょに入れるものも伝えます。
できたてでおいしい自分の好みにあった卵料理を、ぜひ注文してみてください。

知っていると役立つチップの知識

●チップ代込みのレシート

現金でチップを渡す場合はまだわかりやすいのですが、ハワイなど日本人観光客の多い地域では「伝票にチップが加算されている」という場合があります。これはチップを置き忘れる人が多いので、伝票にチップの金額をあらかじめ組み込んでいるのです。

レシートの「TIP」や「GRATUITY」などの欄に金額が記入されていれば、チップ込みの金額です。

会計にチップが含まれてるかどうかはっきりしない場合は、「Is tip included?（チップは含まれていますか？）」とたずねましょう。

●クレジットカード払いのときのチップ

「チップは現金」というイメージがありますが、クレジットカードで支払うこともできます。前述しましたが、会計金額にはあらかじめチップ代が含まれている場合と含まれていない場合があります。

会計をカード払いにするき、チップ代が含まれていなければレシートの「TIP」または「GRATUITY」の欄にチップ代を記入して、「TOTAL」の欄に食事代にチップを足した合計金額を記入します。

●チップでもお釣りをもらってもOK

例えば6ドルのチップを渡したいときに10ドル札しかない場合は、「Can I have 4 dollars change, please.（4ドルのお釣りをください）」といって、お釣りをもらってもかまいません。

ショッピング

SHOPPING

情報収集

上手な買い物は情報収集とコミュニケーションがポイント。その土地ならではのおみやげやおすすめの店などは、地元の人に聞いてみるのが一番です。気に入ったお店を見つけたら、店員さんに積極的に話しかけてみるのもいいでしょう。

お店についてたずねる

✓ 化粧品Aを買いたいのですが。	**I'd like to buy cosmetics.** アイドライクトゥ バァイ コスメティックス
時計を安く買えるお店はありますか？	**Do you know good shops** ドゥユ ノゥ グッド ショップス **to buy a watch at bargain price?** トゥ バァイ ァ ウォッチ アット バーゲン プライス？↗
✓ 近くにショッピングモールBはありますか？	**Is there a shopping mall** イズデァ ァ ショッピング モーゥ **(shopping center) near here?** （ショッピング センター） ニァヒァ？↗
この街にマーシャルズというディスカウント店はありますか？	**Is there a discount shop** イズデァ ァ ディスカウント ショップ **colled Marshalls in this town?** コーゥド マーシャルズ イン ディス タウン？↗
免税店の場所を教えてください。	**Could you tell me** クジュ テゥミー **where a duty-free shop is?** ウェア ァ ドゥーティフリー ショップ イズ？↗
女性に人気のお店を教えてください。	**What shops are popular among women?** ウァッ ショップス アー ポピュラー アマング ウィミン？↘
今、流行っているブランドはなんですか？	**What brand is popular now?** ウァッ ブランド イズ ポピュラー ナウ？↘
お店の場所を教えてもらえますか？	**Where is the location of the shop?** ウェアリズ ダ ロケーション オブ ダ ショップ？↘

WORDBOOK ワードブック

A

ブランド品
luxury brands
ラグジュアリー ブランズ

化粧品
cosmetics
コスメティックス

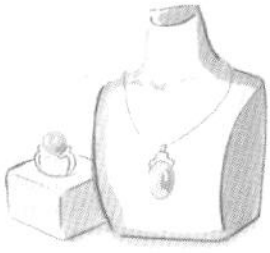

アクセサリー
accessories
アクセサリーズ

バッグ
bags
バッグス

靴
shoes
シューズ

時計
watches
ウォッチズ

洋服
clothes
クロゥズ

みやげもの
souvenirs
スーヴェニーアズ

日用雑貨
convenience goods
コンヴィニエンス グッズ

B

免税店	**duty-free shop**	ドゥーティフリー ショップ
デパート	**department store**	デパートメント ストァ
ショッピング街	**shopping area**	ショッピング エリア
ショッピングセンター	**shopping mall** ［米］ **shopping center** ［英］	ショッピング モーゥ ショッピング センター
アウトレット	**outlet mall**	アウトレット モーゥ
みやげもの屋	**souvenir shop**	スーヴェニーア ショップ
家電量販店	**electronics retail store**	エレクトロニクス リテイゥ ストァ
スーパーマーケット	**supermarket**	スーパーマーケット
ドラッグストア	**drug store**	ドラッグ ストァ
スポーツ用品店	**sporting goods shop**	スポーティング グッツ ショップ

ハロッズまで歩いて行けますか？	**Can I walk to Harrods?** キャナイ ウォーク トゥ ハロッズ？↗
どのように行けばいいですか？	**How can I get there?** ハウ キャナイ ゲット デァ？↘
遅くまで開いているスーパーはありますか？	**Is there a supermarket open late?** イズデァ ァ スーパーマーケット オープン レイト？↗
その店の営業時間はわかりますか？	**Do you know what the business hours of the store are?** ドゥユ ノゥ ウァット ダ ビジネス アワーズ オブ ダ ストァ アー？↗

みやげものやマーケットについてたずねる

おみやげを買うならどこがいいですか？	**Where do you recommend to buy souvenirs?** ウェア ドゥユ レコメンド トゥ バァイ スーヴェニーアズ？↘
ここの名産品はなんですか？	**What's the specialty around here?** ウァッツ ダ スペシャゥティー アラウンド ヒァ？↘
シカゴならではのものはありますか？	**Is there something unique to Chicago?** イズデァ サムシン ユニーク トゥ シカゴ？↗
30 ドルぐらいで買えるみやげものを探しています。	**I'm looing for a souvenir about 30 dollars.** アイム ルッキング フォ ァ スーヴェニーア ァバウト サーティ ダラーズ
アンティークなみやげものを探しています。	**I'm looking for something antique as a souvenir.** アイム ルッキングフォ サムシン アンティーク アザ スーヴェニーア
このあたりで朝市はやっていますか？	**Is there a morning market around here?** イズデァ ァ モーニング マーケット アラウンド ヒァ？↗
フリーマーケットはどこでやっていますか？	**Where can I find a flea market?** ウェア キャナイ ファインダ フリー マーケット？↘

ショッピングの基本フレーズ

専門店などで高価な商品を手に取りたいときは、必ず店員さんに声をかけるようにしましょう。またお店の人から声をかけられたときに聞きたいことがなければ、「I'm just looking（見ているだけです）」などの返事をするとスマートですね。

売り場などをたずねる

✓ 婦人服Ⓐ売り場はどこですか？	**Where is the women's clothes department?** ウェアリズ ダ ウィミンズ クロウズ デパートメント？↘
試着室Ⓑはどこですか？	**Where is the fitting room?** ウェアリズ ダ フィッティング ルーム？↘
（売り場で）ネクタイはどこにありますか？	**Where can I find ties?** ウェア キャナイ ファインド タイズ？↘

店内での会話

いらっしゃいませ。なにかお探しですか？	**Hello. May I help you?** ハロゥ メアイ ヘゥプユー？↗
友人へのみやげものを探しています。	**I'm looking for souvenirs for my friends.** アイム ルッキンフォ スーヴェニーアズ フォ マイフレンズ
ありがとう。ちょっと見ているだけです。	**I'm just looking, thank you.** アイム ジャスト ルッキング テンキュー
✓ あれ［これ］を見せてもらえますか？	**May I take a look at that [this]?** メアイ テイカ ルックアット ダット［ディス］？↗
ウィンドウ［ケース］の中にあるものを見てもいいですか？	**Could I see that one in the window [case]?** クダイ スィー ダット ワン イン ダ ウィンドウ［ケイス］？↗

WORDBOOK ワードブック

A

婦人服
women's clothes
ウィミンズ　ク**ロ**ゥズ

紳士服
men's clothes
メンズ　ク**ロ**ゥズ

子ども服
kid's clothes
キッズ ク**ロ**ゥズ

靴
shoes
シューズ

バッグ
bag
バッグ

アクセサリー
accessory
アク**セ**サリー

貴金属
jewelry
ジュエリー

化粧品
cosmetics
コス**メ**ティックス

日用雑貨
convenience goods
コン**ヴィ**ニエンス グッズ

家電製品
home electronics
ホーム エレクト**ロ**ニクス

食料品
food
フード

玩具
toy
トイ

インテリア
interior design
イン**テ**リア デ**ザ**イン

スポーツ用品
sporting goods
スポーティング グッズ

B

試着室
fitting room
フィッティング ルーム

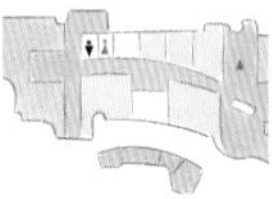

フロアマップ
floor map
フ**ロ**ァ **マ**ップ

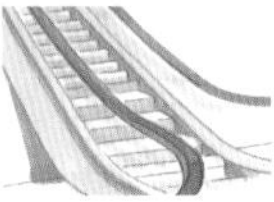

エスカレーター
escalator
エスカレイター

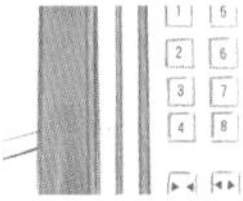

エレベーター
elevator
エレヴェイター

レジ
cashier
キャシア

案内所
information desk
インフォ**メ**ーション デスク

荷物預かり所
baggage storage
バギッジ　ス**ト**レージ

✓ 手にとってもいいですか？	**Can I pick it up?** キャナイ ピキット アップ？⤴
わぁ、とても素敵ですね！	**Wow, this is so beautiful!** ワォ ディスィズ ソゥ ビューティフゥ
これは何でできているんですか？	**What is this made of?** ウァティズ ディス メイド ォブ？⤵
別のもの C を見せてもらえますか？	**Could you show me another one, please?** クジュ ショゥミー アナダ ワン プリーズ？⤴
一番売れているのはどれですか？	**What's the best seller in this store?** ウァッツ ダ ベスト セラー イン ディス ストァ？⤵
いま流行っているジャケットはどれですか？	**Which is a popular jacket now?** ウィッチイズ ァ ポピュラー ジャケット ナゥ？⤵
これを取り置きしてもらえますか？	**Can you put it on hold for me?** キャニュ プッティット オン ホーゥド フォミー？⤴
✓ これはいくらですか？	**How much is this?** ハウマッチ イズディス？⤵
✓ これをください。	**I'll take this one.** アイゥ テイク ディス ワン
ありがとう。またにします。	**Thank you, but I'll come back later.** テンキュー バット アイゥ カムバック レイラー
ちょっとイメージと違いました。	**This is not what I expected.** ディスイズ ノット ウァット アイ エクスペクティット

WORDBOOK
ワードブック

C

色 **color** カラー	サイズ **size** サイズ	デザイン **design** デザイン	素材 **material** マテリアゥ

会計する

支払いはどこですればいいですか？	**Where should I pay?** ウェア　シュダイ　ペイ？↘
全部でおいくらですか？	**What's the total?** ウァッツ　ダ　トータゥ？↘
30 ドルです。	It'll be 30 dollars. イトゥ ビー サーティ ダラーズ
30［13］ドルですね？	**Did you say 30 [13]?** ディジュ　セイ　スリー ゼロ［ワン スリー］？↗
税金は含まれていますか？	**Is tax included?** イズ タックス インクルーディット？↗
このクレジットカードは使えますか？	**Do you accept this credit card?** ドゥユ　アクセプト ディス クレディットカード？↗
すみません、カードでの支払いはお受けしておりません。	I am sorry, アイムソーリー but we don't accept credit cards. バット ウィドン　アクセプト クレディットカーズ
わかりました。現金で払いますね。	**All right. I'll pay in cash.** オーライト　アイゥ ペイ インキャッシュ
領収書をください。	**May I have a receipt, please?** メアイ　ハヴァ　レスィート　プリーズ？↗

免税店での会計

免税扱いでお願いします。	**Tax free shopping please.** タックス フリー ショッピング プリーズ
免税書類をください。	**Can I have a Refund Cheque?** キャナイ ハヴァ　リファンド　チェック？↗
書き方を教えてもらえますか？	**Could you tell me how to fill in this form?** クジュ　テゥミー　ハウトゥ　フィリン ディス フォーム？↗

包装してもらう

紙袋をもう１枚もらえますか？	**Can I have an extra paper bag?** キャナイ ハヴァン　エクストラ ペーパーバッグ？ ⤴
小分けにする袋をもらえますか？	**Can I get some plastic bags?** キャナイ ゲット サム　プラスティック バッグス？ ⤴
別々に包んでもらえますか？	**Could you wrap them separately?** クジュ　ラップ　デム　セパレィトリー？ ⤴
✓ プレゼント用に包装してもらえますか？	**Could you wrap it for a gift?** クジュ　ラッピット　フォア　ギフト？ ⤴
ラッピングは別料金ですか？	**Does wrapping cost extra?** ダズ　ラッピング　コスト エクストラ？ ⤴
値札を取ってください。	**Please take off the price tag.** プリーズ　テイクオフ　ダ　プライス タグ
割れ物なのでしっかり梱包してください。	**This is fragile, so please pack it well.** ディスイズ フラジャイゥ ソゥ プリーズ パッキット ウエゥ

配送してもらう

✓ これを日本に送ることはできますか？	**Is it possible to send this package** イズィット パッスィボゥ トゥ センド ディス パッケイジ **to Japan?** トゥ ジャパン？ ⤴
日本まで何日ぐらいかかりますか？	**How long will it take to send it** ハウロング　ウィゥイット テイク トゥ センディット **to Japan?** トゥ ジャパン？ ⤵
送料はいくらになりますか？	**How much is the shipping cost** ハウマッチ　イズ ダ　スィッピング　コスト **to Japan?** トゥ ジャパン？ ⤵
保険をかけたいのですが。	**I'd like to buy insurance.** アイドライクトゥ バァイ インシュランス

「別送品」として発送してください。	**Please send this as an "unaccompanied baggage".** プリーズ センド ディス アズ アン アンアカンパニード バギッジ

商品の返品・交換

このストールを返品したいのですが。	**I'd like to return this stole.** アイドライクトゥ リターン ディス ストーゥ
✓ サイズが違っていた D ので交換してもらえますか？	**It was the wrong size, could you change it to another one?** イットワズダ ロング サイズ クジュ チェンジ イット トゥ アナダ ワン？↗
一昨日買いました。	**I bought this the day before yesterday.** アイ ボウト ディス ダ デイ ビフォァ イエスタデイ
代金の払い戻しをいたします。	We will refund the money for it. ウィウィゥ リファンド ダ マニー フォ イット
レシートを見せていただけますか？	May I have your receipt please? メアイ ハヴ ヨァ レスィート プリーズ？↗
クレジットカード［現金］で支払いました。	**I paid by the credit card [cash].** アイ ペイド バイ ダ クレディットカード［キャッシュ］

トラブル

✓ 金額が違っていませんか？	**Is this the right price?** イズディスダ ライト プライス？↗

WORDBOOK ワードブック

D

サイズが違っていた	it was the wrong size	イットワズ ダ ロング サイズ
色が違っていた	the color was different	ダ カラー ワズ ディファレント
傷がついていた	there was a scratch	デァワザ スクラッチ
壊れていた	it was broken	イットワズ ブロークン
シミがついていた	there was a stain	デァワザ ステイン
傷んでいた	it was damaged	イットワズ ダミッジド

これは買っていません。	**I didn't buy it.** アイ ディドン バァイ イットゥ
おつりが違うようですが。	**I think you gave me the wrong change.** アイ スィンク ユー ゲイヴミー ダ ロング チェンジ
おつりをまだ受け取っていません。	**I haven't received my change yet.** アイ ハヴント レスィーヴド マイ チェンジ イエット
私が渡したのは50ドル札です。	**I paid with a fifty-dollar bill.** アイ ペイド ウィザ フィフティー ダラー ビゥ
カバンを置き忘れてしまったのですが。	**I've left my bag somewhere.** アイヴ レフト マイ バッグ サムウェア
友人とはぐれてしまいました。	**My friend and I lost track of each other.** マイフレンド アンド アイ ロスト トラックォブ イーチ アダァ
アナウンスで呼び出していただけますか?	**Could you page my friend** クジュ ペイジ マイ フレンド **over PA system?** オーヴァ ピーエー システム?↗

TRAVEL COLUMN

旅先でのショッピングについて

●気になるものがあったら一声かけて

海外のお店では無断で商品を触られることをいやがるので、気になったものがあったときは「Can I pick it up?(手にとってもいいですか?)」や「May I take a look at that?(あれを見せてもらえますか?)」と声をかけましょう。店員さんとのコミュニケーションがショッピングを楽しむコツですよ。

●高額な買い物をしたらすぐホテルへ

ブランド品やアクセサリーなど高額な商品を買ったら、早めにホテルに戻るようにしましょう。何十万円もするものを持って、一日中外で過ごすことはNGです。

ショッピング ―ショッピングの基本フレーズ―

ファッション

アメリカのデパートなどでは、試着せずに買う人も多いので試着室が少ないところもあります。また返品は普通のことなので、サイズが合わない、色が気に入らないなどと思ったら、返品・交換をしてもらいましょう。そのときはレシートを提示することを忘れずに。

店内での会話

✓ ブラウスⒶを探しています。	**I'm looking for a blouse.** アイム ルッキンフォ ァ ブラウス
もう少しカジュアルなⒷものはありますか？	**Do you have more casual one?** ドゥユ ハヴ モァ カジュアゥ ワン？↗
わぁ、このドレス素敵！	**Oh, I love this dress!** オゥ アイラヴ ディス ドレス
✓ これを見せてもらえますか？	**May I see this?** メアイ スィー ディス？↗
✓ 試着してもいいですか？	**May I try it on?** メアイ トライイット オン？↗
別のものも試着していいですか？	**Can I try another one?** キャナイ トライ アナダワン？↗
私には似合わないみたいです。	**It didn't fit me well.** イットディドン フィッミー ウェゥ
どっちの方が似合うと思いますか？	**Which one do you think looks better on me?** ウィッチワン ドゥユ スィンク ルックスベター オンミー？↘

A

B

流行の **more trendey** モア　トレンディ	カジュアルな **more casual** モア　カジュアゥ	フォーマルな **more formal** モア　フォーマゥ
派手な **more flashy** モア　フラシー	シンプルな **simpler** スィンプラー	シックな **more chic** モア　シーク
エレガントな **more elegant** モア　エレガント	暖かい **warmer** ウォーマー	涼しげな **cooler** クーラー

素材や色、柄について

✓ カシミア C のセーターはありますか？	**Do you have a cashmere sweater?** ドゥユ ハヴァ カシミア スウェタァ？↗
素材はなんですか？	**What kind of material is this?** ウァッカインドォブ マテリアゥ イズディス？↘
なんの革ですか？	**What kind of leather is this?** ウァッカインドォブ レザー イズディス？↘
シルクを使ったものはありますか？	**Are there anything made of silk?** アーデア エニスィン メイド オブ スィゥク？↗
これは洗濯機で洗えますか？	**Is this machine washable?** イズディス マシーン ウォッシャボゥ？↗
✓ （これと同じ物で）他の色はありますか？	**Do you have this in different colors?** ドゥユ ハヴ ディス イン ディファレント カラーズ？↗
色は赤 D がいいです。	**I like red color.** アイ ライク レッド カラー
もっと明るい色［暗い色］はありますか？	**Do you have brighter [darker] color?** ドゥユ ハヴ ブライター ［ダーカー］ カラー？↗
水玉 E 柄はありますか？	**Do you have polka dot one?** ドゥユ ハヴ ポゥカ ダット ワン？↗

C

絹	silk スィゥク	ウール	wool ウーゥ	綿	cotton カットン
カシミア	cashmere カシミァ	アンゴラ	angora アンゴラ	本革	leather レザー
シフォン	chiffon シフォン	麻	linen リネン	デニム	denim デニム

D

黒	black ブラック	緑	green グリーン
白	white ホワイト	青	blue ブルー
赤	red レッド	紫	purple パープゥ
ピンク	pink ピンク	紺	dark blue ダークブルー
オレンジ	orange オレンジ	黄緑	lime green ライムグリーン
黄色	yellow イエロゥ	グレー	gray グレィ
アイボリー	ivory アイヴォリー	カーキ	khaki カーキ
キャメル	camel キャメル	ベージュ	beige ベージュ
ターコイズブルー	turquoise blue ターコイズブルー	ラベンダー	lavender ラベンダー
濃紺	navy blue ネイビーブルー	ローズピンク	rose pink ローズピンク
チャコールグレー	charcoal gray チャコールグレィ	藍色	indigo インディゴゥ
えんじ色	burgundy バーガンディー	モスグリーン	moss green モスグリーン
銀色	silver スィゥヴァー	金色	gold ゴーゥド
茶色	brown ブラウン	銅色	copper カーパー

水玉柄
polka dot
ポゥカ　ダット

ボーダー（横縞）
lateral stripe
ラテラゥ ストライプ

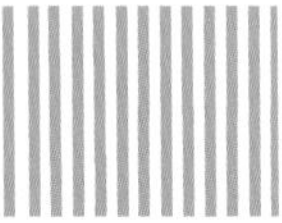

ストライプ（縦縞）
vertical stripe
ヴァーティカゥ ストライプ

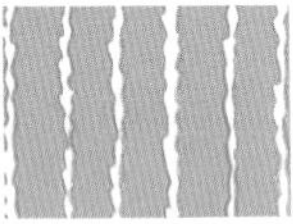

ピン・ストライプ
pin stripe
ピン ストライプ

ヘリンボーン
herringbone stripe
ヘリンボーン ストライプ

チェック柄
check
チェック

アーガイルチェック
argyle check
アーガイル チェック

ギンガムチェック
gingham check
ギンガム　　チェック

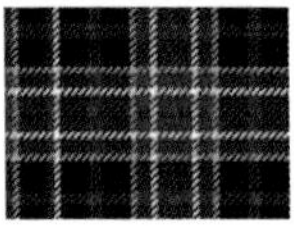

タータンチェック
tartan check
タータン チェック

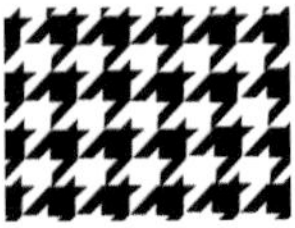

千鳥格子
hound's tooth
ハウンズ　ツゥース

プリント柄
print
プリント

花柄
floral
フローラル

ノルディック柄
nordic
ノルディック

ペイズリー
paisley
ペイズリー

モノグラム
monogram
モノグラム

サイズについて

膝丈[膝上]のスカートを探しています。	**I'm looking for a** アイム ルキングフォ ア **knee length [knee high] skirt.** ニー レングス [ニー ハイ] スカート
サイズはおいくつですか?	**What size are you?** ウァット サイズ アーユー?↘
日本のサイズで11号です。	**11 in Japanese size.** イレヴン イン ジャパニーズ サイズ
この国のサイズはわかりません。	**I don't know my size** アイドン ノゥ マイ サイズ **in this country's standard.** イン ディス カントリーズ スタンダード
サイズを測ってもらえますか?	**Could you measure my size?** クジュ メジャー マイ サイズ?↗
これはいかがでしょう?	**How about this one?** ハウァバウト ディス ワン↘
このサイズでぴったりです。	**This fits me well.** ディス フィッツ ミー ウエゥ
長すぎ[短すぎ]ます。	**This is too long [short].** ディスイズ トゥー ロング [ショート]
ちょっときつい[ゆるい]です。	**This is a little tight [loose].** ディスイズ ァ リロゥ タイト [ルーズ]
✓ もう少し小さい[大きい]ものはありますか?	**Do you have a smaller [bigger] one?** ドゥユ ハヴァ スモーラー [ビガー] ワン?↗

サイズを直す

✓ サイズ直しをお願いします。	**Can I get it altered?** キャナイ ゲッティット アゥタード?↗

(サイズ直しは)いくらですか?	**How much will it cost to fix it?** ハウマッチ ウィゥイット コスト トゥ フィックス イット?↘
✓ いつまでにできますか?	**When will it be ready?** ウェン ウィゥイットビー レディ?↘
あと2時間で仕上げてもらえますか?	**Can I pick it up in 2 hours?** キャナイ ピッキット アップ イン トゥー アワーズ?↗
直しに3日かかります。	It'll take 3 days to be ready. イトゥ テイク スリー デイズ トゥ ビー レディー
では結構です。	**Well then, I don't need it.** ウェゥ デン アイドン ニーディット
すそを詰めて[伸ばして]ください。	**Please shorten [lengthen] the hem.** プリーズ ショーテン [レンセン] ダ ヘム
長さはこのくらいでいかがですか?	Is this length OK for you? イズ ディス レンス オーケィ フォユー?↗
はい。ぴったりです。	**Perfect.** パーフェクト

TRAVEL COLUMN

日本と米・英のサイズの違い

旅行先で洋服を買う場合、サイズ表示に「M」と書いてあっても「どう見ても大きすぎる」とサイズの違いに戸惑うことがよくあります。

日本人と体格が違うので、肩幅や着丈などが大きく違うことがあります。「日本のM、L、LLサイズは海外のSとMとLサイズ」と思えばいいでしょう。

ジーンズなどのボトムスは日本でもインチ表示が増えているので見当もつきますが、ブラウスやワンピースなどはできるだけ試着することをおすすめします。

アメリカやイギリス、オーストラリアなどで洋服を買う場合、迷ったら表示サイズよりも1サイズ下のものを買うといいですよ。

ファッションアイテムの名称

● 上着・コート outerwears

コート
coat
コート

毛皮のコート
fur coat
ファーコート

トレンチコート
trench coat
トレンチ コート

ピーコート
pea coat
ピー コート

ダウンジャケット
down jacket
ダウン ジャケット

レザージャケット
leather jacket
レザー ジャケット

● ドレス&トップス dresses & tops

ワンピース
dress
ドレス

長袖シャツ
long sleeve shirt
ロング スリーヴ シャート

半袖シャツ
short sleeve shirt
ショート スリーヴ シャート

ワイシャツ
dress shirt
ドレス シャート

アロハシャツ
aloha shirt
アロハ シャート

ポロシャツ
polo shirt
ポロ シャート

● ドレス&トップス dresses & tops（つづき）

トレーナー
sweat shirt
スウェット シャート

パーカー
hoodie
ホディ

セーター
sweater
スウェタァ

カーディガン
cardigan
カーディガン

ベスト
vest
ヴェスト

チュニック
tunic
チュニック

キャミソール
spaghetti strap
スパゲティー　ストラップ

カットソー
cut and sewn
カダァン ソゥ

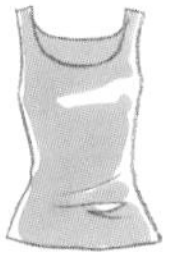

タンクトップ
tank top
タンク トップ

● ボトムス bottoms

パンツ（ズボン）	pants [米] パンツ	trousers [英] トラゥザー			
スラックス	slacks スラックス	ジーンズ	jeans ジーンズ	チノパン	chinos チノス
カーゴパンツ	cargo pants カーゴ　パンツ	レギンス	leggings レギンス	短パン	shorts ショーツ

● スカート skirts

ミニスカート
mini skirt
ミニスカート

ロングスカート
long skirt
ロング スカート

プリーツスカート
pleated skirt
プリーツ　スカート

フレアスカート
flared skirt
フレア　スカート

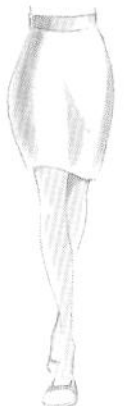

タイトスカート
tight skirt
タイト スカート

巻きスカート
wrap-around skirt
ラップアラウンド スカート

● その他 others

マフラー（スカーフ）
scarf
スカーフ

帽子
hat
ハット

手袋
gloves
グラーヴス

ベルト
belt
ベゥト

ネクタイ
tie
タァイ

靴下
socks
ソックス

化粧品

化粧品の購入は海外ショッピングの楽しみのひとつ。でも、日本人と海外の人とでは色や肌質に違いがあります。特にファンデーションは色の違いが大きいので、試してから購入するといいでしょう。

店内での会話

✓ 口紅を探しています。	**I'm looking for lipstick.** アイム ルッキンフォ リップスティック
✓ ディオールはどこにありますか？	**Where is Dior?** ウェアリズ ディオーゥ？↘
✓ 一番人気のあるアイシャドウAはどれですか？	**What is the most popular** ウァティズ ダ モスト ポピュラー **eye shadow here?** アイシャドゥ ヒア？↘
日本人に人気のあるものはどれですか？	**Which product is popular with** ウィッチ プロダクト イズ ポピュラー ウィズ **Japanese customers?** ジャパニーズ カスタマーズ？↘
シャネルの新色の口紅はありますか？	**Do you have a new color lipstick** ドゥユ ハヴァ ニュー カラー リップスティック **from Chanel?** フロム シャネゥ？↗
美白に効果のある美容液Bはありますか？	**Do you have a serum for whitening?** ドゥユ ハヴァ スィラム フォ ホワイトニング？↗
保湿クリームCはありますか？	**Do you have a moisturizer?** ドゥユ ハヴ ァ モイストライザー？↗
刺激の少ないものがいいのですが。	**I'd like to have something mild.** アイド ライクトゥ ハヴ サムシン マイゥド

（肌質は）乾燥肌Dです。	**I have dry skin.** アイ ハヴ ドライ スキン
どんな効果がありますか？	**How does it work?** ハウ ダズィット ワーク？↘
肌にやさしいですか？	**Is this gentle on skin?** イズ ディス ジェントゥ オン スキン？↗
試してみてもいいですか？	**Can I try some on?** キャナイ トライ サム オン？↗
もう少し薄い［濃い］色はありますか？	**Do you have lighter [darker] color?** ドゥユ ハヴ ライター ［ダーカー］ カラー？↗
私の肌には合わないようです。	**It doesn't agree with my skin.** イット ダズント アグリー ウィズ マイ スキン
これを３つください。	**I'd like 3 of these.** アイドライク スリー オブ ディーズ
これの試供品はありますか？	**Do you have a sample of this ?** ドゥユ ハヴァ サンプゥ オブ ディス？↗

WORDBOOK ワードブック

A

色
color
カラー

香水
perfume
パフューム

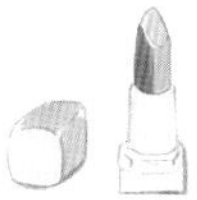
口紅
lipstick
リップスティック

リップグロス
lip gloss
リップ グロス

ファンデーション
foundation
ファンデーション

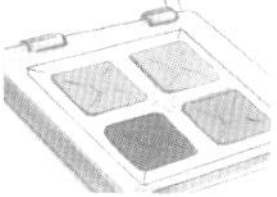
アイシャドウ
eye shadow
アイシャドゥ

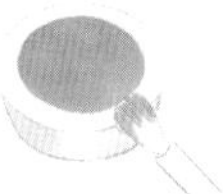
チーク
blush
ブラッシュ

マニキュア
nail enamel ［米］
ネイゥ エナメゥ
nail varnish ［英］
ネイゥ ヴァーニッシュ

WORDBOOK ワードブック

B

美白
whitening
ホワイトニング

保湿
moisturizing
モイストゥライジニング

アンチエイジング
anti aging
アンタイ エイジング

C

保湿クリーム
moisturizer
モイストゥライザー

クリーム
cream
クリーム

化粧水
facial lotion
フェイシャゥ ローション

美容液
serum
スィラム

乳液
milky lotion
ミルキー ローション

メイク落とし
makeup remover
メイカップ リムーヴァー

洗顔料
face wash
フェイス ウォッシュ

マスク（パック）
facial mask
フェイシャゥ マスク

パウダーファンデーション
powder foundation
パウダー　ファンデーション

リキッドファンデーション
liquid foundation
リキッド ファンデーション

コンシーラー
concealer
コンシーラー

ハンドクリーム
hand cream
ハンド　クリーム

ボディクリーム
body cream
ボディ　クリーム

リップクリーム
lip balm
リップ バーム

日焼け止め
sun block
サンブロック

マスカラ
mascara
マスカラ

アイライナー
eyeliner
アイライナー

アイブロウペンシル
eyebrow pencil
アイブロウ　ペンシゥ

D

乾燥肌
dry skin
ドライ スキン

オイリー肌（脂性肌）
oily skin
オイリィ スキン

敏感肌
sensitive skin
センスィティヴ スキン

バッグ・財布・靴

ブランド品のバッグや靴を買うときは、正規品で品揃えが豊富な直営店やデパートでの購入がおすすめです。バッグなどの高額商品を買った場合は、税関での申告のためにレシートの保管も忘れずに。

バッグ・財布を買う

✓ ハンドバッグ🅰を探しています。	**I'm looking for a purse (handbag).** アイム ルッキンフォ ァ パース （ハンドバッグ）
コーチのバッグを扱っていますか？	**Do you have some COACH bags?** ドゥユ ハヴ サム コーチ バッグス？↗
バレンシアガの新作はありますか？	**Do you carry some BALENCIAGA new products?** ドゥユ キャリー サム バレンスィアガ ニュー プロダクツ？↗
今、人気があるブランドはなんですか？	**What are the popular brands now?** ウァッアー ダ ポピュラー ブランズ ナウ？↘
素材はなんですか？	**What is this made of?** ウァティズ ディス メイド オブ？↘
（写真を見せながら）これと同じものはありますか？	**Do you have the same product in this picture?** ドゥユ ハヴ ダ セイム プロダクト インディス ピクチャー？↗
母［父］へのおみやげを探しています。	**I'm looking for a souvenir for my mother [father].** アイム ルッキンフォ ァ スーヴェニーア フォ マイ マザー ［ファザー］

WORDBOOK
ワードブック

A

ハンドバッグ
purse［米］
パース
handbag［英］
ハンドバッグ

ショルダーバッグ
shoulder bag
ショゥダー　バッグ

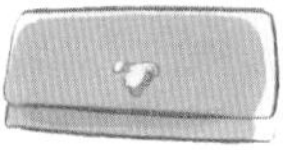

クラッチバッグ
clutch bag
クラッチ　バッグ

トートバッグ
tote bag
トート バッグ

ビジネスバッグ
business bag
ビジネス　バッグ

ボストンバッグ
boston bag
ボストン　バッグ

化粧ポーチ
pouch
パゥチ

財布
wallet
ウォレット

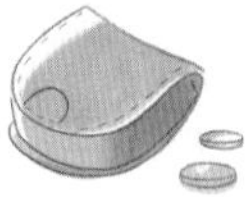

小銭入れ
coin purse
コイン パース

マザーズバッグ	**diaper bag** ダイパー バッグ	リュックサック	**backpack** バックパック
アタッシュケース	**attache case** アタッシュ ケース	ブリーフケース	**briefcase** ブリーフケース
ウェストポーチ	**belt bag** ベゥト バッグ	名刺入れ	**business card case** ビジネスカード　ケース
キーケース	**key case** キー ケース	ペンケース	**pen case** ペン　ケース

靴を買う

✓ この靴を履いてみたいのですが。	**I'd like to try these on.** アイドライクトゥ トライ ディーズ オン
サイズはいくつですか？	**What size is this?** ウァット サイズ イズディス？↘
とても履き心地がいいですね。	**They are very comfortable.** デイアー ヴェリィ コンフォータボゥ
つま先がきついです。	**The shoes are pinching my toes.** ダ シューズ アー ピンチング マイ トウズ
歩きやすい靴でおすすめはありますか？	**Could you recommend a good pair of walking shoes?** クジュ レコメンド ァ グッド ペアォブ ウォーキングシューズ？↗
違う色はありますか？	**Do you have these in different color?** ドゥユ ハヴ ディーズ イン ディファレント カラー？↗
✓ もうワンサイズ上[下]はありますか？	**Do they come in a larger [smaller] size?** ドゥデイ カミン ァ ラージャー［スモーラー］サイズ？↗
このまま履いて帰ってもいいですか？	**Is it okay if I wear them out?** イズィット オーケイ イファイ ウェア デムアウト？↗

靴の種類と名称

婦人靴 women's shoes

パンプス
pumps
パンプス

ハイヒール
high heels
ハイ　ヒーゥス

ローヒール
flat shoes
フラット シューズ

オープントゥ
open toe
オープン トゥ

スリングバック
sling back
スリング バック

インステップストラップ
instep strap
インステップ ストラップ

ブーツ
boots
ブーツ

ブーティ
bootie
ブーティ

ミュール
mule
ミュール

サンダル
sandals
サンダゥス

紳士靴 men's shoes

オックスフォード
oxfords
オックスフォーズ

ローファー
loafers
ローファーズ

タッセル
tassel
タッソゥ

プレーントゥ
plain toe
プレーン トゥ

ストレートチップ
straight chip
ストレート　チップ

ウィングチップ
wing chip
ウィング チップ

Uチップ
U tip
ユー ティップ

ワークブーツ
work boots
ワーク ブーツ

スニーカー
sneakers
スニーカーズ

ビーチサンダル
flip-flops
フリップフロップス

スリッポン	slip-on	スリップオン
デッキシューズ	boat shoes	ボート シューズ
モカシン	moccasins	モカシンズ

TRAVEL COLUMN

ブランド品を購入する場合の注意点

●ブランド品の購入はお店選びがポイント

ブランド品は直営店などのしっかりしたお店で購入しましょう。偽ブランド品は、知らずに買ったとしても税関で没収される場合があります。

●おみやげの免税枠

海外旅行で購入したおみやげの免税枠は20万円です。合計金額が20万円を超える場合、20万円以内が免税になり、超過金額に課税されます。またバッグや時計、宝飾品など一品で20万円を超える品物は全額に課税されます。

●財布を買うときの注意点

海外の財布を買うときはサイズに注意しましょう。日本のお札は海外の紙幣に比べてサイズが大きいので、帰国してから「お札が入らない」ということがあります。財布を買うつもりなら、日本のお札を1枚は持っていくといいですよ。

アクセサリー・腕時計

アクセサリーや時計を購入したときは、必ず証明書や保証書をもらいましょう。ケースに入った商品を見せてもらいたときは「May I see this ～?(この～を見せてもらえますか?)」と声をかけましょう。店員さんとのコミュニケーションが楽しく買い物をするときのポイントです。

アクセサリーを買う

✓ この指輪Ⓐを見せてもらえますか?	**May I see this ring?** メアイ スィー ディス リング?⤴
左［右］から3番めにあるものです。	**The third one from the left [right], please.** ダ サード ワン フロム ダ レフト［ライト］プリーズ
これは18金Ⓑですか?	**Is this 18k gold?** イズ ディス エイティーン キャラット ゴーゥド?⤴
ペアリングを見せてもらえますか?	**Can we see couple rings?** キャンウィ スィー カッポゥ リングス?⤴
指のサイズを測ってもらえますか?	**Could you measure my size?** クジュ メジャー マイ サイズ?⤴
文字を彫ってもらえますか?	**Can I get my ring engraved?** キャナイ ゲット マイ リング エングレイヴド?⤴
✓ 証明書はついていますか?	**Does this carry a certificate?** ダズディス キャリー ァ サーティフィケイト?⤴

腕時計を買う

どこのブランドのものですか?	**What brand is this?** ウァット ブランド イズディス?⤵

最新のモデルはどれですか？	**Which one is the latest motel?** ウィッチ ワン イズダ レイテスト モデゥ？↘
このモデルの男性用［女性用］はありますか？	**Do you have this men's [lady's] model?** ドゥユ ハヴ ディス メンズ［レディース］モデゥ？↗
防水ですか？	**Is it waterproof?** イズィット ウォータープルーフ？↗
日本でも修理できますか？	**Can I get this repaired in Japan?** キャナイ ゲット ディス リペァド イン ジャパン？↗

WORDBOOK ワードブック

A

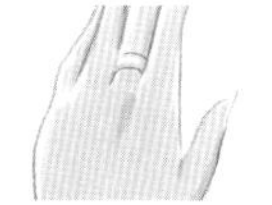
指輪
ring
リング

腕時計
watch
ウォッチ

イヤリング
ear clips
イァ クリップス

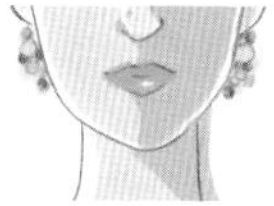
ピアス
pierced earrings
ピアスィド イァリングズ

ネックレス
necklace
ネックレス

ペンダントトップ
pendant
ペンダント

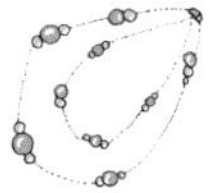
チェーン
chain
チェーン

ブローチ
brooch
ブローチ

ブレスレット
bracelet
ブレスレット

アンクレット
anklet
アンクレット

カフスボタン
cuff links
カフ リンクス

ネクタイピン
tie pin
タイ ピン

B

ダイヤ
diamond
ダイアモンド

金
gold
ゴーゥド

銀
silver
スィゥヴァー

真珠
pearl
パーゥ

18金 18k gold
エイティーン キャラット ゴーゥド

プラチナ platinum
プラティナム

雑貨・インテリア

海外の雑貨やインテリア小物はおみやげの宝庫です。文房具などは、かさばらないのでまとめ買いにピッタリ。イギリスなら文具や小物、アメリカではキッチン雑貨が充実しているので、おみやげにすると喜ばれますよ。

雑貨・インテリアを買う

✔ おみやげにおすすめなものはありますか？	**What do you recommend me for a souvenir?** ウァッ ドゥユ レコメンド ミー フォ ァ スーヴェニーア？⤵
これらは地元の手工芸品です。	These are local handicrafts. ディーズアー ローカゥ ハンディクラフツ
女性［男性］に人気のあるものはどれですか？	**Which is popular among women [men]?** ウィッチ イズ ポピュラー アマング ウィミン［メン］？⤵
伝統的なデザインはどれですか？	**Which is traditional design?** ウィッチ イズ トラディッショナゥ デザイン？⤵
これよりも小さいサイズはありますか？	**Do you have some of this in smaller size?** ドゥユ ハヴ サム ォブ ディス イン スモーラー サイズ？⤴
セットになっているものはありますか？	**Do you have any sets?** ドゥユ ハヴ エニィ セッツ？⤴
✔ このティーポットを手に取ってもいいですか？	**Can I hold up this teapot?** キャナイ ホーゥダップ ディズ ティーポット？⤴
このペンを試し書きしてもいいですか？	**Could I try this pen?** クダイ トライ ディス ペン？⤴
別の色［柄］はありますか？	**Do you have different colors [designs]?** ドゥユ ハヴ ディファレント カラーズ［デザインズ］？⤴

この中身はなんですか？	**What's inside?** ウァッツ　インサイド？↘
これは電子レンジ［食洗機］で使えますか？	**Is this microwave-safe [dishwasher-safe]?** イズ ディス マイクロウェイヴ セイフ［ディッシュワッシャー セイフ］？↗
このカーペットはいくらですか？	**How much is this carpet?** ハウマッチ　イズ ディス カーペット？↘
これは売り物ですか？	**Is this for sale?** イズディス フォ セイゥ？↗

WORD LIST

生活雑貨の名称

文房具 stationeries

ボールペン	ballpoint［米］ biro［英］	ボーゥポイント バイロウ	万年筆	fountain pen フォンテイン ペン
シャープペンシル	mechanical pencil［米］ propelling pencil［英］	メカニカゥ ペンシゥ プロペリング ペンシゥ	鉛筆	pencil ペンシゥ

筆箱	pencil case ペンシゥ ケース	スケジュール帳	appointment book アポイントメント ブック	メモ帳	memo pad メモパッド

ノート notebook ノートブック	ハサミ scissors スィザーズ	ペーパーナイフ letter opener レター　オープナー	クリップ paper clip ペーパー クリップ
封筒 envelope エンヴェロップ	便箋 letter paper レター　ペーパー	ハガキ postcard ポストカード	バースデーカード birthday card ポースデー　カード

インテリア interiors

照明器具 lighting fixture ライティング フィクスチャー	ランプ lamp ランプ	キャンドル candle キャンドゥ	キャンドル立て candle holder キャンド　ホーゥダー
クッション decorative pillow デコラティブ　ピロゥ	寝具 bedclothes ベッドクロゥズ	ブランケット blanket ブランケット	ラグ rug ラグ
置き物 ornament オーナメント	オルゴール music box ミュージック ボックス	人形 doll ドーゥ	ぬいぐるいみ stuffed animal スタッフト アニマゥ

キッチン雑貨 kitchen supplies

深鍋	pot ポット	平鍋	pan パン	やかん	kettle ケトゥ
フライパン	frying pan フライング パン	包丁	kitchen knife キッチン ナイフ	まな板	cutting board カッティング ボード
お玉	ladle レイドゥ	へら	spatula スパチュラ	フライ返し	turner ターナー
泡たて器	whisk ウィスク	皮むき器	peeler ピーラー	フードプロセッサ	food processor フード プロセッサ
スライサー	slicer スラーサー	にんにく潰し器	garlic press ガーリック プレス	うろこ取り	fish scale remover フィッシュ スケーゥ リムーヴァー
計量カップ	measuring cup メジャリングカップ	計量スプーン	measuring spoon メジャリング スプーン		
はかり	scale スケイゥ	キッチンタイマー	timer タイマー	ミトン	oven mitt オーブン ミット
鍋つかみ	pot holder ポット ホーゥダー	鍋敷き	pot stand ポット スタンド	栓抜き	bottle opener ボトゥ オープナー
缶切り	can opener カン オープナー	ワインオープナー	corkscrew コゥクスクリュー	エプロン	apron エイプロン
テーブルクロス	tablecloth テイボゥクロス	ランチョンマット	place mat プレイス マット	紙ナプキン	paper napkin ペーパー ナプキン

食器 tableware

カトラリー cutlery カトラリー	ナイフ knife ナイフ	フォーク fork フォーク	スプーン spoon スプーン
箸 chopsticks チョップスティックス	皿 plate プレイト	深皿 dish ディッシュ	サラダボウル salad bowl サラダ ボウゥ
陶磁器 printed china プリンテッド チャイナ	漆 japanese lacquer ジャパニーズ ラカー	銀食器 silverware スィゥヴァーウェア	コップ glass グラス
タンブラー tumbler タンブラー	ワイングラス wineglass ワイングラス	デキャンタ decanter ディキャンター	ビールジョッキ beer mug ビア マグ
カップ cup カップ	マグカップ mug マグ	ティーカップ tea cup ティー カップ	コーヒーカップ coffee cup カフィ カップ
コーヒーポット coffee pot カフィ ポット	コーヒー豆挽き coffee grinder カフィ グラインダー	ミルクピッチャー creamer クリーマー	水差し jug ジャグ

スーパー・コンビニ・ドラッグストア

スーパーやドラッグストアは、日用品だけでなくおみやげの購入にも活躍します。日本と同様に化粧品なども安い値段で売られているので、まとめ買いや普段使いの化粧品を買うならスーパーやドラッグストアがおすすめです。

店内での会話

総菜コーナーⒶはどこですか？	**Where's the deli section?** ウェアズ ダ デリ セクション？↘
✓ 生理用品Ⓑが欲しいのですが。	**I want sanitary protection.** アイ ウァント サニタリィ プロテクション
コンタクトレンズの保存液はありますか？	**Do you have any contact lenses cleaning solution?** ドゥユ ハヴ エニィ コンタクトレンズィズ クリーニング ソルーション？↗
日本の食材はありますか？	**Do you have Japanese food?** ドゥユ ハヴ ジャパニーズ フード？↗
地元のお酒は置いていますか？	**Do you have local liquor?** ドゥユ ハヴ ローカゥ リカー？↗
次の通路の手前［奥］です。	At the front [end] of the next aisle. アット ダ フロント［ディエンド］オブ ダ ネクスト アイゥス

会計する

（会計時に） これで全部ですか？	Would that be all? ウド ダット ビー オーゥ？↗

（酒類の購入時に）身分証明書を見せてもらえますか？	**Can I see your ID, please?** キャナイ スィー ヨァ　アイディー プリーズ？↗
紙袋にしますか、ビニール製の袋にしますか？	**Paper or plastic?** ペイパァ オァ プラスティック？
紙袋にしてください。	**Paper, please.** ペイパァ　プリーズ

WORDBOOK ワードブック

A

総菜コーナー	**deli section** デリ　セクション	青果売り場	**produce section** プロドュース セクション
パン売り場	**bread section** ブレッド セクション	日用品売り場	**household section** ハウスホーゥド セクション
酒類売り場	**alcohol section** アルコホーゥ セクション	おかし売り場	**confectionery section** コンフェクショナリー セクション

B

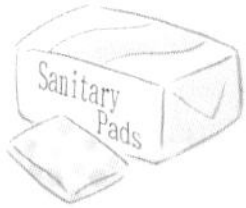

生理用品
sanitary protection
サニタリィ プロテクション

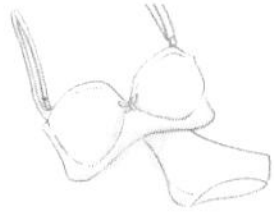

下着
underwear
アンダーウェア

ティッシュペーパー
tissues
ティシュー ズ

歯ブラシ
tooth brush
トゥース ブラッシュ

日焼け止め
sun block
サンブロック

ひげ剃り
razor
レイザー

乾電池
battery
バッテリー

メモリーカード
memory card
メモリー　カード

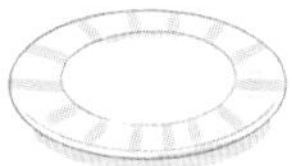

紙皿
paper tray
ペイパァ トレイ

パーソナルケア用品の名称

● パーソナルケア personal care products

シャンプー	shampoo シャンプー	リンス	conditioner コンディショナー
ヘアブラシ	hair brush ヘァ ブラッシュ	歯みがき粉	tooth paste トゥース ペイスト
歯間ブラシ	dental floss デンタゥ フロス	爪切り	nail clipper ネイゥ クリッパー
爪やすり	nail file ネイゥ ファイゥ	ハンドローション	hand lotion ハンド ローション
フェイスローション	face lotion フェイス ローション	ボディローション	body lotion ボディ ローション
せっけん	soap ソープ	スポンジ	sponge スポンジ
ボディーブラシ	body brush ボディ ブラッシュ	タオル	hand towel ハンド タオゥ
バスタオル	bath towel バス タオゥ	ウェットティッシュ	wet wipe ウェット ワイプス
シェービングクリーム	shaving cream シェイヴィング クリーム	洗剤	detergent ディタージェンツ

● その他 others

綿棒	cotton swab [米] カットン スワブ cotton bud [英] カットン バド	除光液	nail polish remover ネイゥポリッシュ リムーヴァー
バンソウコウ	bandage tape バンデッジ テープ	包帯	gauze bandage ガーズ バンデッジ
消毒薬	disinfectant ディスインフェクタント	虫除け	bug spray バグ スプレー

デリカテッセン・フリーマーケット

デリカテッセンやフリーマーケットなどでは色とりどりの果物や食材、アンティーク品などがきれいに並べられていて、眺めているだけでも楽しめます。地元ならではの食べ物も並んでいるので、ぜひ試してみてくださいね。

デリカテッセンで買い物をする

✓ これを1ポンド（約450g）Aください。	**I'd like 1 pound please.** アイドライク ワン パウンド プリーズ
これを3つください。	**This for 3 please.** ディス フォ スリー プリーズ
✓ ローストビーフを2人分ください。	**Can I have roast beef for 2 people please?** キャナイ ハヴ ローストビーフ フォ トゥー ピーポゥ プリーズ？↗
右［左］から3番めのものをお願いします。	**I want the third one from the right [left].** アイ ウァント ダ サード ワン フロム ダ ライト［レフト］
少し厚く［薄く］切ってもらえますか？	**Could you slice it thicker [thinner] please?** クジュ スライスィット スィッカー［スィナー］プリーズ？↗
これはなんの肉ですか？	**What kind of meat is this?** ウァッカインドォブ ミート イズディス？↘
どうやって食べるのですか？	**How do you eat it?** ハウ ドゥユ イートイット？↘
試食させてもらえますか？	**Can I try some?** キャナイ トライ サム？↗
使い捨てのフォークやナイフはありますか？	**Do you have a disposable fork and knife?** ドゥユ ハヴァ ディスポーサボゥ フォーク アンド ナイフ？↗

フリーマーケットで買い物をする

✓ アンティーク品Ⓑを売っているお店を知ってますか？	**Do you know some shops carrying antiques?** ドゥユ ノゥ サム ショップス キャリング アンティークス？⤴
（アクセサリーなどで）これはなんの石ですか？	**What kind of gemstone is this?** ウァッカインドォブ ジェムストーン イズディス？⤵
（商品に）触ってもいいですか？	**Can I touch it?** キャナイ タッチ イット？⤴
これにひと目惚れしちゃいました。	**I fell in love with this.** アイ フェルイン ラヴ ウィズディス

WORDBOOK ワードブック

A

1ポンド（約450g）	1 pound ワン パウンド	半ポンド（約225g）	half pound ハーフ パウンド
1/4ポンド（約110g）	quarter pound クォーター パウンド	1皿	one plate ワン プレィト
1人分（2人分）	for 1 person (2 people) フォ ワン パーソン（トゥー ピーポゥ）		

B

アンティーク品
antiques
アンティークス

日用雑貨
convenience goods
コンヴィニエンス グッズ

アクセサリー
accessories
アクセサリーズ

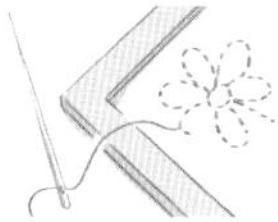
手作りのもの
hand made products
ハンドメイド プロダクツ

古着
used clothes
ユーズド クロゥズ

地元の食べ物
local foods
ローカゥ フーズ

値段の交渉をする

これいいですね。	**This is very nice.** ディスィズ ヴェリー ナイス
これはいくらですか？	**How much is this?** ハウマッチ イズディス？↘
✓ 値引きしてもらえませんか？	**Could I get a discount?** クダイ ゲッタ ディスカウント？↗
まとめて買えば安くなりますか？	**Could you give me a discount** クジュ ギヴミー ァ ディスカウント **if I get them in bulk?** イファイ ゲットゼム イン バゥク？↗
予算は50ドルまでです。	**My budget is 50 dollars.** マイ バジェット イズ フィフティ ダラーズ
40ドルにまけてください。	**Could you make it 40 dollars?** クジュ メイキット フォーティ ダラーズ？↗
3つで30ドルになりませんか？	**I'll buy 3,** アイゥ バァイ スリー **could you make it 30 dollars?** クジュ メイキット サーティー ダラーズ？↗
他の店ではもっと安かったですよ。	**I found the same one** アイ ファウンド ダ セイム ワン **in lower price in another shop.** イン ロゥアー プライス イン アナダ ショップ
それ以上安くできませんか？	**Is that your best price?** イズダット ヨァ ベスト プライス？↗
40ドルでどうですか？	How about 40 dollars ? ハウァバウト フォーティ ダラーズ？↘
これ以上は無理です。	This is the final offer. ディスィズ ダ ファイナゥ オファー
交渉成立！	**Done!** ダン！

観光

SIGHTSEEING

情報収集

観光を楽しむには、ホテルや観光案内所でおすすめスポットをたずねるのが一番です。無料の地図やパンフレット(brochure)を入手できるだけでなく、市内観光のツアーや交通に関する問い合わせにも対応してくれます。街歩きをスタートする前に、ぜひ立ち寄ってみましょう。

観光スポットや街の情報についてたずねる

おすすめの観光スポットを教えてもらえますか？	**Could you recommend me some nice places for sightseeing?** クジュ レコメンド ミー サム ナイス プレイスィズ フォ サイトスィーイング？⤴
✔ 地元の人Aに人気のあるスポットはありませんか？	**Are there any popular places among locals?** アーデァ エニィ ポピュラー プレイスィズ アマング ローカウス？⤴
日帰りで行けるおすすめの場所はありますか？	**Are there any recommended places for a day trip?** アーデァ エニィ レコメンディット プレイスィズ フォ ァ デイ トリップ？⤴
子どもも一緒に楽しめる場所はありますか？	**Are there any good places to take my children?** アーデァ エニィ グッド プレイスィズ トゥ テイク マイ チゥドレン？⤴
市内の地図をもらえますか？	**Could I get a free city map?** クダイ ゲッタ フリー スィティ マップ？⤴
日本語のパンフレットはありますか？	**Do you have a Japanese brochure?** ドゥユ ハヴァ ジャパニーズ ブロシュア？⤴
この町で危険な地区はありますか？	**Are there any dangerous areas I should avoid?** アーデァ エニィ デンジャラス エリアス アイ シュド アヴォイド？⤴

ツアーやイベントについてたずねる

✓ グランドキャニオンを観光したいのですが、どんな方法がありますか？	**I'd like to visit Grand Canyon.** アイドライクトゥ ヴィズィット グランドキャニオン **How can I plan a trip?** ハウ キャナイ プラン ァ トリップ？↘
フロリダモールでなにかイベントをやっていますか？	**Are there any events at Florida Mall?** アーデァ エニィ イヴェンツ アット フロリダモーゥ？↗
お祭りがあると聞いたのですが、詳しく教えてください。	**I heard about the event.** アイ ハード ァバウト ディ イヴェント **Can you tell me in detail?** キャニュ テゥミー イン ディーテイゥ？↗

観光施設についてたずねる

フロリダ水族館は明日営業していますか？	**Is Florida Aquarium open tomorrow?** イズ フロリダ アクエリアム オープン トゥモロゥ？↗
何時から何時までやっていますか？	**What are the business hours?** ウァッアー ダ ビジネス アワーズ？↘
✓ （交通機関は）何を使って行けばいいですか？	**How can I get there?** ハウ キャナイ ゲット デァ？↘
ここから遠いですか？	**Is it far from here?** イズィット ファー フロム ヒァ？↗
ディズニーワールドまで、ここからどのくらいかかりますか？	**How long does it take from** ハウロング ダズィット テイク フロム **here to Disney World?** ヒァ トゥ ディズニーワールド？↘

WORDBOOK ワードブック A

地元の人	locals	ローカゥス	家族連れ	families	ファミリィ
女性	women	ウィミン	若者	young people	ヤング ピーポゥ
観光客	tourists	トゥーリスツ	カップル	couples	カッポゥズ

ツアー・観光名所

普段体験できない現地ならではのツアーには、半日程度の市内観光から2～3日かけて目的地をまわまるものまでさまざまなコースがあります。また、移動や準備なども任せられるので観光を思いっきり楽しめますよ。

観光案内所などの窓口で

ツアーのパンフレットをください。	**May I have a tour brochure?** メアイ　ハヴァ　トゥア　ブロシュア？↗
✓ このツアーに申し込みたいのですが。	**I'd like to apply for this tour.** アイドライクトゥ アプライ フォ ディス トゥア
✓ 一番人気のあるツアーはなんですか？	**What is the most popular tour?** ウァティズ　ダ　モスト　ポピュラー　トゥア？↘
✓ ホエールウォッチングⒶのできるツアーはありますか？	**Do you have a tour that includes whale watching?** ドゥユ　ハヴァ　トゥア　ダット インクルーズ ホエーゥ　ウォッチング？↗
日帰りの観光ツアーに参加したいのですが。	**I'd like to take a day trip.** アイドライクトゥ テイカ　デイ　トリップ
市内観光のツアーはありますか？	**Do you have any city sights tours?** ドゥユ　ハヴ　エニィ スィティ サイト トゥアーズ？↗
日本語のガイドがつくツアーはありますか？	**Do you have any tours with a Japanese-speaking guide?** ドゥユ　ハヴ　エニィ トゥアズ ウィザ ァ ジャパニーズスピーキング　ガイド？↗

ツアーの内容についてたずねる

どんなツアーですか？	**What kind of tour is it?** ウァッカインドォブ　トゥア　イズィット？↘

どんなところを観光するのですか？	**Where will we visit on this tour?** ウェア　ウィゥウィー ヴィズィット オン ディス トゥア？↘
ツアー全体はどのくらいの時間ですか？	**What is the length of the tour?** ウァティズ　ダ　レングス　オブ ダ　トゥア？↘
✓ セントラルパーク[B]はコースに入ってますか？	**Does the tour course include Central park?** ダズ　ダ トゥアコース インクルード セントラゥ パーク？↗
自由の女神は見られますか？	**Can I see the Statue of Liberty?** キャナイ スィー ダ　スタチューォブ リバティ？↗
子ども[C]でも参加できますか？	**Can children participate in the tour?** キャン チゥドレン　パティスィペイト イン ダ トゥア？↗

WORDBOOK ワードブック

A

ホエールウォッチング
whale watching
ホエーゥ ウォッチング

ショッピング
shopping
ショッピング

市内観光
city sights
スィティ サイツ

食べ歩き
eating around
イーティング アラウンド

B

博物館	**museum**	ミューズィアム
クルージング	**cruise**	クルーズ
史跡巡り	**visiting historic spots**	ヴィズィティング ヒストリカゥ スポッツ
国立公園	**national park**	ナショナゥ パーク
散策	**walk**	ウォーク
美術館	**art museum**	アート ミューズィアム
動物園	**Zoo**	ズー
工場見学	**factory tour**	ファクトリー トゥア
ワイナリー	**winery**	ワイナリー
教会	**church**	チャーチ
修道院	**monastery**	マナステリー

C

初心者	**beginner**	ビギナー
1人	**I by myself**	アイ バイ マイセゥフ
女性	**women**	ウィミン
子ども	**children**	チゥドレン
高齢者	**elderly person**	エゥダリーパーソン

料金や集合場所などについてたずねる

✓	料金は1人いくらですか？	**How much is the fee per person?** ハウマッチ　イズ ダ　フィー パァ パーソン？↘
	ツアーには昼食も含まれますか？	**Does this tour include lunch?** ダズ　ディス トゥア　インクルード ランチ？↗
	入場チケット代は料金に含まれていますか？	**Does the fee include the tickets?** ダズ　ダ　フィー インクルード ダ　ティケッツ？↗
	おみやげを買う時間はありますか？	**Do we have time to buy souvenirs?** ドゥウィー ハヴ　タイム トゥ バァイ スーヴェニーアズ？↗
	どんな服装で行けばいいですか？	**How should I be clothed?** ハウ　シュダイ　ビー クローズド？↘
	持って行ったほうがいいものはありますか？	**Should I take something?** シュダイ　テイク サムシン？↗
	何時に出発して、何時に戻りますか？	**When will we leave and go back?** ウェン　ウィゥウィ　リーヴ　アンド ゴゥバック？↘
	雨が降ったら中止ですか？	**If it rains, will it be canceled?** イフ イット レインス ウィゥイット ビー キャンセゥド？↗
	はい。中止です。	Yes, it will be canceled. イエス イット ウィゥビー キャンセゥド
	雨でも決行します。	We will carry out the plans. ウィウィゥ キャリーアウト ダ　プランス
✓	集合時間は何時ですか？	**What time do we meet?** ウァッタイム　ドゥウィ　ミート？↘
✓	どこに集合するのですか？	**Where is the meeting point?** ウェアリズ　ダ　ミーティング　ポイント？↘
	解散する場所はどこですか？	**Where do we break up?** ウェア　ドゥウィ　ブレイクアップ？↘
	ホテルまでの送迎はありますか？	**Can I get a transprtation to the hotel?** キャナイ ゲッタ トランスポーテーション トゥ ダ ホテゥ？↗

中止［決行］は何時に決まりますか？	**What time do you decide to cancel [carry out] the tour?** ウァッタイム ドゥユ ディサイド トゥ キャンセゥ［キャリーアウト］ダ トゥア？↘

ツアーの予約を変更・キャンセルする

ツアーの予約をキャンセル［変更］したいのですが。	**I'd like to cancel [change] the tour reservation.** アイドライクトゥ キャンセゥ［チェンジ］ダ トゥア リザヴェイション
明日の午後のツアーに変更したいのですが。	**I'd like to change my tour to the one in tomorrow afternoon.** アイドライクトゥ チェンジ マイ トゥア トゥ ダ ワン イン トゥモロゥ アフタヌーン
キャンセル料はかかりますか？	**Is there a cancellation fee?** イズデァ ァ キャンセレーション フィー？↗

ツアーに参加して

あとどのくらいで着きますか？	**How much longer will it take?** ハウマッチ ロンガー ウィゥイット テイク？↘
次の目的地はどこですか？	**Where is the next destination?** ウェアリズ ダ ネクスト デスティネーション？↘
✓ (集合場所には)何時までに戻ればいいですか？	**What time should I be back?** ウァッタイム シュダイ ビー バック？↘
ここで買い物［食事］をする時間はありますか？	**Do I have time for shopping [a meal] here?** ドゥアイ ハヴ タイム フォ ショッピング［ァ ミーゥ］ ヒァ？↗
おみやげを売っているところはありますか？	**Are there any shops selling a nice souvenir?** アーデァ エニィ ショップス セリング ァ ナイス スーヴェニーア？↗

観光 — ツアー・観光名所 —

人気のあるおみやげはなんですか？	**What's the popular local souvenir around here?** ウァッツ ダ ポピュラー ローカゥ スーヴェニーア アラウンド ヒァ？↘
タバコが吸える場所はありますか？	**Are there any places to smoke?** アーデァ エニィ プレイスィズ トゥ スモーク？↗
トイレに行きたいのですが。	**I'd like to go to a restroom.** アイドライクトゥ ゴゥトゥ ァ レストルーム
ここからどのくらい歩きますか？	**How long does it take on foot?** ハウロング ダズィット テイク オン フット？↘

観光名所でたずねる

✓ あれはなんですか？	**What's that?** ウァッツ ダット？↘
誰が造ったのですか？	**Who made this?** フー メイド ディス？↘
なにに使われていたのですか？	**What was it used for?** ウァッ ワズィット ユーズド フォ？↘
あれはなんという山 C ですか？	**What mountain is that?** ウァッ マウンテン イズ ダット？↘
どのくらい高い D のですか？	**How high is it?** ハウ ハイ イズィット？↘
ここにはどんな人が住んでいたのですか？	**What kind of person used to live here?** ウァッカインドォブ パーソン ユーストゥ リヴ ヒァ？↘
いつごろ建てられたのですか？	**When was it built?** ウェン ワズィット ビゥト？↘
中に入ることはできますか？	**May I come in?** メアイ カミン？↗
ここで写真を撮ってもいいですか？	**May I take pictures here?** メアイ テイク ピクチャーズ ヒァ？↗

トラブル

気分が悪いのですが。	**I feel sick.** アイ フィーゥ スィック
忘れ物をしてしまいました。	**I left something.** アイ レフト サムシン
友人［家族］がまだ戻っていないのですが。	**I think my friend [family] hasn't come back yet.** アイ スィンク マイ フレンド［ファミリィ］ハズント カムバック イエット
遅れてしまってすみません。	**I'm sorry I'm late.** アイムソーリー アイム レイト
ツアーの集合場所がわからなくなってしまいました。	**I can't find my meeting point.** アイ キャント ファインド マイ ミーティングポイント

WORDBOOK ワードブック

C

山
mountain
マウンテン

川
river
リヴァー

湖
lake
レイク

建物
building
ビゥディング

橋
bridge
ブリッジ

滝
waterfall
ウォーターフォーゥ

ホテル
hotel
ホテゥ

公園
park
パーク

D

高い **high** ハイ	長い **long** ロング	深い **deep** ディープ	広い **wide** ワイド

美術館・博物館

海外の大きな美術館や博物館は展示室がたくさんあり、観たい作品がどこに展示されているか探すのが大変です。休館日や開館時間と一緒にあらかじめ展示作品の場所を確認して、お目当ての作品から鑑賞しましょう。

チケット売り場で

チケット売り場はどこですか？	**Where is the ticket counter?** ウェアリズ　ダ　ティケット カウンター？
列の最後尾はここですか？	**Is this the end of the line?** イズディス ディ　エンド ォブ ダ　ライン？
すみません、列に割り込まないでください。	**Excuse me, don't cut in the line.** エクスキューズミー ドント　カット イン ダ　ライン
入館料はいくらですか？	**How much is the fee?** ハウマッチ　イズ ダ　フィー？
大人2枚、学生1枚ください。	**2 adults and 1 student, please.** トゥ アダゥツ アンド ワン ストゥーデント プリーズ
学生証を見せていただけますか？	May I see your student ID? メアイ　スィー ヨァ　ストゥーデント アイディー？
この割引チケットは使えますか？	**Can I use this discount ticket?** キャナイ ユーズ ディス ディスカウント ティケット？
私はチケットを持っています。	**I have a ticket.** アイ ハヴァ　ティケット
どこに並べばいいですか？	**Where should I line up?** ウェア　シュダイ　ラインナップ？
（入館料が寄付の場合）いくら払えばいいですか？	**How much should I pay?** ハウマッチ　シュダイ　ペイ？

(寄付の金額を自分で決める場合) 全員で 50 ドルでお願いします。	**50 dollars for all, please.** フィフティ ダラーズ フォ オーゥ プリーズ
券売機の使い方を教えてください。	**How can I use this ticket machine?** ハウ キャナイ ユーズ ディス ティケット マシーン？↘
(クロークで) 荷物[コート]を預かってもらえますか？	**Could you keep my baggage [coat]?** クジュ キープ マイ バギッジ [コート]？↗
(入館時に係員から) かばんの中を見せてください。	Let me check your bag. レッミー チェック ヨァ バッグ

音声ガイドや館内ツアーについてたずねる

日本語の音声ガイド[パンフレット]はありますか？	**Do you have** ドゥユ ハヴ **Japanese audio guide [brochure]?** ジャパニーズ オーディ ガイド [ブロシュア]？↗
日本語のガイドツアーはありますか？	**Do you have** ドゥユ ハヴ **Japanese guide tour program?** ジャパニーズ ガイド トゥアー プログラム？↗
ガイドツアーは何時からですか？	**What time do you start the guided tour?** ウァッタイム ドゥユ スタート ダ ガイディッド トゥア？↘
時間はどのくらいかかりますか？	**How long is the tour?** ハウロング イズ ダ トゥア？↘

作品や展示物についてたずねる

特別展では何をやっていますか？	**What special exhibitions are on?** ウァッ スペシャゥ エクスィビションズ アーオン？↘
✓ ゴッホの「星月夜」はどこに展示されていますか？	**Where is Van Gogh of "The starry night"?** ウェアリズ ヴァン ゴッホ ォブ ダ スターリー ナイト？↘

観光 — 美術館・博物館 —

（案内係に） この作品について教えてください。	**Could you tell me about this work?** クジュ　テゥミー　ァバウト　ディス ワーク？↗
これは誰の作品ですか？	**Whose work is this?** フーズ　ワーク　イズディス？↘
これはいつ頃の作品ですか？	**When was this work done?** ウェン　ワズ　ディス ワーク　ダン？↘
ここで写真を撮ってもいいですか？	**May I take pictures here?** メアイ　テイク ピクチャーズ　ヒア↗
ここに入ってもいいですか？	**May I come in?** メアイ　カミン？↗

TRAVEL COLUMN

館内での写真やビデオ撮影について

海外の美術館や博物館では、作品の写真・ビデオ撮影が許可されているところも多くあります。ただし、ほとんどの場所でフラッシュや三脚の使用は禁止されています。使用が許可されている場所でも、壁や床、周囲の展示物に傷をつけないように注意してください。

特別展、企画展示室内での撮影も禁止されている場合があるので、係員に聞いてから撮影しましょう。

また写真を撮るときは、周囲の人の邪魔にならないように心がけてください。展示物の前で記念撮影をしたり、いつまでも撮影を続けて他の人の邪魔になるような行動はマナー違反ですよ。

有名な展示物を目にする絶好のチャンスです。撮影だけでなく、作品の鑑賞も楽しんでくださいね。

館内の施設についてたずねる

✓ ミュージアムショップ[A]はどこですか？	**Where is the museum shop?** ウェアリズ　ダ　ミューズィアム ショップ？↘
（館内に）喫茶店はありますか？	**Do you have a cafe here?** ドゥユ　ハヴァ　カフェ ヒア？↗
閉館時間は何時ですか？	**What time do you close?** ウァッタイム　ドゥユ　クローズ？↘
このチケットで再入場はできますか？	**Can I re-enter with this ticket?** キャナイ リエンター　ウィズ　ディス ティケット？↗

WORDBOOK ワードブック

A

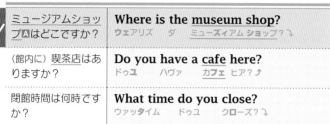

ミュージアムショップ
museum shop
ミューズィアム ショップ

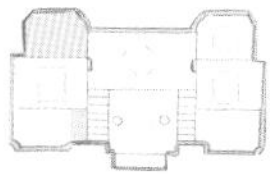

フロアマップ
floor map
フロア マップ

休憩所
resting place
レスティング プレイス

コインロッカー
locker
ロッカー

レストラン
restaurant
レストラン

カフェ
cafe
カフェ

出口
exit
エグジット

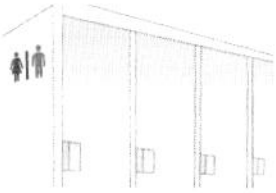

トイレ
restroom
レストルーム

特別展
special exhibition
スペシャゥ エクスィビション

常設展
permanent exhibition
パーマネント　エクスィビション

現代美術
contemporary art
コンテンポラリィ　アート

古典美術
classic art
クラスィック アート

アクティビティ

普段体験できないことにチャレンジできることがアクティビティの魅力。ホテルや観光案内所にはさまざまなコースが用意されているので、自分に合ったものを選びましょう。日本語ガイドや保険の有無なども申込時にしっかり確認してくださいね。

アクティビティを楽しむ

初心者でも楽しめるスポーツはありますか？	**What sports are good for beginners?** ウァッ スポーツ アー グッド フォ ビギナーズ？⤵
✓ シュノーケリングA をやってみたいのですが。	**I'd like to try snorkeling.** アイドライクトゥ トライ スノーケリング
乗馬B のレッスンを受けたいのですが。	**I want to take a horse riding lesson.** アイ ウォントゥ テイカ ホース ライディング レッスン
初めてでもできますか？	**Can I do it without any experiences?** キャナイ ドゥイット ウィズアウト エニィ エクスペリエンスィズ？⤴
子どもも一緒にできますか？	**Can I try it with my children?** キャナイ トライイット ウィズ マイ チゥドレン？⤴
日本人のインストラクターはいますか？	**Are there any Japanese instructors?** アーデァ エニィ ジャパニーズ インストラクターズ？⤴
初心者用のコースにしてください。	**I want to register for a beginner's course.** アイ ウォントゥ レジスター フォ ァ ビギナーズ コース
所要時間はどのくらいですか？	**How long is the course?** ハウロング イズ ダ コース？⤵
ライセンスは必要ですか？	**Do I need any license?** ドゥアイ ニード エニィ ライセンス？⤴

用意するものはありますか？	**Do I need to prepare anything?** ドゥアイ ニード トゥ プリペァ エニスィン？⤴
（料金には） 保険料［用具代］も含まれていますか？	**Is the insurance [rental fee] included?** イズ ディ インシュランス［レンタル フィー］インクルーディット？⤴
用具のつけ方を教えてください。	**Could you show me how to wear this?** クジュ ショウミー ハウトゥ ウェア ディス？⤴

WORDBOOK ワードブック

A B

ドルフィンウォッチング
dolphin watching
ドルフィン ウォッチング

カヤック
kayaking
カヤッキング

パラセイリング
parasailing
パラセイリング

テニス
tennis
テニス

ダイビング
diving
ダイヴィング

ジェットスキー
jet-skiing
ジェットスキーイング

乗馬
horse riding
ホース ライディング

ゴルフ
golf
ゴウフ

シュノーケリング	**snorkeling**	スノーケリング
ボディーボード	**body board**	バディー ボード
ウィンドサーフィン	**windsurfing**	ウィンドサーフィング
サーフィン	**surfing**	サーフィング
クルージング	**cruising**	クルージング
フィッシング	**fishing**	フィッシング
スキー	**skiing**	スキーイング
スノーボード	**snowboarding**	スノーボーディング
パラグライダー	**paragliding**	パラグライディング
熱気球フライト	**hot-air balloon ride**	ホットエァ バルーン ライド
ハイキング	**hiking**	ハイキング
サイクリング	**cycling**	サイクリング
急流下り	**rafting**	ラフティング
実弾射撃	**shooting**	シューティング

更衣室 C はどこですか？	**Where is the locker room (changing room)?** ウェアリズ ダ ロッカー ルーム（チェンジング ルーム）？
日焼け止めはどこで売っていますか？	**Where can I buy sun block?** ウェア キャナイ バァイ サン ブロック？

ゴルフ

ゴルフをしたいのですが。	**I'd like to play golf.** アイドライクトゥ プレイ ゴゥフ
近くに公営のゴルフ場はありますか？	**Is there a public golf course near here?** イズデァ ア パブリック ゴゥフ コース ニァヒァ？
✓ 予約するにはどうすればいいですか？	**How can I make a reservation?** ハウ キャナイ メイカ リザヴェイション？
10 時のスタートで予約した佐藤です。	**I booked the course from 10 o'clock under the name of Sato.** アイ ブックド ダ コース フロム テン オクロック アンダー ダ ネイム オブ サトウ

WORDBOOK ワードブック C

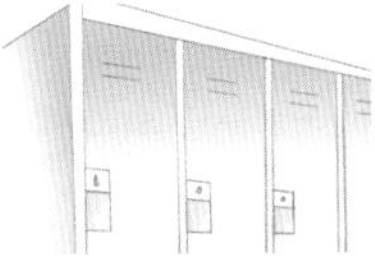

更衣室
locker room［米］
ロッカー ルーム

changing room［英］
チェンジング ルーム

シャワールーム
shower room
シャワー ルーム

売店
stand
スタンド

レストラン
restaurant
レストラン

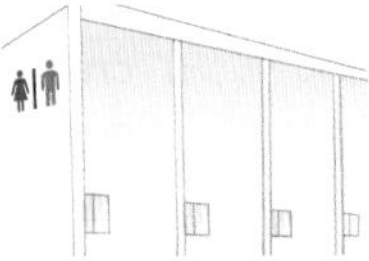

トイレ
restroom
レストルーム

予約していませんがプレイできますか？	**We don't have a reservation, but can we play?** ウィドン ハブァ リザヴェイション バット キャンウィー プレイ？⤴
何名様ですか？	For how many people? フォ ハウメニィ ピーポゥ？⤵
2人です。	**We are a twosome.** ウィアー ァ トゥサム
プレイ料金はいくらですか？	**How much is the green fee?** ハウマッチ イズダ グリーン フィー？⤵
ゴルフクラブのレンタルはありますか？	**Do you have a set of clubs that I can rent?** ドゥユ ハヴァ セット ォブ クラブス ダット アイ キャン レント？⤴
1日のレンタル料はいくらですか？	**How much is the rental fee per a day?** ハウマッチ イズ ダ レンタゥ フィー パァ ア デイ？⤵

テニス

✓ コートは空いていますか？	**Are there any tennis courts available today?** アーデァ エニィ テニス コーツ アヴェイラボゥ トゥデイ？⤴
コートを1時から3時まで予約したいのですが。	**I'd like to book a tennis court from 1 o'clock to 3 o'clock.** アイドライクトゥ ブックァ テニス コート フロム ワンノクロック トゥ スリー オクロック
ラケットを貸してもらえますか？	**May I use a racket?** メアイ ユーズ ァ ラケット？⤴
ボールは借りられますか？	**Can I rent balls?** キャナイ レント ボーゥス？⤴
1セットで5ドルです。	5 dollars per one set. ファイヴ ダラーズ パァ ワン セット

貸し出します。	We rent tennis set. ウィ **レ**ント **テ**ニス　セット
コートは何時まで利用できますか？	**How long can we use the court?** **ハ**ウロング　キャンウィ　ユーズダ　コート？↘
夜でもプレーできますか？	**Can we play tennis at night?** キャン**ウィ**　プレイ　**テ**ニス　アット**ナ**イト？↗

トラブル

足をくじいてしまいました。	**I sprained my ankle.** アイ スプ**レ**インド マイ **ア**ンコゥ
手を貸してください。	**Could you give me a hand?** **クジュ**　ギヴミー　ァ **ハ**ンド？↗
係員を呼んでください。	**Could you call staff for me?** **クジュ**　コーゥ スタッフ フォ ミー？↗

TRAVEL COLUMN

アクティビティと旅行保険について

旅行保険では病気やけが、荷物の紛失、対人・対物賠償などが補償の範囲になっています。

オプショナルツアーなどに参加して楽しむ普通のアクティビティは、独自の保険が用意されていたり旅行保険でカバーされます。

ただし、一部のスポーツでは通常保険の適用外のものがあります。

海外アクティビティで人気のあるダイビングや、熱気球ツアーへの参加などは危険なスポーツに分類されていません。ダイビングには機材補償が充実した専用の保険がたくさん用意されています。

危険なスポーツに該当する「登山（ピッケル使用）」「スカイダイビング」などは、別途契約が必要です。

安心してアクティビティを楽しめるように、保険は予算や内容に応じて契約してください。

テーマパーク

テーマパークを楽しむためには事前の下調べがポイントです。園内マップでお目当てのアトラクションの場所や、イベントの時間などをあらかじめチェックしておきましょう。また、身軽な服装でタオル・ハンカチなども用意しておくといいですよ。

チケット売り場で

1日券はいくらですか？	**How much is the one day ticket?** ハウマッチ イズ ディ ワンデイ ティケット？↘
大人は80ドル、子どもは40ドルです。	The prices are 80 dollars for adults and 40 dollars for children. ダ プライスィズ アー エイティー ダラーズ フォ アダゥツ アンド フォーティ ダラーズ フォ チゥドレン
✓ 大人2枚、子ども1枚ください。	**2 adults and 1 child, please.** トゥ アダゥツ アンド ワン チャイゥド プリーズ
日本語のマップはありますか？	**Do you have a map in Japanese?** ドゥユ ハヴァ マップ イン ジャパニーズ？↗

園内で

✓ ジェットコースターAはどこですか？	**Where is the roller coaster?** ウェアリズ ダ ローラー コースター？↘
一番人気のあるアトラクションはどれですか？	**What's the most popular attraction?** ウァッツ ダ モスト ポピュラー アトラクション？↘
すぐに乗れるアトラクションはありますか？	**Which attraction is less crowded?** ウィッチ アトラクション イズ レス クラウディット？↘

小さい子どもでも楽しめるアトラクションはありますか？	**Are there any attractions for little kids?** アーデァ エニィ アトラクションズ フォ リトゥ キッズ？⤴
待ち時間はどれくらいですか？	**How long do I need to wait?** ハウロング ドゥアイ ニード トゥ ウェイト？⤵
✓ 次の回は何時から始まりますか？	**What time will the next one start?** ウァッタイム ウィゥ ダ ネクスト ワン スタート？⤵
列の最後はここですか？	**Is this the end of the line?** イズディス ディ エンド ォブ ダ ライン？⤴
パレードは何時から始まりますか？	**What time will the parade start?** ウァッタイム ウィゥ ダ パレィド スタート？⤵
私たちと一緒に写ってもらえますか？	**Would you take a picture with us?** ウジュ テイカ ピクチャー ウィズ アス？⤴
近くに売店Bはありませんか？	**Is there a stand near here?** イズデア ァ スタンド ニァヒァ？⤴

トラブル

友だち［子ども］とはぐれてしまいました。	**My friend [child] and** マイ フレンド ［チャイゥド］アンド **I lost track of each other.** アイ ロスト トラック ォブ イーチ アダァ
救護所Cはどこですか？	**Where is the medical treatment room?** ウェアリズ ダ メディカゥ トリートメント ルーム？⤵
（遺失物取扱所で）カメラDをなくしてしまったのですが。	**I've lost my camera.** アイヴ ロスト マイ キャメラ

WORDBOOK ワードブック

A

ジェットコースター
roller coaster
ローラー コースター

観覧車
ferris wheel
フェリス ウィーゥ

フリーフォール
free fall
フリーフォーゥ

メリーゴーランド
merry-go-round
メリーゴーラウンド

お化け屋敷
haunted house
ホンテッド　ハウス

ゴーカート
kart
カート

ゲームコーナー
arcade
アーケイド

B

売店
stand
スタンド

みやげもの屋
souvenir shop
スーヴェニーア ショップ

トイレ
restroom
レストルーム

レストラン
restaurant
レストラン

カフェ
cafe
カフェ

ベンチ
bench
ベンチ

C

救護所
medical treatment room
メディカゥ　トリートメント ルーム

迷子センター
lost child center
ロスト チャイゥド センター

遺失物取扱所
lost and found [米]
ロスト アンド ファウンド
lost property office [英]
ロスト プロパティ　オフィス

D

カメラ
camera
キャメラ

バッグ
bag
バッグ

財布
wallet
ウォレット

メガネ
glasses
グラスィズ

携帯電話
cell phone [米]
セゥフォン
mobile phone [英]
モバイゥフォン

写真・ビデオ

カメラは海外旅行の必須アイテムのひとつ。デジカメやスマートフォンのカメラ機能の性能はどんどんよくなり、さらに手軽にいい写真が撮れます。マナー違反に注意さえすれば、旅行の楽しい記憶を呼び戻すツールとして活用カメラは大活躍です。

撮影できるかたずねる

✓ 写真を撮ってもいいですか？	**Can I take a picture here?** キャナイ テイカ ピクチャー ヒア？⤴
ここは撮影禁止です。	Photography is prohibited here. フォトグラフィ イズ プロヒビティット ヒア
ビデオを撮ってもいいですか？	**Can I use my video camera?** キャナイ ユーズ マイ ヴィデオ キャメラ？⤴
ここは録音・ビデオ撮影禁止です。	You can't recode or videotape here. ユー キャントレコード オァ ヴィデオテープ ヒア
フラッシュを使ってもいいですか？	**Can I use a flash?** キャナイ ユーザ フラッシュ？⤴
この部屋でのフラッシュ撮影は禁止されています。	Flash photography is prohibited フラッシュ フォトグラフィー イズ プロヒビティット in this room. イン ディス ルーム
三脚を立ててもいいですか？	**May I set my tripod here?** メアイ セット マイ トライポッド ヒア？⤴

写真を撮ってもらう

✓ 写真を撮ってもらえますか？	**Could you take a picture of us?** クジュ テイカ ピクチャー オブ アス？⤴

あの建物Ⓐをバックに写してもらえますか？	**Could you take a picture with that building in the background?** クジュ テイカ ピクチャー ウィズ ダット ビゥディング インダ バックグラウンド？↗
どうやって撮るのですか？	**How do I use this camera?** ハウ ドゥアイ ユーズ ディス キャメラ？↘
軽く押して、ピントが合ったら強く押してください。	**Push this slightly first, then hard when the picture is focused.** プッシュ ディス スライトリィ ファースト デン ハード ウェン ダ ピクチャー イズ フォーカスド
✓ （スマートフォンを渡して）これで写真を撮っていただけますか？	**Could you take a picture with this?** クジュ テイカ ピクチャー ウィズ ディス？↗
ここ（シャッター）を押してください。	**Just press this button, please.** ジャスト プレス ディス バトゥン プリーズ

観光 ―写真・ビデオ―

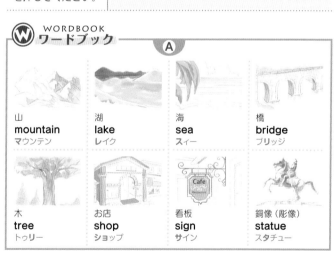

WORDBOOK ワードブック

Ⓐ

山
mountain
マウンテン

湖
lake
レイク

海
sea
スィー

橋
bridge
ブリッジ

木
tree
トゥリー

お店
shop
ショップ

看板
sign
サイン

銅像（彫像）
statue
スタチュー

(スマートフォンの場合) こうするとズームできます。	**If you do this, you can zoom in.** イフ ユー ドゥ ディス ユーキャン ズーミン
もう一枚お願いします。	**One more picture, please.** ワンモァ ピクチャー プリーズ
あなたの写真を撮ってもよろしいですか?	**May I take a picture of you?** メアイ テイカ ピクチャー ォブ ユー?⤴
一緒に写真に写ってもらえませんか?	**May I take a picture with you?** メアイ テイカ ピクチャー ウィズ ユー?⤴

写真を撮ってあげる

シャッターを押しましょうか?	**Shall I take a picture for you?** シャライ テイカ ピクチャー フォ ユー?⤴
彼［彼女］のところに集まってください。	**Please gather around him [her].** プリーズ ギャザー アラウンド ヒム ［ハー］
少し右［左］に寄ってください。	**Can you move a little to the** キャニュ ムーヴ ァ リロゥ トゥダ **right [left]?** ライト ［レフト］?⤴

WORD LIST

スマートフォンの操作と名称

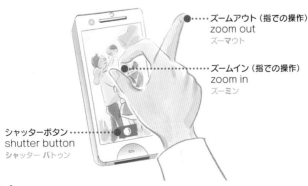

笑ってください。はい、チーズ。	**Smile. Say Cheese!** スマイゥ　セイ　チーズ！
（写真を送りたいので）連絡先を交換してもいいですか？	**I'd like to send you the pictures.** アイドライクトゥ センジュー　ダ　ピクチャーズ **Can I exchange contact information?** キャナイ イクスチェンジ コンタクト インフォメーション？⤴

電池やSDカードの交換

電池を売っているところはありますか？	**Where can I buy a battery?** ウェア　キャナイ バァイ ァ バッテリー？⤵
これと同じSDカードはありますか？	**Do you have the same SD card like this?** ドゥユ ハヴ ダ セイム エスディー カード ライク ディス？⤴
カメラの調子が悪いので調べてください。	**My camera does not work well, could you check it out?** マイ キャメラ　ダズント　ワーク　ウェゥ クジュ　チェッキット アウト？⤴

TRAVEL COLUMN

観光地での写真・ビデオ撮影の注意点

　お店の風景など、ちょっとした写真を撮る場合でもできるだけ「Can I take a picture here?（写真を撮ってもいいですか？）」と声をかけるようにしましょう。

　政府関係施設や軍事施設、特定の宗教施設などの周辺では写真・ビデオ撮影が禁止されている場合あります。ツアーガイドや看板などの警告があったら必ず従ってください。

　また宗教上の理由から女性の撮影がタブー視されている地域があります。許可なく女性や子どもにカメラを向けないようにしましょう。

デジタルカメラとビデオカメラの名称

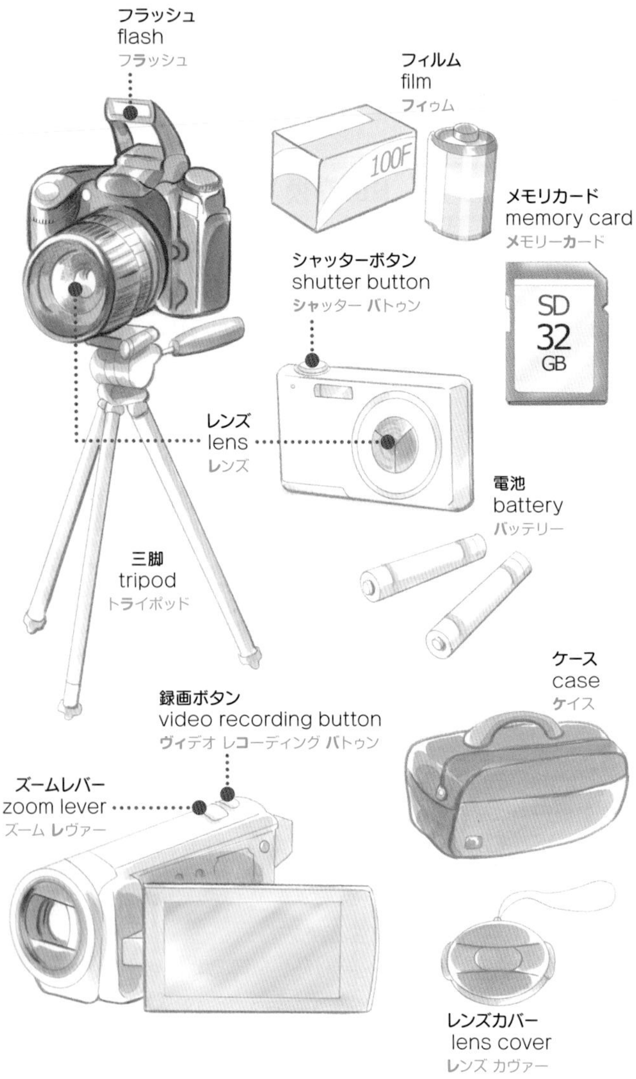
フラッシュ
flash
フラッシュ
フィルム
film
フィゥム
100F
メモリカード
memory card
メモリーカード
SD
32
GB
シャッターボタン
shutter button
シャッター バトゥン
レンズ
lens
レンズ
電池
battery
バッテリー
三脚
tripod
トライポッド
ケース
case
ケイス
録画ボタン
video recording button
ヴィデオ レコーディング バトゥン
ズームレバー
zoom lever
ズーム レヴァー
レンズカバー
lens cover
レンズ カヴァー

エンターテインメント

ENTERTAINMENT

ショー・観劇

チケットの予約は国内でもできますが、現地で購入することもできます。ホテルや観光案内所でも予約できるので、窓口でたずねてみましょう。またコンサートやオペラなどではドレスコードが定められている場合もあるので、事前に確認するようにしましょう。

情報収集

✓	「ライオンキング」を観たいのですが。	**I'd like to see "The Lion King"** アイドライクトゥ スィー ダ　ライオンキング
✓	人気のあるミュージカル[A]を教えてください。	**Please tell me a popular musical.** プリーズ　テゥミー　ァ ポピュラー　ミュージカゥ
	シルク・ド・ソレイユのショーはどこで観られますか？	**Where can I see Cirque du Soleil?** ウェア　キャナイ スィー シルク　ドゥ ソレイユ？⤵
	アンバサダー劇場では何を上演していますか？	**What is playing at Ambassador Theater?** ウァティズ　プレイング アット アンバサダー　スィアタァ？⤵
	「アニー」のチケットはどこで買えますか？	**Where can I buy tickets of "Annie"?** ウェア　キャナイ バァイ ティケッツ オブ アニー？⤵
	（劇場までは）どのように行けばいいですか？	**How can I go there?** ハウ　キャナイ ゴゥ デア？⤵
	開場［開演］は何時ですか？	**What time is the open time [curtain time]?** ウァッタイム　イズダ　オープン タイム ［カーテン　タイム］？⤵

服装の決まりはありますか？	**Is there a dress code?** イズデァ　ァ ドレスコード？ ⤴
子どもも入場できますか？	**Can children enter?** キャン チゥドレン　エンタァ？ ⤴

チケットの予約・購入

（ホテルなどで）チケットを取ってもらいたいのですが。	**Could you reserve tickets for me?** クジュ　リザーヴ　ティケッツ フォ ミー？ ⤴
ここでチケットは買えますか？	**Can I get tickets here?** キャナイ ゲット ティケッツ ヒァ？ ⤴
✓ このコンサートのチケットをください。	**I want tickekts for this concert.** アイ ウァント ティケッツ フォ ディス コンサート
当日券はありますか？	**Do you have today's tickets?** ドゥユ　ハヴ　トゥデイズ　ティケッツ？ ⤴
今晩のチケットはまだ買えますか？	**Can I still buy tickets for tonight?** キャナイ スティゥ バァイ ティケッツ フォ トゥナイト？ ⤴

WORDBOOK
ワードブック

A

ミュージカル
musical
ミュージカゥ

コンサート
concert
コンサート

オペラ
opera
オペラ

バレエ
ballet
バレイ

映画
movie
ムーヴィ

ショー
show
ショー

チケットの値段はいくらですか？	**How much are the tickets?** ハウマッチ アー ダ ティケッツ？↘
8時からのチケットを2枚ください。	**I'd like 2 tickets for the 8 o'clock performance.** アイドライク トゥ ティケッツ フォ ダ エイト オクロック パフォーマンス
✓ 5月1日の夜公演を3枚ください。	**Can I have 3 tickets for May 1st evening?** キャナイ ハヴ スリー ティケッツ フォ メイ ファースト イヴニング？↗
いくらの席にしますか？	What price would you like? ウァット プライス ウジュライク？↘
一番いい席［安い席］にしてください。	**I'd like the best [most reasonable] seats.** アイドライク ダ ベスト ［モスト リーズナボゥ］ スィーッ
どのあたりの席がいいですか？	Where would you like to take a seat? ウェア ウジュライクトゥ テイカ スィート？↘
見やすい席はどこですか？	**Which is a good seat?** ウィッチイズ ァ グッド スィート？↘
1階席にしてください。	**I want orchestra, please.** アイ ウォント オーケストラ プリーズ
前寄りの席をお願いします。	**Front seat, please.** フロント スィート プリーズ
一緒に座りたいのですが。	**We'd like to sit together.** ウィドライクトゥ スィット トゥゲダァ
（チケット受け取り時に）電話で予約をしました。	**I made a reservation on the phone.** アイ メイダ リザヴェイション オンダ フォン

劇場・館内で

✓ AA-125の席はどこですか？	**Where is seat AA-125?** ウェアリズ スィート エーエー ワン トゥ ファイヴ？↘

この席は空いていますか？	**Is this seat taken?** イズ ディス スィート テイクン？ ⤴
ここは友人が座っています。	**Excuse me, this is my friend's seat.** エクスキューズミー ディスィズ マイ フレンズ スィート
ここは私の席だと思います。	**I think this is my seat.** アイ スィンク ディスィズ マイ スィート
座席の番号を確認してもらえますか？	**Could you check your seat number?** クジュ チェック ヨァ スィート ナンバー？ ⤴

WORD LIST

館内座席の名称

劇場によって異なりますが、１階席を「オーケストラ（Orchestra）」、中２階を「メザニーン（Mezzanine）」、3階席を「バルコニー（Balcony）」と呼ぶのが一般的です。

通してください。	**Please let me through.** プリーズ　レットミー　スルー
オペラグラスを借りたいのですが。	**I'd like to rent opera glasses.** アイドライクトゥ　レント　オペラ　グラスィズ

WORD LIST

劇場で使われる用語

受付	reception レセプション	チケット売り場	ticket counter ティケット　カウンター
入場料	admission fee アドミッション　フィー	前売り券	advance ticket アドヴァンス　ティケット
当日券	today's ticket トゥデイズ　ティケット	売り切れ	sold out ソーゥド　アウト
プログラム	program プログラム	昼公演	matinee マティネイ
夜公演	evening show イヴニング　ショー	追加公演	additional performance アディショナウ　パフォーマンス
開場時間	open time オープン　タイム	開演時間	curtain time カーテン　タイム
座席の割り当て	assign アサイン	指定席	reserved seat リザーヴド　スィート
自由席	unreserved seat アンリザーヴド　スィート	中央	center センター
通路側	aisle アイゥス	最前列	front row フロント　ロゥ
後寄りの席	back seat バック　スィート	前寄りの席	front seat フロント　スィート
偶数席	even イーヴン	奇数席	odd アド

TRAVEL COLUMN

劇場の奇数席と偶数席について

　海外の劇場では、座席番号がブロックごとに奇数・偶数と分けられている場合があります。一般的にはステージから見て右側が「奇数席（odd）」、左側が「偶数席（even）」となります。

　友だち一緒にチケットを買ったときなどに「席の番号が1つ飛びになっている」と思うかもしれませんが、座席はちゃんと隣同士になっているのでご安心を。

スポーツ観戦

人気の対戦以外は座席の場所さえ気にしなければ当日でもチケットの入手が可能です。会場は郊外にあることも多いので交通機関のチェックは必須です。
面倒な手配はイヤという方は、多少割高になりますがスポーツ観戦を目的にしたパッケージツアーも考慮してみては?

情報収集

バスケットボールA の試合はどこで観られますか?	**Where can I watch basketball game?** ウェア キャナイ ウォッチ バスケットボーゥ ゲーム?↘
ヤンキースタジアムへはどう行ったらいいですか?	**How do I get to Yankee Stadium?** ハウ ドゥアイ ゲットゥ ヤンキー ステイデイゥム?↘
今日の試合はどことどこですか?	**Which teams are going to play today?** ウィッチ ティームス アー ゴゥイング トゥ プレイ トゥデイ?↘
試合は何時から始まりますか?	**What time will the game start?** ワァッタイム ウィゥ ダ ゲーム スタート?↘

チケットの予約・購入

✓ チケットを手に入れるにはどうすればいいですか?	**How can I get tickets?** ハウ キャナイ ゲット ティケッツ?↘
チケットを3枚取ってもらえますか?	**Could you reserve 3 tickets for me?** クジュ リザーヴ スリー ティケッツ フォ ミー?↗
チケットはまだ手に入りますか?	**Are there still any tickets available?** アーデァ スティゥ エニィ ティケッツ アヴェイラボゥ?↗

チケット売り場［売店］はどこですか？	**Could you tell me** クジュ　テゥミー **where the ticket counter [stand] is?** ウェア　ダ ティケット カウンター［スタンド］イズ？↘
（窓口で） チケットをインターネットで予約しています。	**I've reserved today's game ticket** アイヴ リザーヴド　トゥデイズ　ゲーム　ティケット **on the Internet.** オン ディ インターネット
身分証明を見せてください。	**Will you show me your ID?** ウィゥユー　ショウミー　ヨァ　アイディー？↗
ご希望の席は？	**Where would you like to sit?** ウェア　ウジュライクトゥ　スイット？↘
見やすいのはどの席ですか？	**Where can I get a good view?** ウェア　キャナイ ゲッタ　グッド　ヴュー？↘
チケットの値段はいくらですか？	**How much are the tickets?** ハウマッチ　アー　ダ　ティケッツ？↘
✓ 3塁側の席を2枚ください。	**I want 2 seats of the third base stands.** アイ ウァント トゥー スィート オブ ダ サード ベイス スタンズ

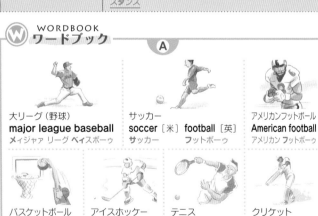

WORDBOOK ワードブック

A

大リーグ（野球）
major league baseball
メィジャァ リーグ ベィスボーゥ

サッカー
soccer［米］ **football**［英］
サッカー　フットボーゥ

アメリカンフットボール
American football
アメリカン フットボーゥ

バスケットボール
basketball
バスケットボーゥ

アイスホッケー
ice hockey
アイス ハッキー

テニス
tennis
テニス

クリケット
cricket
クリケット

アウェイ［ホーム］側のピッチに近い席を2枚ください。	**I want 2 tickets near away [home] pitch.** アイ ウォント トゥー ティケッツ ニァ アウェイ［ホーム］ピッチ

観戦する

この席はどのゲートから入ったらいいですか？	**Which gate is the closest for this seat?** ウィッチ ゲート イズ ダ クローセスト フォ ディス スィート？↘
✓ C-12の席はどこですか？	**Where is C-12?** ウェアリズ スィー トゥエウヴ？↘
すみません。通してください。	**Please let me pass.** プリーズ レッミー パス
どちらが勝っていますか？	**Who's winning?** フーズ ウィニング？↘
どちらが地元のチームですか？	**Which is the local team?** ウィッチイズ ダ ローカゥ ティーム？↘
どのチームを応援してますか？	**Which team do you support?** ウィッチ ティーム ドゥユ サポート？↘
ホットドッグとビールをください。	**Can I have a hot dog and a beer, please?** キャナイ ハヴァ ホットドッグ アンド ァ ビァ プリーズ？↗

試合終了後

オリジナルグッズはどこで売っていますか？	**Where can I get** ウェア キャナイ ゲット **some official merchandise?** サム オフィシャゥ マーチャンダイズ？↘
地下鉄の駅はどの出口が近いですか？	**Which exit is** ウィッチ エグジット イズ **the closest to the subway station?** ダ クローセスト トゥ ダ サブウェイ ステイション？↘
3番ゲートはどこですか？	**Where is gate 3?** ウェアリズ ゲイト スリー？↘

エンターテインメント — スポーツ観戦 —

子どもが迷子になってしまいました。	**My child gets lost.** マイ チャイゥド ゲッツ ロスト

TRAVEL COLUMN

服装について

好きなチームのグッズやユニフォームを身に着けて応援することはスポーツの楽しみのひとつです。しかしスポーツ観戦にあまり慣れていないなら、サッカー場などではどちらのチームカラーでもない服装をしたほうが無難です。

また雨天時の試合では、傘は周りの迷惑になるので、天候が思わしくないときはあらかじめカッパやポンチョなどを用意して行きましょう。

WORDBOOK
ワードブック

サッカー用語

クラブ	**club**	クラブ
ホーム	**home**	ホーム
アウェイ	**away**	アウェイ
キックオフ	**kickoff**	キックオフ
ハーフタイム	**half time**	ハーフ タイム
ロスタイム	**additional time**	アディショナゥ タイム
コーナーキック	**corner kick**	コーナー キック
PK	**penalty kick**	ペナゥティ キック

野球用語

指定席	**reserved seats**	リザーヴド スィーッ
回	**inning**	イニング
○回表［裏］	**top the ○ th/end the ○ th**	トップ ダ ○ス / エンド ダ ○ス
ヒット（○塁打）	**a ○ base**	ァ ○ ベイス
ホームラン	**home run**	ホームラン
自由席	**unreserved seats**	アンリザーヴド スィーッ
出塁する	**gain a base**	ゲイン ァ ベイス
アウト	**out**	アウト
三振	**punch-out**	パンチアウト
延長戦	**extra innings**	エクストラ イニングス

スポーツスタジアムの名称

● サッカー soccer

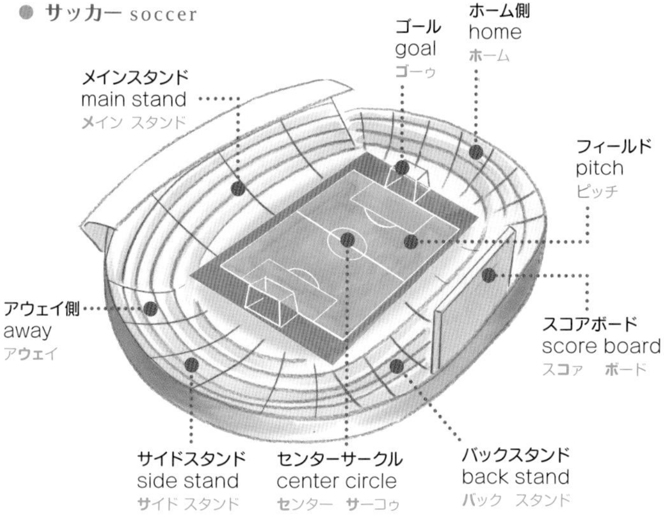
ゴール
goal
ゴーゥ
ホーム側
home
ホーム
メインスタンド
main stand
メイン スタンド
フィールド
pitch
ピッチ
アウェイ側
away
アウェイ
スコアボード
score board
スコァ ボード
サイドスタンド
side stand
サイド スタンド
センターサークル
center circle
センター サーコゥ
バックスタンド
back stand
バック スタンド

● 野球 baseball

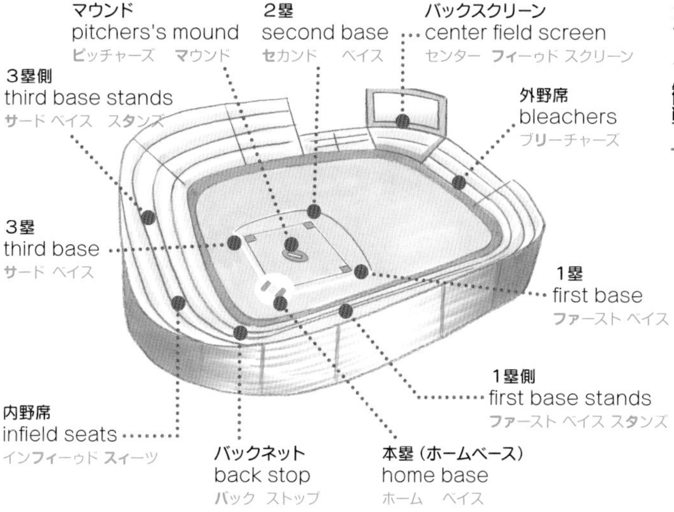
マウンド
pitchers's mound
ピッチャーズ マウンド
2塁
second base
セカンド ベイス
バックスクリーン
center field screen
センター フィーゥド スクリーン
3塁側
third base stands
サード ベイス スタンズ
外野席
bleachers
ブリーチャーズ
3塁
third base
サード ベイス
1塁
first base
ファースト ベイス
1塁側
first base stands
ファースト ベイス スタンズ
内野席
infield seats
インフィーゥド スィーツ
バックネット
back stop
バック ストップ
本塁（ホームベース）
home base
ホーム ベイス

バスケットボール basketball

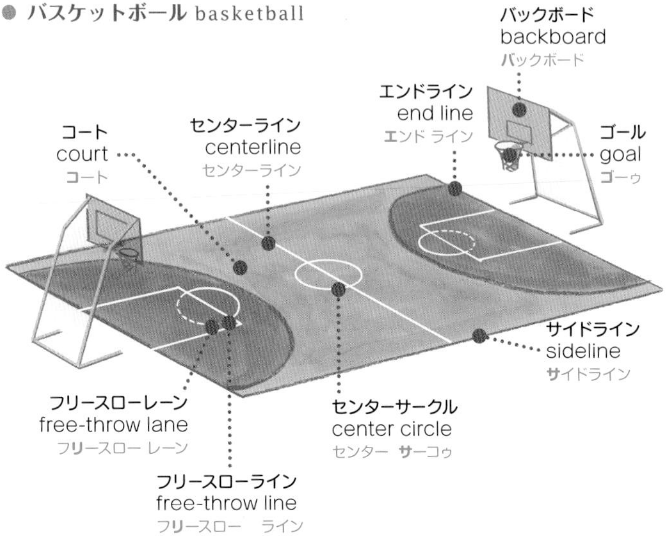

アメリカンフットボール American football

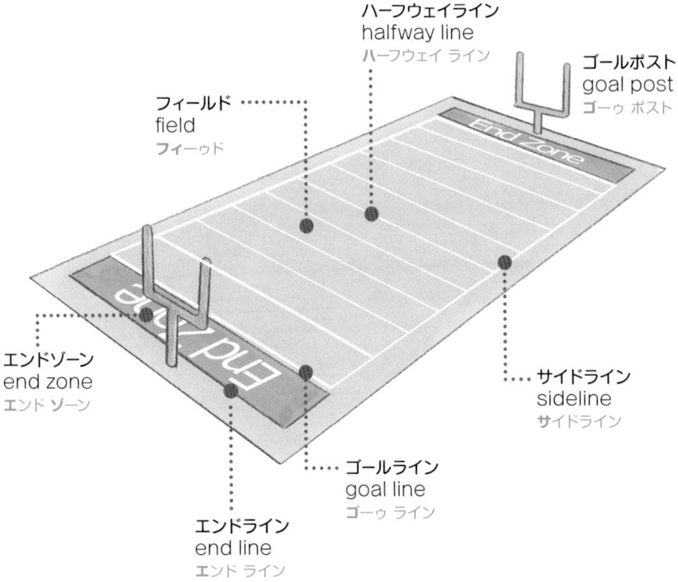

バー・ナイトクラブ

お酒やダンスを楽しむだけでなく、本場のショーを楽しめるのが海外ナイトスポットの魅力です。入場時に写真つきの身分証明（ID）を求められることが多いので、忘れずに携帯しましょう。また、女性だけの場合は、ホテルなどで治安について確認してから出かけるようにしましょう。

情報収集

近くにおすすめのナイトクラブはありますか？	**Are there any good nightclubs nearby?** アーデァ　エニィ グッド ナイトクラブス ニァバイ？↗
✓ ショーを楽しめるAクラブはありますか？	**Do you know any clubs with a good show?** ドゥユ　ノゥ　エニィ クラブス ウィザ グッドショー？↗
女性だけでも楽しめるお店がいいのですが。	**I'd like a club which is comfortable for women.** アイドライカ　クラブ　ウィッチイズ　コンフォータボゥ　フォ　ウィミン
お店のあるあたりは夜でも安全ですか？	**Is it safe to walk around the club at night?** イズィット セイフ トゥ ウォーク アラウンド ダ クラブ アットナイト？↗
予約は必要ですか？	**Do I need a reservation?** ドゥアイ ニーダ　リザヴェイション？↗
ショーは何時から始まりますか？	**When dose the show start?** ウェン　ダズ　ダ　ショー　スタート？↘
服装の決まりはありますか？	**Is there a dress code?** イズデァ　ドレスコード？↗
そこで食事はできますか？	**Can I eat something there?** キャナイ イート サムシン　デァ？↗

入場料はいくらですか？	**How much is the admission fee?** ハウマッチ　イズ ディ アドミッション　フィー？⤵
飲み物［食事］代も含まれますか？	**Does it include drink [dinner]?** ダズィット　インクルード ドリンク［ディナー］？⤴

入店するとき

（入店時に）身分証明書を見せてください。	**Can I see your ID?** キャナイ スィー ヨァ　アイディー？⤴
ステージに近い席は空いていますか？	**Are seats near the stage available?** アー　スィーッ ニァ　ダ　ステージ アヴェイラボゥ？⤴
カウンターとテーブル席のどちらにしますか？	**Would you like to sit at the counter** ウジュライクトゥ　スィット アット ダ カウンター **or the table?** オァ ダ　テイボゥ？⤵
テーブル席にしてください。	**We'd like a table.** ウィドライカ　テイボゥ
禁煙席にしてもらえますか？	**Can I have a table** キャナイ ハヴァ　テイボゥ **in the Non-smoking section?** イン ダ　ノンスモーキング　セクション？⤴

WORDBOOK ワードブック

A

女性に人気のある **popular among women** ポピュラー アマング　ウィミン	夜景のきれいな **with beautiful night view** ウィズ ビューティフゥ ナイト ヴュー
ショーを観られる **with a good show** ウィザ　グッド　ショー	生演奏が聞ける **with live music** ウィズ ライヴ ミュージック

注文する

ご注文はなににしましょう？	**What can I get for you?** ウァッ キャナイ ゲット フォ ユー？↘
✓ マルガリータⒷをください。	**Margarita, please.** マルガリータ プリーズ
バドワイザーを2つください。	**Can we have 2 Budweiser, please?** キャンウィ ハヴ トゥー バドワイザー プリーズ？↗
ウイスキーを水割りⒸでお願いします。	**I'll have a whisky with water.** アイゥ ハヴァ ウィスキー ウィズ ウォーター
おすすめのカクテルはどれですか？	**What cocktail do you recommend?** ウァッ カクテゥ ドゥユ レコメンド？↘
ラムの入ったカクテルをください。	**Let me have a cocktail with rum.** レッミー ハヴァ カクテゥ ウィズ ラム
アルコールの少ないカクテルはありますか？	**Do you have any low-alcohol cocktails?** ドゥユ ハヴ エニィ ロゥアルコホーゥ カクテゥス？↗
さっぱりしたⒹ赤［白］ワインが飲みたいのですがなにがいいですか？	**Can you recommend crisp red [white] wine?** キャニュ レコメンド クリスプ レッド ［ホワイト］ワイン？
✓ それをください。	**I'll have that one.** アイゥ ハヴ ダット ワン
（それぞれ）同じものをもう１杯ください。	**We'd like another round please.** ウィドライク アナダ ラウンド プリーズ
お水をください。	**Can I have some water?** キャナイ ハヴ サム ウォーター？↗

お店の人にたずねる

この店は何時まで開いていますか？	**How late are you open?** ハウ レイト アーユー オープン？↘

食事のメニューはありますか？	**Do you have something to eat?** ドゥユ　ハヴ　サムシン　トゥ イート？⤴
タクシーはどこで拾えますか？	**Where can I catch a taxi?** ウェア　キャナイ キャッチ ァ タクスィー？⤵
トイレはどこですか？	**Where is the restroom?** ウェアリズ　ダ　レストルーム？⤵

WORDBOOK ワードブック

参照 p.252「ドリンク・おつまみ類の名称」

B

ワイン
wine
ワイン

カクテル
cocktail
カクテゥ

ビール
beer
ビァ

地ビール
local beer
ローカゥ ビァ

コーラ
coke
コーク

ウォーター
water
ウォーター

おつまみ
bar snacks
バー スナックス

メニュー
menu
メニュー

C

水割り **with water** ウィズ ウォーター	ロック **on the rocks** オン ダ ロックス	ストレート **straight** ストレート	ソーダ割り **and soda** アンド ソーダ

D

ドライ（辛口） **dry** ドライ	甘口 **sweet** スウィート	濃厚な **full-bodied** フゥボディード
さっぱりした **crisp** クリスプ	フルーティな **fruity** フルーティ	渋みの少ない **low-tannin** ロゥタニン

支払い方法について

合計で20ドル50セントです。	**That's 20 dollars and 50 cents.** ダッツ トゥエンティー ダラーズ アンド フィフティー センツ
あとで会計しますか？	**Would you like to open a tab?** ウジュライクトゥ オープン ァ タブ？⤴
✓ (あとで) まとめて払います。	**I'd like to open a tab.** アイドライクトゥ オープン ァ タブ
(ホテルのバーで) 部屋につけてください。	**Put it on my room tab.** プッティット オン マイ ルーム タブ

会計する

✓ お勘定をお願いします。	**Can I get a check?** キャナイ ゲッタ チェック？⤴
お支払いは現金ですか、カードですか？	**Will that be cash or charge?** ウィゥ ダッ ビー キャッシュ オァ チャージ？⤵
現金［カード］でお願いします。	**Cash [charge] please.** キャッシュ［チャージ］プリーズ
私がまとめて支払います。	**I'll pay in full.** アイゥ ペイ イン フゥ
ありがとう。おつりは取っておいてください。	**Thank you! Please keep the change.** テンキュー！ プリーズ キープ ダ チェンジ
6ドルおつりをください。(あとはチップにしてください)	**Please give me 6 dollars back.** プリーズ ギヴミー スィックス ダラーズ バック

トラブル

(声をかけられたとき) 構わないでください。	**Leave me alone.** リーヴミー アローン

興味ありません。	**I'm not interested in you.** アイム ノット インタラスティット イン ユー
お店の人を呼んでください。	**Could you get me a bartender?** クジュ ゲットミー ァ バーテンダー？↗
財布がなくなりました。	**I've lost my wallet.** アイヴ ロスト マイ ウォレット
高過ぎます。	**That's too expensive.** ダッツ トゥー エクスペンスィヴ

WORD LIST

ドリンク・おつまみ類の名称

● カクテル cocktails

＜ワイン＞

キール	Kir キール	スプリッツァー	Sprizer スプリッツァー	ワインクーラー	Wine Cooler ワイン クーラー

＜リキュール＞

カンパリオレンジ	Campari and Orange カンパリ アンド オレンジ	カシスソーダ	Cassis and Soda カシス アンド ソーダ

＜ジン＞

マティーニ	Martini マティーニ	ギムレット	Gimlet ギムレット	ブルームーン	Blue Moon ブルー ムーン

＜ラム＞

ダイキリ	Daiquiri ダイキリ	モヒート	Mojito モヒート	マイタイ	MAI-TAI マイタイ

＜テキーラ＞

マルガリータ	Margarita マルガリータ	テキーラ・サンライズ	Tequila Sunrise テキーラ サンライズ

＜ウィスキー・ブランデー＞

マンハッタン	Manhattan マンハッタン	サイドカー	Side-Car サイドカー

＜ウォッカ＞

モスコミュール Moscow Mule モスコミュール	スクリュードライバー Screwdriver スクリュードライバー	ソルティドッグ Salty Dog ソゥティ ドッグ

ビール beers

Draft beer ドラフト ビァ	生ビール
Ale エラーゥ	イギリスが本場の生ビール。苦味が強く常温で飲む
Lager ラガー	日本でも一般的な低温熟成させたビール
Stout スタウト	黒ビールなど色の濃いビール

ウイスキー・その他 whisky/others

ウイスキー	whisky ウィスキー	バーボン	bourbon バーボン	スコッチ	Scotch whisky スカッチ ウィスキー
ブランデー	brandy ブランディー	ジン	gin ジン	リキュール	liqueur リカー
日本酒	Japanese sake ジャパニーズ サケ	ラム	rum ラム	テキーラ	tequila テキーラ
ウォッカ	vodka ヴォッカ	紹興酒	Chinese rice wine チャイニーズ ライス ワイン		

TRAVEL COLUMN

バーでの支払いについて

バーでの支払いは「COD」(Cash On Delivery) と呼ばれる、1杯ごとに代金を支払うシステムと、最後に精算する「tab 払い (つけ払い)」を使った2つの方法があります。

tab 払いの場合は「Would you like to open a tab?(つけておきますか？)」と聞かれます。その場合の支払い方法は、基本的にレストランと同じです。会計のときに15～20%程度のチップを渡しましょう。もちろん、気持ちよく楽しい時間を過ごせたのなら多めに。

「COD」の場合はドリンクごとに1ドル程度のチップを上乗せして支払うのがマナーです。

カジノ

普段の生活ではあまり馴染みのないカジノですが、初心者でも楽しめるゲームがたくさんあるので、ぜひチャレンジしてみましょう。「知らないことばかりでちょっと不安」と思うかもしれませんが、少しのルールとマナーさえ覚えておけば誰でも安心して楽しむことができますよ。

入店する

この服装で入れますか？	**Do you accept these clothes?** ドゥユ アクセプト ディーズ クロゥズ？↗
カジノの会員カードを作りたいのですが。	**I'd like to make a player's card.** アイドライクトゥ メイカ プレイヤーズ カード
✓ 両替（換金）窓口はどこですか？	**Where is the casino cashier?** ウェアリズ ダ カジノ キャシァ？↘
初心者でも楽しめるゲームはどれですか？	**Which game can beginners enjoy?** ウィッチ ゲーム キャン ビギナーズ エンジョイ？↘
ルーレットⒶのテーブルはどこですか？	**Where is the roulette table?** ウェアリズ ダ ルーレット テイボゥ？↘

チップの購入

すべて5ドルチップでください。	**All in five-dollar chips, please.** オーゥ イン ファイヴ ダラー チップス プリーズ
1ドルチップにくずしてください。	**Could I have this in one-dollars?** クダイ ハヴ ディス イン ワン ダラーズ？↗
（ルーレットテーブルでお金を出して）1枚1ドルのカラーチップに替えてください。	**Please exchange this for one-dollar color chips.** プリーズ エクスチェンジ ディス フォ ワン ダラー カラー チップス

ゲームを楽しむ

この席は空いていますか？	**Is this seat free?** イズ ディス スィート フリー？⤴
見ているだけでもいいですか？	**Can I just watch?** キャナイ ジャスト ウォッチ？⤴
このゲームのやり方を教えてください。	**Could you show me how to play this game?** クジュ　ショウミー ハウトゥ プレイ ディス ゲーム？⤴
どうやって賭ければいいですか？	**How do I bet?** ハウ　ドゥアイ ベット？⤵
このテーブルの最低賭け金はいくらですか？	**What's the minimum bet of this table?** ウァッツ　ダ　ミニマム ベット ォブ ディス テイボゥ？⤵
30 ドル賭けます。	**I'll bet 30 dollars.** アイゥ ベット サーティ ダラーズ
もう１回賭けます。	**I'll bet again.** アイゥ ベット アゲイン

WORDBOOK ワードブック

A

スロットマシン
slot machine
スロット マシーン

ルーレット
roulette
ルーレット

ブラックジャック
black jack
ブラックジャック

ポーカー
poker
ポーカー

● カジノで使われる用語

チップ **chip** チップ	会計・両替窓口 **cashier** キャシァ	賭け金 **bet** ベット	精算 **cash out** キャッシュ アウト
ディーラー **dealer** ディーラー	プレイヤー **player** プレイヤー	サイコロ **dice** ダイス	カード **cards** カーズ
最高賭け金	**maximum bet** マキシマム　ベット	最低賭け金	**minimum bet** ミニマム　ベット

カクテルウェイトレスを呼んでもらえますか？	**Could you call a cocktail waitress?** クジュ　コーゥ ァ カウテゥ　ウェイトレス？ ⤴
（カクテルウェイトレスに）<u>ビール</u>をもらえますか？	**Can I have some <u>beer</u>?** キャナイ ハヴ　サム　<u>ビァ</u>？ ⤴
トイレに行ってきます。	**I need to excuse myself.** アイ ニード トゥ エクスキューズ マイセゥフ
この席を取っておいてください。	**Could you hold this seat for me?** クジュ　ホーゥド ディス スィート フォ ミー？ ⤴
今日はここまでにします。	**That's it for today.** ダッツ　イット フォ トゥデイ
✓ （ルーレット精算時にカラーチップを出して）カジノチップに替えてください。	**I'd like to exchange them for casino chip.** アイドライクトゥ イクスチェンジ デム　フォ カジノ　チップ
（両替窓口で）このチップを現金にしてください。	**Could you cash these chips?** クジュ　キャッシュ ディーズ チップス？ ⤴

TRAVEL COLUMN

カジノのルール＆マナー

●ゲームテーブルでのチップの買い方
ゲームテーブルでの現金やカジノチップの受け渡しは「手からテーブル、そしてテーブルから手へ」というルールがあります。直接手渡ししないようにしましょう。

●カクテルウエイトレスのチップ
多くのカジノではドリンクが無料でサービスされています。お酒やお水でも気軽に注文できるので、欲しい飲みものがあったらカクテルウエイトレスに注文しましょう。その際には１ドル程度のチップを忘れずに。

トラブル

TROUBLE

体調不良・病院

海外旅行では、慣れない環境や過密なスケジュールが原因で体調を崩しやすくなります。そんな場合は早めに休養を取り、無理せず体を休めることが重要です。「おかしいな」と思ったら、早めにホテルのフロントに相談するようにしましょう。

体調不良を伝える ～ホテルのフロントで～

✓	体調が悪いのですが。	**I feel sick.** アイ フィーゥ **スィ**ック
✓	日本語の話せる人はいますか？	**Does anybody speak Japanese?** ダズ エニバディ スピーク **ジャ**パニーズ？↗
	頭痛薬Aをもらえますか？	**Could I have headache medicine?** クダイ ハヴ **ヘ**ッドエイク **メ**ディスン？↗

症状を伝える

	どうしましたか？	**What seems to be the problem?** **ウァ**ッ スィームス トゥ ビー ダ **プロ**ブレム？↘
	風邪をひいたようです。	**I seem to have a cold.** アイ **スィ**ーム トゥ ハヴァ **コ**ーゥド
	いつからですか？	**Since when?** スィンス **ウェ**ン？↘
	今日の朝［昼］からです。	**Since this morning [noon].** スィンス ディス **モ**ーニング ［ヌーン］
	昨夜からです。	**Since last night.** スィンス **ラ**スト ナイト
✓	熱があります。	**I have a fever.** アイ ハヴァ **フィ**ーヴァー

子ども［友人］が熱を出してしまいました。	**My child [frined] has a fever.** マイ　チャイゥド［フレンド］ハズ ァ **フィ**ーヴァー
お腹が痛いです。	**I have a stomachache.** アイ ハヴァ　ス**タ**マックエイク
下痢が続いています。	**I have diarrhea.** アイ ハヴ　ダイア**リ**ーア
吐き気がします。	**I feel nauseous.** アイ フィーゥ **ノ**ーシャス
息が苦しいです。	**I have trouble breathing.** アイ ハヴ ト**ラ**ボゥ　　ブ**リ**ーディング
めまいがします。	**I feel dizzy.** アイ フィーゥ **ディ**ズィー
カキにあたったようです。	**I got food poisoning from oysters.** アイ ゴット **フ**ード **ポ**イズニング　フロム　**オ**イスターズ
虫［クラゲ］に刺されたようです。	**I got stung by a bug [jellyfish].** アイ ゴット ス**タ**ング バイ ァ **バ**グ［**ジェ**リーフィッシュ］
足首をくじいてしまいました。	**I twisted my ankle.** アイ トゥ**イ**スティッド マイ **ア**ンクゥ
指を切ってしまいました。	**I cut my finger.** アイ **カ**ット マイ **フィ**ンガー

トラブル ― 体調不良・病院 ―

WORDBOOK
ワードブック

A

頭痛薬	headache medicine **ヘ**ッドエイク　**メ**ディスン	風邪薬	cold medicine **コ**ーゥド **メ**ディスン
解熱剤	antipyretics アンティパイ**レ**ティック	鎮痛剤	painkiller **ペ**インキラー
胃腸薬	gastrointestinal medicine ガストロイン**テ**スティナゥ **メ**ディスン	整腸剤	antiflatulent アンティフ**ラ**チュレント
冷湿布	cold compresses **コ**ーゥド コンプ**レ**ス	温湿布	warm compresses **ウォ**ーム コンプ**レ**ス
酔い止め薬	motion sickness medicine モーション **スィ**ックネス メディスン		

血が止まりません。	**It doesn't stop bleeding.** イットダズント ストップ ブリーディング
どんな感じの痛みですか？	**What type of pain do you feel?** ウァッタイプォブ ペイン ドゥユ フィーゥ？↘
ズキズキと痛みます。	**I feel throbbing pain.** アイ フィーゥ スロービング ペイン
頭が割れるように痛いです。	**I've got a splitting headache.** アイヴ ゴット ァ スプリティング ヘッドエイク
このあたりが痛みます。	**I feel pain around here.** アイ フィーゥ ペイン アラウンド ヒァ
この歯［親知らず］が痛みます。	**This tooth [My wisdom tooth] hurts.** ディス トゥース［マイ ウィズダム トゥース］ ハーツ
歯の詰め物が取れてしまったのですが。	**The filling in my tooth fell out.** ダ フィリング イン マイ トゥース フェルアウト
このホテルにドクターはいますか？	**Do you have a hotel doctor?** ドゥユ ハヴァ ホテゥ ドクター？↗
近くにドラッグストア［病院］はありますか？	**Is there a drug store [hospital] near here?** イズデァ ァ ドラッグ ストァ［ホスピタル］ニァヒァ？↗
売店で薬を売っていますか？	**Does a stand sell medicine?** ダズ ァ スタンド セゥ メディスン？↗
診察の予約を取ってもらえませんか？	**Could you make an appointment for me?** クジュ メイク ァンナポイントメント フォ ミー？↗
タクシーを呼んでもらえますか。	**Would you call me a taxi, please.** ウジュ コーゥミー ァ タクスィ プリーズ？↗

薬を買う

風邪薬をください。	**I'd like some medicine for a cold, please.** アイドライク サム メディスン フォァ コーゥド プリーズ

子ども用の薬はありますか？	**Do you have medicine for children?** ドゥユ　ハヴ　メディスン　フォ　チゥドレン？↗
眠くならない薬にしてください。	**Please give me something that won't make me sleepy.** プリーズ　ギヴミー　サムシン　ダッ　ウォント　メイク　ミー　スリーピー
副作用はありますか？	**Are there any side effects?** アーデァ　エニイ サイド　エフェクツ？↗
注意事項はありますか？	**Are there any directions I should follow?** アーデァ エニィ ディレクションズ アイ シュド フォロー？↗
処方箋をお持ちですか？	**Do you have a prescription?** ドゥユ　ハヴァ　プレスクリプション？↗
（処方箋は）ありません。	**I don't have a prescription.** アイドン　ハヴァ　プレスクリプション
１日３回、食後［食前］に服用してください。	**You should take it 3 times a day, after meals [before meals].** ユーシュド　テイキット スリー タイムス ァ デイ　アフター ミーゥス［ビフォー ミーゥス］

医師の診察を受ける

ここに横になってください。	**Please lie down here.** プリーズ　ライ ダウン　ヒア
採血をしますね。	**I'll examine your blood.** アイゥ イグザミン ヨァ　ブラッド
なにか薬を飲んでいますか？	**Are you on any medication now?** アーユー　オン エニイ メディケーション ナゥ？↗
糖尿病の薬を飲んでいます。	**I'm taking medicine for diabetes.** アイム テイキング メディスン　フォ　ダイアビーティーズ
（薬を見せながら）この薬を１日３回飲んでいます。	**I take this medicine 3 times a day.** アイ テイク ディス メディスン スリー タイムス ァ デイ

トラブル ―体調不良・病院―

アレルギーはありますか？	**Do you have any allergies?** ドゥユ　ハヴ　エニイ アラジィーズ？⤴
エビやカニにアレルギーがあります。	**I have a shellfish allergy.** アイ ハヴァ　シエゥフィッシュ アラジィー
持病はありますか？	**Do you have any chronic illness?** ドゥユ　ハヴ　エニィ クロニック　イゥネス？⤴
ぜんそくです。	**I have asthma.** アイ ハヴ　アズマ
特にありません。	**Nothing in particular.** ナッシング　イン パティキュラー
妊娠３ヵ月です。	**I'm 3 months pregnant.** アイム スリー マンス　プレグナント
どのくらいで治りますか？	**How long will it take to get better?** ハウロング　ウィゥイット テイク トゥ ゲット ベター？⤵
旅行を続けても大丈夫ですか？	**Can I continue my trip?** キャナイ コンティニュー マイ　トリップ？⤴
入院してください。	**You need to be hospitalized.** ユー　ニード トゥビー ホスピタライズド
旅行代理店［家族］に連絡を取りたいのですが。	**I'd like to get in touch** アイドライクトゥ ゲットイン タッチ **with the travel agency [family].** ウィズ ダ　トラヴェゥ エイジェンシー［ファミリー］
✓ 診断書［処方箋］を書いてもらえますか？	**Can you write me a medical** キャニュ　ライト　ミー　ァ メディカゥ **certificate [a prescription]?** サーティフィケイト［ァ プレスクリプション］？⤴
保険に入っていますか？	**Do you have insurance?** ドゥユ　ハヴ　インシュランス？⤴
入っていますが、保険証を持っていません。	**I have insurance, but I don't have** アイ ハヴ インシュランス　バット アイドン　ハヴ **my insurance card now.** マイ　インシュランス　カード ナゥ

旅行保険はかけていません。	**I don't have travel insurance.** アイドン　ハヴ　トラヴェゥ インシュランス
わかりません。	**I don't know.** アイドン　ノゥ

TRAVEL COLUMN

旅行先で病気になったら

●我慢しないで相談しましょう

旅行先で体調をくずしたら、すぐにフロントに相談するか旅行保険会社などへ連絡しましょう。保険会社に問い合わせれば、現地で日本語対応できる病院を教えてもらうことも可能です。

病院に行くときは、必ずパスポートと海外旅行保険の契約書類を持っていきます。また持病がある場合や症状を伝えるために、事前に「頭が痛い」「下痢が続いています」といった病気に関する単語をメモしておくと役に立ちます（詳しくはp.256～266を参照してください）。

海外（特にアメリカ）の医療費は非常に高額です。安心のためにも海外旅行保険へ加入することをおすすめします。

●旅行先で体調をくずさないようにするには

水はミネラルウォーターを飲むようにして、疲れているときなどは生もの（特に貝類）は避けるようにしてください。

食べ物や飲み水に注意を払うことはもちろんですが、それ以外にも「暴飲暴食はしない」「睡眠をしっかり取る」「部屋の乾燥に気をつける」などが挙げられます。

旅行先ではついついオーバーペースになりがちです。「疲れた」と思ったら早めに休息を取るようにしてください。

また、ホテルの部屋は思った以上に乾燥しています。濡れたタオルを部屋に干したり、加湿器の貸し出しができるかどうか「Could I borrow a humidifier?（加湿器を貸してもらえますか？）」とフロントに聞いてみましょう。

全身のパーツ名称

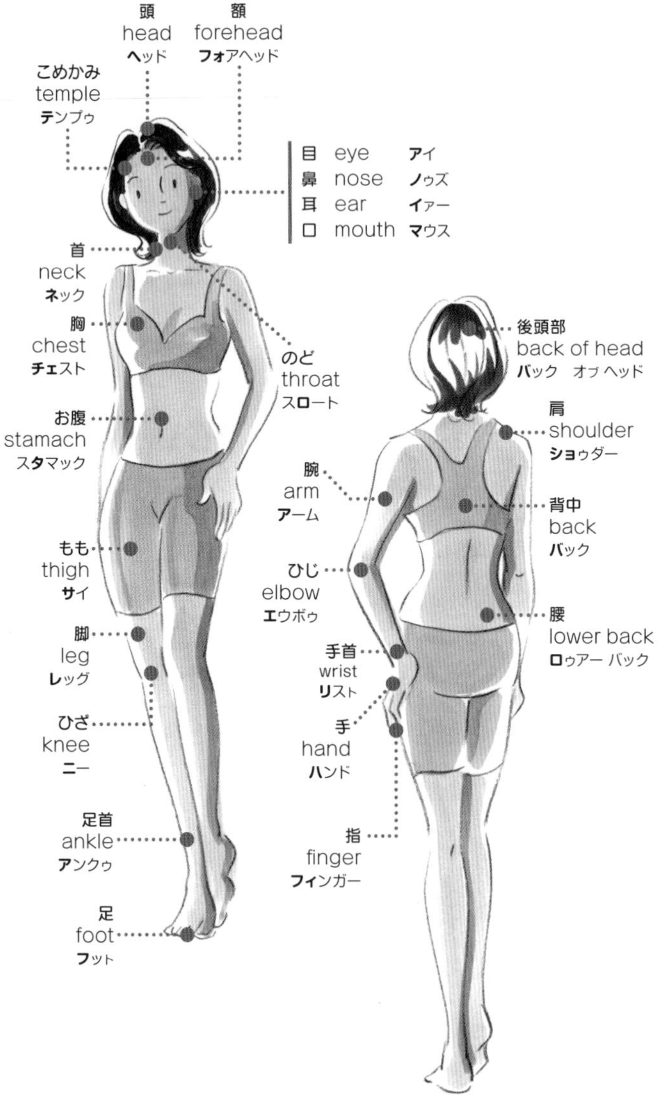
頭
head
ヘッド
額
forehead
フォアヘッド
こめかみ
temple
テンプゥ
目 eye アイ
鼻 nose ノゥズ
耳 ear イァー
口 mouth マウス
首
neck
ネック
胸
chest
チェスト
のど
throat
スロート
お腹
stamach
スタマック
もも
thigh
サイ
脚
leg
レッグ
ひざ
knee
ニー
足首
ankle
アンクゥ
足
foot
フット
後頭部
back of head
バック オブ ヘッド
肩
shoulder
ショゥダー
腕
arm
アーム
背中
back
バック
ひじ
elbow
エウボゥ
腰
lower back
ロゥアー バック
手首
wrist
リスト
手
hand
ハンド
指
finger
フィンガー

病気の名称や症状の説明

一般的な病気や症状の名称 symptoms

頭痛	headache ヘッドエイク	腹痛	stomachache スタマックエイク	腰痛	lower back pain ロウアーバック ペイン
熱	fever フィーヴァー	微熱	slight fever スライト フィーヴァー	せき	cough コフ
のどの痛み	sore throat ソァ　スロート	寒気	chill チゥ	だるい	malaise マレイス
貧血	anemia アニーミア	吐き気	nausea ノージア	胸焼け	heartburn ハートバーン
おうと	vomiting ヴォミティング	下痢	diarrhea ダイアリーア	便秘	constipation コンスティペイション
鼻血	nosebleed ノゥズブリード	鼻水	runny nose ラニー　ノウズ	鼻づまり	staffy nose スタフィー ノウズ

外傷 external injury

打撲	bruise ブルーズ	捻挫	sprain スプレイン	突き指	jammed finger ジャムド フィンガー
脱臼	dislocation ディスロケーション	やけど	burn バーン	出血	bleeding ブリーディング

持病などの名称 chronic illness

アレルギー	allergy アラジィー	ぜんそく	asthma アズマ
アトピー	atopic dermatitis アトピック ダーマタイティス	偏頭痛	migraine マイグレイン
糖尿病	diabetes ダイアビーティーズ	高血圧	high blood pressure ハイ　ブラッド プレッシャー
狭心症	angina pectoris アンジャイナ ペクトリス	不整脈	arrhythmia アリスミア
胃潰瘍	peptic ulcer ペプティック アゥサー	心筋梗塞	myocardial infarction マイアカーディアゥ インファークション
肝炎	hepatitis ヘパタイティス	胆石	gallstone ガゥストーン

痛みの表現 expressions of pain

痛い	pain ペイン	痛みを表現するときに使う。
すごく痛い	severe pain スィヴィア ペイン	激痛。ひどく痛むときに使う。
うずくような痛み	aching pain エイキング ペイン	生理痛の痛みなどを表現するときに使う。
ズキズキする	throbbing pain スロービング　ペイン	虫歯や頭痛の痛みを表すときに使う。
鈍い痛み	dull pain ドゥウ ペイン	虫歯や頭痛の痛みを表すときに使う。

TRAVEL COLUMN

海外のサプリメント

サプリ先進国のアメリカではたくさんのサプリメントが販売されています。種類が多いだけでなく、ドラッグストアやスーパーでは、とてもリーズナブルな値段で置いてあります。

ただ、英語表記ですので、なんのサプリメントかわかりにくいですね。ご参考に、以下に代表的なサプリメントを挙げておきます。

サプリメント supplements

サプリメント	supplement サプリメント	マルチビタミン	multivitamin モゥティヴァイタミン
コエンザイム	coenzyme ドゥウ ペイン	アミノ酸	amino acids アミノ アイスィド

ビタミン & ミネラル vitamins & minerals

ビタミン	vitamin ヴァイタミン	ナイアシン	niacin ナイアスィン
カルシウム	calcium カルシウム	リン	phosphorus ファスフォレス
マグネシウム	magnesium マグニーズィアム	カリウム	potassium パタースィアム
鉄	iron アイァン	銅	copper カーパァ
ヨウ素	iodine アイァダィン	マンガン	manganese マンガニーズ
セレン	selenium セリニァム	亜鉛	zinc ズィンク
クロム	chromium クロミァム	モリブデン	molybdenum モリブディナム

紛失・盗難

日本にいる感覚で、荷物を置いて席取りをすることは絶対に避けましょう。また荷物を紛失しても戻ってくることはまれなので、持ち物はしっかりと管理しましょう。荷物の紛失・盗難にあったら、まずはカード会社へ連絡します。紛失・盗難の証明書発行のために、必ず警察に届け出てください。

荷物を紛失したとき

カメラ🅰をなくしてしまいました。	**I've lost my camera.** アイヴ ロスト マイ キャメラ
カバンをタクシーに置き忘れたようです。	**I left my bag in the taxi.** アイ レフト マイ バッグ イン ダ タクスィー
ここにあったポーチを知りませんか？	**Do you know a pourch that was here?** ドゥユ ノゥ ァ ポーチ ダッ ワズ ヒァ⤴
警察署の場所を教えてください。	**Please tell me where the police station is.** プリーズ テゥミー ウェア ダ ポリスステーション イズ
遺失物取扱所はどこですか？	**Where is the lost and found?** ［米］ ウェアリズ ダ ロスト アンド ファウンド？⤵ **Where is the lost property office?** ［英］ ウェアリズ ダ ロスト プロパティ オフィス？⤵
紛失証明書を発行してください。	**Please make out a report of the loss certificate.** プリーズ メイカウト ァ リポート オブ ダ ロス サーティフィケイト
どこでなくしたか覚えていますか？	**Do you remember where you lost it?** ドゥユ リメンバー ウェア ユー ロスト イット？⤴
地下鉄かもしれません。	**It could be on the subway.** イット クド ビー オン ダ サブウェイ

盗難にあったとき

バッグBを盗まれました。	**My bag was stolen.** マイ バッグ ワズ ストールン
財布をすられました。	**My wallet was pickpoketed.** マイ ウォレット ワズ ピックポケッティッド
盗難証明書を発行してください。	**Please make out a report of the theft.** プリーズ メイカウト ァ リポート オブ ダ スィーフ
どんなバッグですか？	**What kind of bag is it?** ウァッカインドォブ バッグ イズィット？↘
茶色のショルダーバッグCです。	**It's a brown shoulder bag.** イッツ ァ ブラウン ショゥダー バッグ
財布の中味は？	**What was in the wallet?** ウァワズ インダ ウォレット？↘

WORDBOOK ワードブック

A B C

バッグ
bag
バッグ

財布
wallet
ウォレット

パスポート
passport
パスポート

クレジットカード
credit card
クレディットカード

航空券
flight ticket
フライト ティケット

カメラ
camera
キャメラ

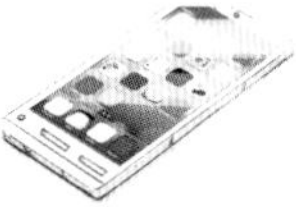

スマートフォン
smart phone
スマートフォン

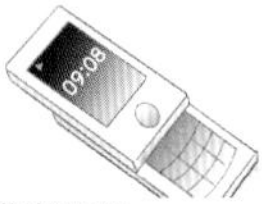

携帯電話
cell phone［米］
セゥフォン
mobile phone［英］
モバイゥフォン

ハンドバッグ
purse［米］ パース
handbag［英］ ハンドバッグ

ショルダーバッグ
shoulder bag
ショゥダー バッグ

クラッチバッグ
clutch bag
クラッチ バッグ

小銭入れ
coin purse
コイン パース

現金300ドルとクレジットカードです。	**300 dollars cash and a credit card.** スリー ハンドレッド ダラーズ キャッシュ アンド ァ クレディットカード
バッグの中には航空券が入っていました。	**There was a flight ticket in the bag.** デァワズ ァ フライト ティケット イン ダ バッグ
（航空券は）JALのチケットです。	**Japan Air Line flight ticket.** ジャパン エァ ライン フライト ティケット

クレジットカードなどの停止・再発行の手続き

✓ クレジットカードを無効にしてください。	**Please cancel my credit card.** プリーズ キャンセゥ マイ クレディットカード
✓ スマートフォン［携帯電話］の利用を停止してください。	**Please stop my** プリーズ ストップ マイ **smartphone [cell phone (mobile phne)].** スマートフォン ［セゥフォン （モバイゥフォン）］
クレジットカードの番号は覚えていません。	**I don't remember the credit card number.** アイドン リメンバー ダ クレディットカード ナンバー

TRAVEL COLUMN

トラブルに巻き込まれたら

犯罪などのトラブルに巻き込まれたときは、在外公館（大使館・領事館）に相談しましょう。「在外公館」というと敷居が高い感じがしますが、生命や財産に関わることであれば、遠慮なく相談することができます。

通訳や弁護士の情報提供や警察とのやり取りに関するアドバイスなどを受けることが可能です。ただし、通訳の手配や旅費の立て替え、警察との交渉などはしてもらえません。あくまでも「トラブルに対処するためのアドバイスを受ける」と考えてください。

対人関係のトラブル

異性からの誘いを不快に感じたら「I'm not interested in you.（興味ありません。）」などのフレーズで、はっきりと意思表示をしてください。困ったときは、ためらわずに周囲の人に助けを求めましょう。

男女のトラブル

お1人ですか？	Are you here by yourself? アーユー　ヒァ　バイ ヨァセゥフ？↗
一緒に飲みませんか？	Would you like to go for a drink? ウジュライクトゥ　ゴゥ フォ ァ ドリンク？↗
友だち[彼氏]を待っています。	I'm waiting アイム ウェイティング for my friend [boyfriend]. フォ マイ　フレンド　[ボーイフレンド]
どこかに行かない？	Why don't we go out? ワィ　ドン　ウィー ゴーアウト？↘
他に予定があります。	I'm sorry, but I have plans. アイムソーリー　バット アイ ハヴ プランス
✓ 興味ありません。	I'm not interested in you. アイムノット インタラスティット イン ユー
ここに座ってもいい？	May I sit here? メアイ スィット ヒァ？↗
話しかけないで。	Please, don't talk to me. プリーズ　ドント　トーク トゥ ミー
ほうっておいて。	Leave me alone. リーヴ　ミー　アローン

お店の人を呼んでください。	**Could you get me a bartender?** クジュ　ゲットミー　ァ バーテンダー？⤴
いやです！	**Never!** ネヴァー！
触らないで！	**Don't touch me!** ドント　タッチ　ミー！
離して！	**Let me go!** レッミー　ゴゥ！

犯罪に巻き込まれたら

✓ 助けてください！	**Help!** ヘゥプ！
✓ 警察を呼んで！	**Call the police!** コーゥ ダ　ポリス
動くな！	**Freeze!** フリーズ！
金を出せ！	**Hand over your money!** ハンド　オーヴァー ヨァ マニー！
撃たないで！	**Don't shoot me!** ドント　シュート ミー！
お金ならここにあります。	**Here is money.** ヒァ　イズ マニー
泥棒！	**He's a thief!** ヒーズ ァ スィーフ！
誰か捕まえて！	**Please stop him!** プリーズ　ストップ ヒム！

交通関係のトラブル

交通事故や交通機関のトラブルにあったときは、まず警察と旅行会社（または保険会社）へ連絡してください。その際に「Does anybody speak Japanese?（日本語の話せる人はいますか？）」と聞いてみましょう。

交通事故の通報と説明

交通事故です。	**I got in an accident.** アイ ゴット イン ァン アクシデント
救急車［警察］を呼んでください。	**Please call an ambulance [a police].** プリーズ コーゥ ァン アンビュランス ［ァ ポリス］
友人［家族］が事故に遭いました。	**My friend [family] was involved** マイ フレンド ［ファミリー］ワズ インヴォゥヴド **in an accident.** イン ァン アクシデント
（周囲の人に）ここの場所を教えてください。	**Please tell me the current location.** プリーズ テゥミー ダ カーレント ロケーション
（現場検証で） 相手がぶつかってきました。	**He crushed into me.** ヒー クラッシュド イントゥ ミー
相手の信号無視です。	**It was his fault that he ignored a** イットワズ ヒズ フォゥト ダット ヒー イグノァド ァ **traffic light.** トラフィックライト
（事故当時の）状況はよくわかりません。	**I don't know well about it.** アイドン ノー ウェゥ ァバウト イット
レンタカー会社［旅行会社］に連絡したいのですが。	**I'd like to call car-rental agent** アイドライクトゥ コーゥ カーレンタゥ エイジェント **[travel agency].** ［トラヴェゥ エイジンシー］

付録

APPENDIX

カテゴリー別　単語帳

Vocabulary notebook

入国・出国関連

ESTA	ESTA エスタ	チェックインカウンター	check in counter チェッ**キ**ン　カウンター
Eチケット	e-ticket イー**ティ**ケット	自動チェックイン機	self check in kiosk セルフ チェッ**キ**ン キオスク
預け入れ手荷物	checked baggage **チェ**ックト **バ**ギッジ	手荷物引換券	claim tag ク**レ**イムタグ
外国人	foreigner **フォ**ーリナー	搭乗ゲート	boarding gate **ボ**ーディング ゲート
観光客	visitor / tourist **ヴィ**ズィター / **トゥ**リスト	搭乗券	boarding pass **ボ**ーディング パス
機内持ち込み荷物	carry on baggage **キャ**リィ オン **バ**ギッジ	到着	arrive ア**ラ**イヴ
空港シャトルバス	airport shuttle **エ**アポート シャトゥ	荷物の受け取り場所	baggage claim **バ**ギッジ　　ク**レ**イム
検疫	quarantine クォーラン**ティ**ーン	入国管理	immigration イミグ**レ**ーション
航空券	airline ticket **エ**アライン **ティ**ケット	入国審査	immigration check イミグ**レ**ーション **チェ**ック
国際線	international flight インター**ナ**ショナル フ**ラ**イト	乗り換え	transfer ト**ラ**ンスファー
国内線	domestic flight ド**メ**スティック フ**ラ**イト	乗り換え客	transfer passenger ト**ラ**ンスファー **パッ**センジャー
出発	departure ディ**パ**ーチャー	乗り継ぎ	transit ト**ラ**ンジット
申告（税関での）	declare デク**レ**ア	乗り継ぎ券	transit pass ト**ラ**ンジット パス
税関	customs **カ**スタムス	乗り継ぎ便（接続便）	connecting flight コネクティング フ**ラ**イト
税関申告書	customs declaration **カ**スタムス デクラ**レ**イション	パスポート	passport **パ**スポート
ターミナル	terminal ターミナゥ	予防接種証明書	vaccination certificate **ヴァ**クスィネーション サー**ティ**フィケイト

方位 参照 p.66

北	North ノース	西	West ウェスト
北東	North east ノースイースト	南東	South east サウスイースト
東	East イースト	南	South サウス
北西	North west ノースウェスト	南西	South west サウスウェスト

方向 参照 p.66

まっすぐ行く	go straight ゴゥ ストレイト	次の角	next corner ネクスト コーナー
左に曲がる	turn left ターン レフト	～の角	on the corner of ～ オン ダ コーナー ォブ
右に曲がる	turn right ターン ライト	～の前	in front of ～ イン フロント ォブ
上がる（坂など）	go up ゴゥ アップ	～の隣	next to ～ ネクスト トゥ
下る（坂など）	go down ゴゥ ダウン	～の向かい側［米］	across from ～ アクロス フロム
曲がり角	corner コーナー	～の向かい側［英］	opposite ～ オポズィット
突き当たり	end エンド	～の裏	behind ～ ビハインド
信号	traffic lights トラフィックライツ	向こう側	there デァ
交差点	crossing クロッスィング	こちら側	here ヒァ
ブロック（区画）	block ブロック	～差路	～ forked road ～ フォークド ロード

階数 参照 p.104

1 階［米］	first floor ファースト フロァ	3 階［米］	third floor サード フロァ
1 階［英］	ground floor グラウンド フロァ	3 階［英］	second floor セカンド フロァ
2 階［米］	second floor セカンド フロァ	地下 1 階［共通］	first basement ファースト ベイスメント
2 階［英］	first floor ファースト フロァ		

天気

晴れ	sunny サニー	風	wind ウィンド
曇り	cloudy クラウディー	雷	thunder サンダー
雨	rain レイン	ひょう	hail ヘイゥ
にわか雨	shower シャワー	嵐	storm ストーム
雪	snow スノゥ	竜巻	tornado トルネード
霧	fog フォグ	ハリケーン	hurricane ハリケーン

序数

1番目	first ファースト	21番目	twenty first トゥエンティー ファースト
2番目	second セカンド	22番目	twenty second トゥエンティー セカンド
3番目	third サード	1回	once ワンス
4番目	fourth フォース	2回	twice トワイス
5番目	fifth フィフス	3回	three times スリー タイムズ
~番目	~ th ~ス	~回	~ times タイムズ

桁数

100	one hundred ワン ハンドレッド	1万	ten thousand テン サウザンド
101	one hundred and one ワン ハンドレッド アンド ワン	1万2千	twelve thousand トゥエルヴ サウザンド
150	one hundred fifty ワン ハンドレッド フィフティ	10万	one hundred thousand ワン ハンドレッド サウザンド
200	two hundred トゥ ハンドレッド	20万	two hundred thousand トゥ ハンドレッド サウザンド
1000	one thousand ワン サウザンド	100万	one million ワン ミリオン

和英辞書

Japanese-English dictionary

数字・アルファベット

18金	18k gold エイティーン キャラット ゴーゥド
1等車	first class ファースト クラス
2等車	second class セカンド クラス
ATM	ATM machine エーティーエム マシーン
Tシャツ	T-shirt ティーシャート

あ

アイシャドウ	eye shadow アイシャドゥ
アイマスク	sleep mask スリープ マスク
アイライナー	eyeliner アイライナー
アイロン	iron アイロン
アイロン台	ironing board アイロニング ボード
アウトレット	outlet mall アウトレット モーゥ
あおむけ	lie on your back ライ オン ヨァ バック
明るい色	brighter color ブライター カラー
赤ワイン	red wine レッド ワイン
空き（トイレなど）	vacant ヴェイカント
アクセサリー	accessory アクセサリー
麻	linen リネン
鮮やかな	vivid ヴィヴィッド
足裏マッサージ	foot massage フットマッサージ
暖かい	warm ウォーム
熱い	hot ホット
アナウンス	announcement アナウンスメント
油	oil オイゥ
脂っこい	greasy グリースィー
甘い	sweet スウィート
アメリカドル	US dollars ユーエス ダラーズ
アメリカンフットボール	american football アメリカン フットボーゥ
アルバイト	part-time worker パートタイム ワーカー

アロママッサージ	aroma massage ア**ロ**マ　マッサージ
アロハシャツ	aloha shirt ア**ロ**ハ　**シャ**ート
アンゴラ	angora アン**ゴ**ラ
安全	safe **セ**イフ
アンティーク品	antique アン**ティ**ーク
案内所	information desk インフォ**メ**ーション デスク

い

〜行き	bound for 〜 **バ**ウンドフォー
イギリスポンド	British pounds ブ**リ**ティッシュ **パ**ウンズ
遺失物取扱所［米］	lost and found **ロ**ストアンド**ファ**ウンド
遺失物取扱所［英］	lost property office **ロ**ストプ**ロ**パティ**オ**フィス
痛み	pain **ペ**イン
イタリア料理	Italian イ**タ**リアン
1日券	one-day ticket ワンデイ　**ティ**ケット
イヤリング	ear clips **イァ**　クリップス
入口［米］	entrance **エ**ントランス
入口［英］	way in ウェイ**イ**ン
引退（退職）	retired リ**タ**イヤード

う

ウール	wool **ウー**ゥ
ウイスキー	whisky **ウィ**スキー
ウェットティッシュ	wet wipe **ウェ**ット ワイプス
ウェルダン（肉の焼き方）	well done **ウェ**ゥダン
受付係［米］	desk clerk デスク　クラーク
受付係［英］	receptionist レ**セ**プショニスト
後寄りの席	back seat **バ**ック **スィ**ート
薄い味	weak flavor **ウィ**ーク フ**レ**イヴァー
うつ伏せ	lie on your stomach **ライ** オン ヨァス**タ**マック
腕時計	watch **ウォ**ッチ
海	sea **スィ**ー
上着（コート）	outerwear **ア**ウターウェア
運賃	fare フェア

え

エアコン	air conditioner エァ コン**ディ**ショナー
エアメール	air-mail **エ**アメイゥ
映画	movie **ム**ーヴィ
営業時間	business hours **ビ**ジネス　**ア**ワーズ

駅	station ステイション
エステ	esthetic treatment エステティック　トリートメント
エスニック料理	Ethnic エスニック
エレガントな	elegant エレガント
エレベーター	elevator エレヴェイター

お

オーストラリアドル	Australian dollars オーストラリアン ダラーズ
オイスターカード	Oyster card オイスターカード
オイリー肌 (脂性肌)	oily skin オイリィ スキン
往復	rounded-trip ラウンドトリップ
往復切符［米］	round-trip ticket ラウンドトリップ ティケット
往復切符［英］	return ticket リターン ティケット
遅れる	late レイト
おしゃれな	stylish スタイリッシュ
おすすめ	recommend レコメンド
落ち着いた	quieter クワイエター
おつまみ	bar snacks バー スナックス
おつり	change チェンジ
オペラ	opera オペラ
お店	shop ショップ
おみやげ	souvenir スーヴェニーア
オムツ替え台	diaper changing table ダイパァ チェンジング テイボゥ
オモチャ	toy トイ
お湯	hot water ホットウォーター
オレンジジュース	orange juice オレンジ　ジュース

か

カーゴパンツ	cargo pants カーゴ　パンツ
カーディガン	cardigan カーディガン
カーテン	curtain カーテン
カーナビ	car navigation system カーナヴィゲィション システム
開演時間	curtain time カーテン タイム
会計・レジ	cashier キャシア
改札口	ticket gate ティケット ゲート
会社員	business person ビジネス　　パーソン

開場時間	open time **オ**ープン タイム
回送車 (タクシーなど)	off duty オフ **ドゥ**ーティ
懐中電灯	flashlight フ**ラ**ッシュライト
買い物	shopping **ショ**ッピング
カウンター席	counter seat **カ**ウンタ **スィ**ート
香り	fragrance フ**レ**グランス
鏡	mirror **ミ**ラァ
学生	student ス**トゥ**ーデント
カクテル	cocktail **カ**クテゥ
賭ける	bet **ベ**ット
加湿器	humidifier ヒューミディ**ファ**イァ
カシミア	cashmere **カ**シミァ
カジュアル	casual **カ**ジュアゥ
家族	family **ファ**ミリィ
ガソリンスタンド	gas station **ギャ**ス **スティ**ション
固い（肉）	tough **タ**フ
肩こり	stiff neck **スティ**ッフ **ネ**ック
片道	one way ワンウェイ
片道切符	one-way ticket［米］ ワンウェイ **ティ**ケット

片道切符［英］	single ticket **シ**ングル **ティ**ケット
カットソー	cut and sewn カ**ダァ**ン　**ソ**ゥ
カップル	couple **カ**ッポゥ
家電量販店	electronics retail store エレクト**ロ**ニクス **リ**テイゥ ストァ
カトラリー	cutlery **カ**トラリー
カナダドル	Canadian dollars カ**ナ**ディアン **ダ**ラーズ
カフスボタン	cuff links **カ**フ リンクス
紙コップ	paper cup **ペ**イパァ カップ
紙タオル	paper towel **ペ**イパァ タオゥ
カメラ	camera **キャ**メラ
辛い	hot **ホ**ット
辛口（ワイン）	dry ド**ラ**イ
カラオケ	karaoke カラ**オ**キ
川	river **リ**ヴァー
観光	sightseeing **サ**イトスィーイング
観光案内所	tourist information **トゥ**ーリスト インフォ**メ**ーション

観光客	tourist / visitor	トゥーリスト / ヴィズィター
乾燥肌	dry skin	ドライ スキン
鑑定書	certificate	サーティフィケイト
看板	sign	サイン

き

木	tree	トゥリー
貴金属	jewelry	ジュエリー
奇数	odd	アド
貴重品	valuables	ヴァリュアボゥス
きつい（衣服）	tight	タイト
喫煙所	smoking area	スモーキング エリア
切符売り場	ticket counter	ティケット カウンター
絹	silk	スィウク
キャミソール	spaghetti strap	スパゲティー ストラップ
キャリーバッグ	trolley bag	トロリィ バッグ
救急車	ambulance	アンビュランス
休憩所	resting place	レスティング プレイス
急行列車	express train	エクスプレス トレイン
救護所	medical treatment room	メディカゥ トリートメント ルーム
牛肉	beef	ビーフ
救命胴衣	life jacket	ライフ ジャケット
教会	church	チャーチ
魚介類	seafood	スィーフード
金	gold	ゴーゥド
銀	silver	スィゥヴァー
禁煙	non smoking	ノンスモーキング
金庫	safety box	セイフティ ボックス

く

空港	airport	エアポート
空車	vacant	ヴェイカント
偶数	even	イーヴン
くし	comb	コーム
薬指	ring finger	リングフィンガー
口紅	lipstick	リップスティック
靴	shoes	シューズ

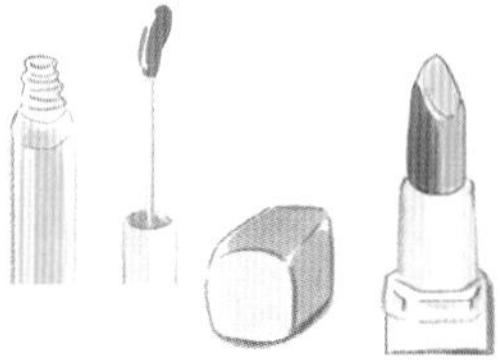

靴下	socks ソックス
クッション	decorative pillow デコラティブ　ピロゥ
くま（肌）	dark circle ダーク サーコゥ
グラス	glass グラス
クラッチバッグ	clutch bag クラッチ バッグ
クリーム（コーヒーミルク、塗るクリーム、クリーム色など）	cream クリーム
クルージング	cruising クルージング
クレジットカード	credit card クレディットカード
クローゼット	closet クローゼット

け

経営者	manager マネジャー
警察	police ポリス
携帯電話［米］	cell phone セゥフォン
携帯電話［英］	mobile phone モバイゥフォン
ケーキ	cake ケイク
毛皮のコート	fur coat ファー コート

劇場	theater スィアタァ
化粧水	facial lotion フェイシャゥ ローション
化粧品	cosmetic コスメティック
化粧ポーチ	pouch パゥチ
券売機	ticket machine ティケット マシーン

こ

コート	coat コート
コーヒー	coffee カフィ
コーラ	coke コーク
濃い味	strong flavor ストロング フレイヴァー
濃い色	darker color ダーカー カラー
更衣室［米］	locker room ロッカー ルーム
更衣室［英］	changing room チェンジング ルーム
公園	park パーク
甲殻類	shellfish シェゥフィッシュ
降車	get off ゲットオフ
香水	perfume パフューム
紅茶	tea ティー
交通渋滞	traffic jam トラフィック ジャム

公務員	public servant **パ**ブリック **サ**ーヴァント
国際免許証	international インター**ナ**ショナゥ driver's license ドライヴァーズライセンス
国立公園	national park **ナ**ショナゥ **パ**ーク
コショウ	pepper **ペ**パー
小銭	small change スモーゥ **チェ**ンジ
小銭入れ	coin purse コイン **パ**ース
子ども服	kid's clothes **キ**ッズ ク**ロ**ゥズ
ゴミ入れ	disposal ディス**ポゥ**ザゥ
小麦	wheat **ウィ**ート
ゴルフ	golf **ゴ**ゥフ
ゴルフバッグ	golf bag **ゴ**ゥフ バッグ
コレクトコール	collect call コ**レ**クトコーゥ
コンサート	concert **コ**ンサート
コンシェルジュ	concierge コンシェルジェ
コンセント［米］	outlet **ア**ウトレット
コンセント［英］	socket **ソ**ケット
コンビニエンスストア	convenience store コン**ヴィ**ニエンス ストァ

さ

最終価格	final price **ファ**イナゥ プライス
再発行	reissue リ**イ**シュー
財布	wallet **ウォ**レット
魚料理	fish dishes **フィ**ッシュ **ディ**ッシズ
酒類	alcohol **ア**ルコホール
座席	seat **スィ**ート
サッカー［米］	soccer **サ**ッカー
サッカー［英］	football **フ**ットボーゥ
雑誌	magazine マガジン
さっぱりした（ワインなど）	crisp ク**リ**スプ
砂糖	sugar **シュ**ガァ
サラダ	salad **サ**ラダ
三脚	tripod ト**ラ**イポッド
散策	walk **ウォ**ーク
サンダル	sandals **サ**ンダゥス

し

シートベルト	seat belt **スィ**ート ベゥト
シートベルト着用	fasten seat belt ファスン **スィ**ート ベゥト

ジーンズ	jeans	ジーンズ
自営業	self-employed	セゥフ エンプロイド
ジェットスキー	jet-skiing	ジェットスキーイング
ジェルネイル	gel nail	ジェゥ ネイゥ
塩	salt	ソゥト
塩辛い	salty	ソゥティ
試供品	sample	サンプゥ
時刻表	schedule	スケジュール
施術	treatment	トリートメント
下着	underwear	アンダーウェア
試着室	fitting room	フィッティング ルーム
シックな	chic	シーク
質問表	questionnaire	クエスチョネァ
指定席	reserved seat	リザーヴド スィート
自動販売機	vending machine	ヴェンディング マシーン
市内観光	city sights	スィティ サイツ
始発駅	starting station	スターティング ステイション
持病	chronic illness	クロニック イゥネス
渋みの少ない	low-tannin	ロゥ タニン

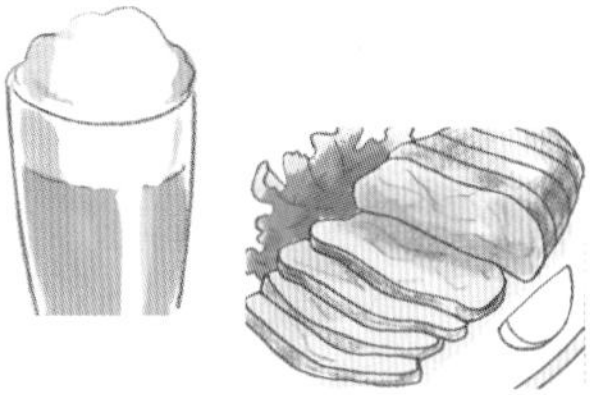

しみ	spots	スパッツ
地元の	local	ローカゥ
地ビール	local beer	ローカゥ ビア
地元料理	local food	ローカゥ フード
ジャケット	jacket	ジャケット
車掌	conductor	コンダクター
写真	picture	ピクチャー
シャツ	shirt	シャート
シャッターボタン	shutter button	シャッター バトゥン
シャトルバス	shuttle bus	シャトゥバス
シャワー	shower	シャワー
シャワールーム	shower room	シャワー ルーム
シャンプー	shampoo	シャンプー
自由席	unreserved seat	アンリザーヴド スィート
終着駅	terminal station	タァミナゥ ステイション
修道院	monastery	マナステリー

周遊券	excursion ticket エクスカージョン ティケット
宿泊カード	registration form レジストレーション フォーム
主婦	housewife ハウスワイフ
乗車	get on ゲットオン
使用中（トイレ）	occupied オキュパイド
消毒薬	disinfectant ディスインフェクタント
乗馬	horse riding ホース　ライディング
証明書	certificate サーティフィケイト
しょう油	soy sauce ソイソース
ショー	show ショー
ジョギング	jogging ジョギング
職業	occupation オキュペイション
食洗機	dishwasher ディッシュワッシャー
食前酒	aperitif アペリティフ
食堂車	dining car ダイニングカー
食料品	food フード
除光液	nail polish remover ネイゥポリッシュ リムーヴァー
ショッピングセンター［米］	shopping mall ショッピング モーゥ
ショッピングセンター［英］	shopping centor ショッピング センター

ショッピング街	shopping area ショッピング エリア
処方箋	prescription プレスクリプション
ショルダーバッグ	shoulder bag ショゥダー バッグ
汁気の多い	juicy ジュースィー
白ワイン	white wine ホワイト ワイン
しわ	wrinkles リンクゥス
シングルルーム	single room シングルルーム
信号	traffic lights トラフィック ライツ
紳士服	men's clothes メンズ　クロゥズ
紳士靴	men's shoes メンズ　シューズ
真珠	pearl パーゥ
新商品	new product ニュー プロダクト
親戚	relative レラティヴ
診断書	certificate サーティフィケイト
シンプルな	simple スィンプゥ
新聞	newspaper ニュースペイパァ

す

スイートルーム	suite room スゥ**ィ**ートルーム
スーツケース（ソフト）	soft luggage ソフト **ラ**ギッジ
スーツケース（ハード）	hard luggage ハード **ラ**ギッジ
スーパーマーケット	supermarket **ス**ーパーマーケット
スープ	soup **ス**ープ
ズームアウト	zoom out ズー**マ**ウト
ズームイン	zoom in ズー**ミ**ン
スカート	skirt ス**カ**ート
スカーフ	scarf ス**カ**ーフ
スカルプチュア	sculpture ス**カ**ゥプチュア
涼しげな（衣服など）	cooler **ク**ーラー
すそ（衣服）	hem **ヘ**ム
すっぱい	sour **サ**ワー
スタジオ	studio ス**トゥ**ディオ
ステーキ	steak ス**テ**イク
ストッキング	stockings ス**ト**ッキングス
ストライプ（縦縞）	vertical stripe ヴァーティカゥ スト**ラ**イプ
スニーカー	sneakers ス**ニ**ーカーズ
スパ	spa スパ
スパイス	spice ス**パ**イス
スパイシー	spicy ス**パ**イシー
スポーツジム	gym ジム
スポーツ用品	sporting goods ス**ポ**ーティング **グ**ッツ
ズボン［米］	pants **パ**ンツ
ズボン［英］	trousers ト**ラ**ゥザー
スマートフォン	smart phone ス**マ**ートフォン
スリッパ	slippers ス**リ**ッパス

せ

セーター	sweater ス**ウェ**タァ
税金	tax **タ**ックス
精算	cash out **キャ**ッシュ **ア**ウト
製氷機	ice machine **ア**イス マシーン
生理	period **ピ**リオド

生理用品	sanitary protection サニタリィ プロテクション
せっけん	soap ソープ
洗顔せっけん	facial soap フェイシャゥ ソープ
洗顔料	face wash フェイス ウォッシュ
洗剤	detergent ディタージェンツ
前菜	appetizer アペタイザー
船室	cabin キャビン
全身マッサージ	full-body massage フゥボディ マッサージ
洗面台	washstand ウォッシュスタンド

そ

ソース	sauce ソース
素材・生地	material マテリアゥ
ソファ	sofa ソファ

た

滞在	stay ステイ
ダイビング	diving ダイヴィング
タイトスカート	tight skirt タイト スカート
大リーグ（野球）	major league メイジャァ リーグ baseball ベイスボーゥ
ダウンジャケット	down jacket ダウン ジャケット
タオル	hand towel ハンド タオゥ
高い（高低）	high ハイ
高い（値段）	expensive エクスペンスィヴ
タクシー乗り場［米］	taxi stand タクスィスタンド
タクシー乗り場［英］	taxi rank タクスィランク
建物	building ビゥディング
タバコ	cigarettes シガレッツ
ダブルーム	double room ダブゥルーム
食べ歩き	eating around イーティング アラウンド
卵	egg エッグ
たるみ（肌）	sagging skin サギング スキン
タンクトップ	tank top タンクトップ
短パン	shorts ショーツ
暖房	heater ヒーター

ち

チェックアウト	check out チェッカウト
チェックイン	check in チェッキン
チェック柄	check チェック

地下鉄［米］	subway サブウェイ
地下鉄［英］	underground / tube アンダァグ**ラ**ウンド / トゥーブ
近道	shortcut **ショ**ートカット
チケット	ticket **ティ**ケット
チケット売り場	ticket counter **ティ**ケット カウンター
地中海料理	Mediterranean メディテ**ラ**ニアン
チップ	tip **ティ**ップ
チノパン	chinos **チ**ノス
中華料理	Chinese チャイ**ニ**ーズ
駐車場	parking lot パーキングロット
朝食	breakfast ブ**レ**ックファスト
調味料	seasoning **スィ**ーズニング
チュニック	tunic **チュ**ニック

つ

ツアー	tour **トゥ**ア
ツインルーム	twin room トゥ**イ**ンルーム

通過	pass パス
通路側席	aisle seat **アイ**ゥ **スィ**ート
机	desk **デ**スク
爪切り	nail clipper ネイゥ **ク**リッパー
冷たい	cold **コ**ーゥド
爪の甘皮	cuticle **キュ**ーティコゥ
詰める（丈）	shorten **ショ**ーテン

て

停車	stop ス**ト**ップ
ティッシュペーパー	tissues **ティ**シューズ
テーブル	table **テ**イボゥ
デキャンタ	decanter ディ**キャ**ンター
出口［米］	exit **エ**グジット
出口［英］	way out ウェイ**ア**ウト
デザート	dessert デザート
テニス	tennis **テ**ニス
デニム	denim **デ**ニム
デパート	department store デ**パ**ートメント　ストァ
手袋	gloves グ**ラ**ーヴス

テラス席	patio table	パティ テイボゥ
テレビ	TV	ティービー
電子レンジ	microwave	マイクロウェイヴ
伝統的	traditional	トラディッショナゥ
電池	battery	バッテリー

と

ドアマン	doorman	ドアマン
トイレ	restroom	レストルーム
トイレットペーパー	toilet paper	トイレット ペイパァ
塔	tower	タワー
当日券	today's ticket	トゥデイズ ティケッ
銅像・彫像	statue	スタチュー
動物園	Zoo	ズー
トートバッグ	tote bag	トート バッグ
遠回り	detour	ディトァ
読書灯	reading light	リーディング ライト
途中下車	stop off	ストッポフ
特急列車	Limited express train	リミティド エクスプレス トレイン
トップス	tops	トップス
ドライヤー	hair dryer	ヘァドライヤー
ドラッグストア	drug store	ドラッグ ストァ
トランク［米］（車）	trunk	トランク
トランク［英］（車）	boot	ブート
鶏肉	chicken	チキン
ドル	dollars	ダラーズ
トレーナー	sweat shirt	スウェット シャート
ドレッシング	dressing	ドレッスィング
トレンチコート	trench coat	トレンチ コート

な

ナイトクラブ	nightclub	ナイトクラブ
長い	long	ロング
長さ	length	レングス
眺めのいい	nice view	ナイス ヴュー
長袖シャツ	long-sleeved shirt	ロング スリーヴド シャート
ナッツ（木の実）	nuts	ナッツ
滑らかな	creamy	クリーミー

に

肉類	meat	ミート

苦い	bitter ビター	
日用品	daily necessities デイリー ネセスィティーズ	
日用雑貨	convenience goods コンヴィニエンス グッズ	
日射病	sunstroke サンストローク	
日本円	Japanese Yen ジャパニーズ　イェン	
日本酒	Japanese sake ジャパニーズ　サケ	
日本食	Japanese ジャパニーズ	
日本茶	Japanese tea ジャパニーズ ティー	
荷物預かり所	baggage storage バギッジ　ストレージ	
荷物棚（機内）	overhead bin オーヴァヘッド ビン	
入院	hospitalize ホスピタライズ	
入場料	admission fee アドミッション フィー	
乳製品	dairy products デァリィ プロダクツ	
妊娠	pregnant プレグナント	
ニンニク	garlic ガーリック	

ぬ

ぬるい	lukewarm ルクウォーム

ね

ネイルケア	nail care ネイゥ ケア
ネクタイ	tie タァイ
ネックレス	necklace ネックレス
値引き	discount ディスカウント
値札	price tag プライス タグ
燃料給油口	fuel lid フューエウリッド

の

濃厚（ワイン）	full-bodied フゥ ボディード
伸ばす（丈）	lengthen レンセン
ノンカフェイン コーヒー	decaf デキャフェ

は

パーカー	hoodie ホディ
灰皿	ashtray アッシュトレイ
売店	kiosk キオスク
ハイヒール	high heels ハイ　ヒーゥス
ハウスワイン	house wine ハウス　ワイン
ハガキ	postcard ポストカード
博物館	museum ミューズィアム
橋	bridge ブリッジ
箸	chopsticks チョップスティックス

パスタ	pasta パスタ
バスタオル	bath towel バス　タオゥ
バスタブ	bathtub バスタブ
バス停	bus stop バスストップ
肌荒れ	rough skin ラフ　　スキン
肌にやさしい	gentle on skin ジェントゥ オン スキン
バッグ	bag バッグ
派手な	flashy フラシー
花柄	floral フローラル
歯ブラシ	tooth brush トゥース ブラッシュ
歯みがき粉	tooth paste トゥース ペースト
流行りの	popular ポピュラー
払い戻し	refund リファンド
バルコニー	balcony バゥコニー
バレエ	ballet バレイ
バンソウコウ	bandage tape バンデッジ　テープ
パンツ（ズボン）	pants パンツ
半袖シャツ	short-sleeved shirt ショート スリーヴド シャート
ハンドクリーム	hand cream ハンド　クリーム

パンプス	pumps パンプス
パンフレット	brochure ブロシュア

ひ

ピアス	piercesd earrings ピアスィド　イァリングス
ビーチ（海岸）	beach ビーチ
ビーチサンダル	flip-flops フリップフロップス
ヒール	heels ヒーゥス
ビール	beer ビア
日帰り観光	day trip デイ　トリップ
低い	low ロゥ
ひげ剃り	razor レイザー
ピザ	pizza ピッツァ
膝上	knee high ニー　　ハイ
膝丈	knee length ニー　　レングス
ビジネスバッグ	business bag ビジネス　　バッグ
ビジネス向きの	for business フォ ビジネス

美術館	art museum アート ミューズィアム
非常用ボタン	emergency button イマージェンスィ バトゥン
日焼け止め	sun block サンブロック
ビュッフェ	buffet バフェット
病院	hospital ホスピタル
昼公演	matinee マティネィ
広い	wide ワイド
敏感肌	sensitive skin センスィティヴ スキン
便せん	letter paper レター ペーパー

ふ

ファンデーション	foundation ファンデーション
フィットネス	fitness フィットネス
フォーマル	formal フォーマゥ
ブーツ	boots ブーツ
封筒	envelope エンヴェロップ
プール	swimming pool スウィミング プーゥ
フェリー	ferry フェリー
深い	deep ディープ
副作用	side effects サイド エフェクツ

服装の決まり	dress code ドレスコード
含まれる	include インクルード
婦人服	women's clothes ウィミンズ クロゥズ
婦人靴	women's shoes ウィミンズ シューズ
豚肉	pork ポーク
普通列車	local train ローカゥ トレイン
船酔い	seasick スィースィック
ブラインド	window shade ウィンドゥ シェイド
ブラウス	blouse ブラウス
プラットホーム	platform プラットホーム
プラチナ	platinum プラティナム
フランス料理	French フレンチ
ブランド品	luxury brand ラグジュアリー ブランド
プリーツスカート	pleated skirt プリーツ スカート
フルーティな	fruity フルーティ

フルーツ	fruit フルーツ
古着	used clothes ユーズド クロゥーズ
フレアスカート	flared skirt フレア　スカート
ブレスレット	bracelet ブレスレット
フレンチネイル	French nail フレンチネイゥ
フロント	front desk フロント デスク

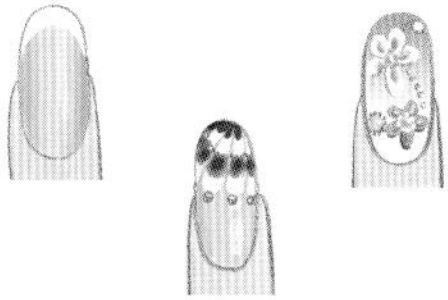

へ

ベスト（衣服）	vest ヴェスト
別送品	unaccompanied baggage アンアカンパニード バギッジ
ベッド	bed ベッド
ヘッドホン	headset ヘッドセット
別料金（追加料金）	extra charge エクストラチャージ
部屋番号	room number ルームナンバー
ベルト	belt ベゥト
ベルボーイ	bellboy ベルボーイ
変更	change チェンジ

ほ

帽子	hat ハット
防水	waterproof ウォータープルーフ
包帯	gauze bandage ガーズ　バンデッジ
ボーダー（横縞）	lateral stripe ラテラゥ ストライプ
ボールペン［米］	ballpoint ボーゥポイント
ボールペン［英］	biro バイロウ
保険	insurance インシュランス
保湿クリーム	moisturizer モイストライザー
ボストンバッグ	boston bag ボストン　バッグ
ボディローション	body lotion ボディ　ローション
ホテル	hotel ホテゥ
ホテルカード	hotel business card ホテゥ ビジネス カード
ボトル	bottle ボトゥ
ボトムス	bottoms ボトムス
ポロシャツ	polo shirt ポロ シャート
本革	leather レザー
ポンド	pounds パウンズ

ま

迷子センター	lost child center ロスト チャイゥド センター
マイレージ	frequent flyer program フリークエント フライヤー プログラム
前売り券	advance ticket アドヴァンス ティケット
前寄りの席	front seat フロント スィート
巻きスカート	wrap-around skirt ラップアラウンド スカート
枕	pillow ピロゥ
マザーズバッグ	diaper bag ダイパー バッグ
マスカラ	mascara マスカラ
待合室	waiting room ウェイティングルーム
マット（光沢）	matte マット
窓側席	window seat ウィンドゥ スィート
マニキュア［米］	nail enamel ネイゥ エナメゥ
マニキュア［英］	nail varnish ネイゥ ヴァーニッシュ
マフラー	scarf スカーフ
万年筆	fountain pen フォンテイン ペン

み

水	water ウォーター
湖	lake レイク
水着	swim suit スウィム スーツ
水差し	jug ジャグ
水玉模様	polka dot ポゥカ　ダット
ミディアム （肉の焼き方）	medium ミディアム
ミニスカート	mini skirt ミニスカート
ミネラルウォーター （ペットボトルなど）	bottled water ボトゥド　ウォーター
身分証明書	ID アイディー
耳栓	earplugs イァプラグス
ミュージカル	musical ミュージカゥ

む

むくみ	swelling スウェリング
虫除け	bug spray バグ　スプレー
無線 LAN	Wi-Fi ワイファイ
無料の	free フリー

め

メイク落とし	makeup remover メイカップ リムーヴァー

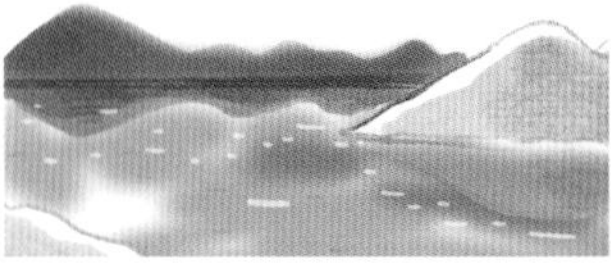

メーター	meter **ミ**ーター
メガネ	glasses グ**ラ**スィズ
メキシコ料理	Mexican **メ**キシカン
目覚まし時計	alarm clock ア**ラ**ームクロック
目印	landmark **ラ**ンドマーク
メニュー	menu **メ**ニュー
めまい	dizzy **ディ**ズィー
綿	cotton **カ**ットン
免税店	duty-free shop **ドゥ**ーティフリー **ショ**ップ
綿棒［米］	cotton bud **カ**ットン **バ**ド
綿棒［英］	cotton swab **カ**ットン ス**ワ**ブ

も

毛布	blanket ブ**ラ**ンケット
目的地	destination デスティ**ネ**ーション
持ち帰り［米］	to go［米］ トゥ**ゴ**ゥ
持ち帰り［英］	take away［英］ テイカ**ウェ**イ

や

野菜	vegetable **ヴェ**ジタボゥ
野菜サラダ	vegetable salad **ヴェ**ジタボゥ サラダ

安い	reasonable **リ**ーズナボゥ
山	mountain **マ**ウンテン
柔らかい（肉）	tender **テ**ンダー

ゆ

遊園地	amusement park ア**ミュ**ーズメント **パ**ーク
郵便切手	stamp ス**タ**ンプ
有料道路	toll way トーゥウェイ
浴衣	robe **ロ**ーブ
指輪	ring **リ**ング
ゆるい（衣服）	loose **ル**ーズ
湯沸し	water heater **ウォ**ーター ヒーター

よ

洋服	clothes ク**ロ**ゥズ
ヨガ	yoga **ヨ**ーガ
浴室	bathroom **バ**スルーム
汚れ	stain ステイン

浴用せっけん	bath soap **バ**ス　ソープ
呼び出しボタン	call button **コ**ール **バ**トゥン
予約	reservation リザ**ヴェ**イション
予約確認書	confirmation slip コンファ**メ**ーション スリップ
夜公演	evening show **イ**ヴニング　**ショ**ー

り

リップクリーム	lip balm **リ**ップ バーム
リュックサック	backpack **バ**ックパック
両替所	money exchange マニー イクス**チェ**ンジ
料金	fee フィー
領収書	receipt レ**スィ**ート
リンス	conditioner コン**ディ**ショナー

る

ルームサービス	room service ルームサーヴィス

れ

レア (肉の焼き方)	rare レア
冷蔵庫	refrigerator リフ**リ**ッジュレイター
冷房	air conditioner エァコン**ディ**ショナー
レギュラーガソリン	regular **レ**ギュラー
レザージャケット	leather jacket **レ**ザー　ジャケット
レストラン	restaurant **レ**ストラン
レンタカー	rent a car レンタ**カー**

ろ

ローヒール	flats フ**ラ**ッツ
路線図	route map ルート **マ**ップ
ロングスカート	long skirt **ロ**ング スカート

わ

ワイシャツ	dress shirt ドレス　**シャ**ート
ワイナリー	winery **ワ**イナリー
ワイン	wine **ワ**イン
ワイングラス	wineglass **ワ**イングラス
ワンピース	dress ド**レ**ス

英和辞書
English-Japanese dictionary

数字

18k gold エイティーン キャラット ゴーゥド	18金

A

accessory アクセサリー	アクセサリー
admission fee アドミッション フィー	入場料
advance ticket アドヴァンス ティケット	前売り券
air conditioner エァーコンディショナー	エアコン
air-mail エアメイゥ	エアメール
airport エアポート	空港
aisle seat アイゥ スイート	通路側席
alarm clock アラーム クロック	目覚まし時計
alcohol アルコホール	酒類
aloha shirt アロハ シャート	アロハシャツ
ambulance アンビュランス	救急車
american football アメリカン フットボーゥ	アメリカン フットボール
amusement park アミューズメント パーク	遊園地
angora アンゴラ	アンゴラ
announcement アナウンスメント	アナウンス
antique アンティーク	アンティーク品
aperitif アペリティフ	食前酒
appetizer アペタイザー	前菜
aroma massage アロマ マッサージ	アロママッサージ
art museum アート ミューズィアム	美術館
ashtray アッシュトレイ	灰皿
ATM machine エーティーエム マシーン	ATM
australian dollars オーストラリアン ダラーズ	オーストラリア ドル

B

back seat バック スイート	後寄りの席
backpack バックパック	リュックサック
bag バッグ	バッグ

baggage storage バギッジ　ストレージ	荷物預かり所
balcony バゥコニー	バルコニー
ballet バレイ	バレエ
ballpoint［米］ ボーゥポイント	ボールペン
bandage tape バンデッジ　テープ	バンソウコウ
bar snacks バー スナックス	おつまみ
bath soap バス　ソープ	浴用せっけん
bath towel バス　タオゥ	バスタオル
bathroom バスルーム	浴室
bathtub バスタブ	バスタブ
battery バッテリー	電池
beach ビーチ	ビーチ（海岸）
bed ベッド	ベッド
beef ビーフ	牛肉
beer ビア	ビール
bellboy ベルボーイ	ベルボーイ
belt ベゥト	ベルト
bet ベット	賭ける
biro［英］ バイロウ	ボールペン
bitter ビター	苦い
blanket ブランケット	毛布
blouse ブラウス	ブラウス
body lotion ボディ ローション	ボディローション
body slimming ボディ スリミング	痩身マッサージ
body wrap ボディ ラプ	ボディパック
boots ブーツ	ブーツ
boot［英］ ブート	トランク（車）
boston bag ボストン バッグ	ボストンバッグ
bottle ボトゥ	ボトル
bottled water ボトゥド ウォーター	ミネラルウォーター（ペットボトルなど）
bottoms ボトムス	ボトムス
bound for ～ バウンドフォー	～行き
bracelet ブレスレット	ブレスレット

breakfast ブレックファスト	朝食
bridge ブリッジ	橋
brighter ブライター	明るい（色）
British pounds ブリティッシュ パウンズ	イギリスポンド
brochure ブロシュア	パンフレット
buffet バフェット	ビュッフェ
bug spray バグ スプレー	虫除け
building ビゥディング	建物
bus stop バスストップ	バス停
business bag ビジネス バッグ	ビジネスバッグ
business center ビジネス センター	ビジネスセンター
business hours ビジネス アワーズ	営業時間
self-employed セゥフ エンプロイド	自営業
business person ビジネス パーソン	会社員

C

cabin キャビン	船室
cake ケイク	ケーキ
call button コール バトゥン	呼び出しボタン
camera キャメラ	カメラ
Canadian dollars カナディアン ダラーズ	カナダドル
cancel キャンセゥ	キャンセル
candle キャンドゥ	キャンドル
cardigan カーディガン	カーディガン
cargo pants カーゴ パンツ	カーゴパンツ
car navigation system カーナヴィゲィション システム	カーナビ
cash out キャッシュ アウト	精算
cashier キャシァ	会計・レジ
cashmere カシミァ	カシミア
casual カジュアゥ	カジュアル
cavity キャヴェティー	虫歯
cell phone［米］ セゥフォン	携帯電話
certificate サーティフィケイト	証明書
change チェンジ	おつり
changing room［英］ チェンジングルーム	更衣室
check チェック	チェック柄
check in チェッキン	チェックイン
check out チェッカウト	チェックアウト
chicken チキン	鶏肉

Chinese	チャイニーズ	中華料理
chic	シーク	シックな
chinos	チノス	チノパン
chopsticks	チョップスティックス	箸
chronic illness	クロニック イゥネス	持病
church	チャーチ	教会
cigarettes	シガレッツ	タバコ
city sights	スィティ サイツ	市内観光
closet	クローゼット	クローゼット
clothes	クロゥズ	洋服
clutch bag	クラッチ バッグ	クラッチバッグ
coat	コート	コート
cocktail	カクテゥ	カクテル
coffee	カフィ	コーヒー
coin purse	コイン パース	小銭入れ
coke	コーク	コーラ
cold	コーゥド	冷たい
collect call	コレクト コーゥ	コレクトコール
comb	コーム	くし
concealer	コンシーラー	コンシーラー
concert	コンサート	コンサート
concierge	コンシェルジェ	コンシェルジュ
conditioner	コンディショナー	リンス
conductor	コンダクター	車掌
confirmation slip	コンファメーション スリップ	予約確認書
convenience goods	コンヴィニエンス グッズ	日用雑貨
convenience store	コンヴィニエンス ストァ	コンビニエンスストア
cooler	クーラー	涼しげな（衣服など）
cosmetic	コスメティック	化粧品
cotton	カットン	綿
cotton bud［英］	カットン バド	綿棒
cotton swab［米］	カットン スワブ	綿棒
counter sea	カウンタ　スィート	カウンター席
couple	カッポゥ	カップル
cream	クリーム	クリーム（コーヒーミルク、塗るクリーム、クリーム色など）
creamy	クリーミー	滑らかな
cut and sewn	カダァンソゥ	カットソー
credit card	クレディットカード	クレジットカード

cruise control クルーズ コントローゥ	クルーズコントロール
cruising クルージング	クルージング
cuff links カフ リンクス	カフスボタン
crisp クリスプ	さっぱりした（ワインなど）
curtain カーテン	カーテン
curtain time カーテン タイム	開演時間
cuticle キューティコゥ	爪の甘皮
cutlery カトラリー	カトラリー

D

daily necessities デイリー ネセスィティーズ	日用品
dairy products デァリィ プロダクツ	乳製品
dark circle ダーク サーコゥ	くま（肌など）
darker color ダーカー カラー	濃い色
day trip デイ トリップ	日帰り観光
decaf デキャフェ	ノンカフェインコーヒー
decanter ディキャンター	デキャンタ
decorative pillow デコラティブ　ピロゥ	クッション
denim デニム	デニム
department store デパートメント ストァ	デパート
deep ディープ	深い
desk デスク	机
dessert デザート	デザート
destination デスティネーション	目的地
detergent ディタージェンツ	洗剤
detour ディトァ	遠回り
desk clerk［米］ デスク クラーク	受付係
diaper bag ダイパァ バッグ	マザーズバッグ
diaper changing table ダイパァ チェンジング テイボゥ	オムツ替え台
dining car ダイニングカー	食堂車
discount ディスカウント	値引き
dishwasher ディッシュワッシャー	食洗機
disinfectant ディスインフェクタント	消毒薬
disposal ディスポゥザゥ	ゴミ入れ
diving ダイヴィング	ダイビング
dizzy ディズィー	めまい
dollars ダラーズ	ドル
doorman ドアマン	ドアマン
double room ダブゥルーム	ダブルーム

down jacket ダウン ジャケット	ダウンジャケット
dress ドレス	ワンピース
dress code ドレスコード	服装の決まり
dress shirt ドレス シャート	ワイシャツ
dressing ドレッスィング	ドレッシング
drug store ドラッグ ストァ	ドラッグストア
dry ドライ	辛口（ワイン）
dry skin ドライ スキン	乾燥肌
duty-free shop ドゥーティフリー ショップ	免税店

E

ear clips イァ クリップス	イヤリング
earplugs イァプラグス	耳栓
eating around イーティング アラウンド	食べ歩き
egg エッグ	卵
electronics retail store エレクトロニクス リテイゥ ストァ	家電量販店
elegant エレガント	エレガントな
elevator エレヴェイター	エレベーター
emergency button イマージェンスィ バトゥン	非常用ボタン
emergency exit イマージェンスィ エグジット	非常口
entrance［米］ エントランス	入口
envelope エンヴェロップ	封筒
esthetic treatment エステティック トリートメント	エステ
Ethnic エスニック	エスニック料理
even イーヴン	偶数
evening show イヴニング ショー	夜公演
excursion ticket エクスカージョン ティケット	周遊券
exit［米］ エグジット	出口
expensive エクスペンスィヴ	高い（値段）
express train エクスプレス トレイン	急行列車
extra charge エクストラチャージ	別料金 （追加料金）
eye shadow アイシャドゥ	アイシャドウ
eyeliner アイライナー	アイライナー

F

face wash フェイス ウォッシュ	洗顔料

facial lotion フェイシャゥ ローション	化粧水
facial massage フェイシャゥ マッサージ	美顔マッサージ
facial soap フェイシャゥソープ	洗顔せっけん
family ファミリィ	家族
fare フェア	運賃
fasten seat belt ファスン スィート ベゥト	シートベルト着用
fee フィー	料金
ferry フェリー	フェリー
final price ファイナゥ プライス	最終価格
first class ファースト クラス	1等車
fish dishes フィッシュ ディッシズ	魚料理
fitness フィットネス	フィットネス
fitting room フィッティング ルーム	試着室
flashlight フラッシュライト	懐中電灯
flared skirt フレア　スカート	フレアスカート
flashy フラシー	派手な
flats フラッツ	ローヒール
flip-flops フリップフロップス	ビーチサンダル
floral フローラル	花柄
food フード	食料品
foot massage フット マッサージ	足裏マッサージ
football［英］ フットボーゥ	サッカー
for business フォ ビジネス	ビジネス向きの
formal フォーマゥ	フォーマル
foundation ファンデーション	ファンデーション
fountain pen フォンテイン ペン	万年筆
fragrance フレグランス	香り
free フリー	無料の
French フレンチ	フランス料理
French neil フレンチネイゥ	フレンチネイル
frequent flyer program フリークエント フライヤー プログラム	マイレージ
front desk フロント デスク	フロント
front seat フロント スィート	前寄りの席
fruit フルーツ	フルーツ
fruity フルーティ	フルーティな
fuel lid フューエゥリッド	燃料給油口
full-bodied フゥ ボディード	濃厚（ワイン）
full-body massage フゥボディ マッサージ	全身マッサージ

fur coat ファーコート	毛皮のコート

G

garlic ガーリック	ニンニク
gas station ギャス スティション	ガソリンスタンド
gauze bandage ガーズ　バンデッジ	包帯
gel nail ジェゥ ネイゥ	ジェルネイル
gentle on skin ジェントゥ オン スキン	肌にやさしい
get off ゲットオフ	降車
get on ゲットオン	乗車
glass グラス	グラス
glasses グラスィズ	メガネ
gloves グラーヴス	手袋
gold ゴーゥド	金
golf ゴゥフ	ゴルフ
golf bag ゴゥフ バッグ	ゴルフバッグ
greasy グリースィー	脂っこい
gym ジム	スポーツジム

H

hair drier ヘア　ドライヤー	ドライヤー

hand cream ハンド クリーム	ハンドクリーム
hand towel ハンド タオゥ	タオル
hard luggage ハード ラギッジ	スーツケース (ハード)
hat ハット	帽子
headset ヘッドセット	ヘッドホン
heater ヒーター	暖房
heels ヒーゥス	ヒール
high ハイ	高い（高低）
hem ヘム	すそ（衣服）
high heels ハイ ヒーゥス	ハイヒール
horse riding ホース　ライディング	乗馬
hospital ホスピタル	病院
hospitalize ホスピタライズ	入院
hoodie ホディ	パーカー
hot ホット	熱い／辛い
hot water ホットウォーター	お湯

hotel ホテゥ	ホテル
hotel business card ホテゥ ビジネス　カード	ホテルカード
house wine ハウス　ワイン	ハウスワイン
housewife ハウスワイフ	主婦
humidifier ヒューミディファイァ	加湿器

I

ice machine アイス マシーン	製氷機
ID アイディー	身分証明書
include インクルード	含まれる
information desk インフォメーション デスク	案内所
insurance インシュランス	保険
international インターナショナゥ driver's license ドライヴァーズライセンス	国際免許証
iron アイロン	アイロン
ironing board アイロニング ボード	アイロン台
Italian イタリアン	イタリア料理

J

jacket ジャケット	ジャケット
Japanese ジャパニーズ	日本食
japanese sake ジャパニーズ サケ	日本酒
japanese tea ジャパニーズ ティー	日本茶
japanese yen ジャパニーズ イェン	日本円
jeans ジーンズ	ジーンズ
jet-skiing ジェットスキーイング	ジェットスキー
jewelry ジュエリー	貴金属
jogging ジョギング	ジョギング
jug ジャグ	水差し
juicy ジュースィー	汁気の多い

K

karaoke カラオキ	カラオケ
kid's clothes キッズ クロゥズ	子ども服
kiosk キオスク	売店
knee high ニー　ハイ	膝上
knee length ニー　レングス	膝丈

L

lake レイク	湖

landmark	ランドマーク	目印
late	レイト	遅れる
lateral stripe	ラテラゥ ストライプ	ボーダー柄（横縞）
leather	レザー	本革
leather jacket	レザー　ジャケット	レザージャケット
leggings	レギンス	レギンス
length	レングス	長さ
lengthen	レンセン	伸ばす（丈）
letter paper	レターペーパー	便せん
lie on your back	ライ オン ヨァ バック	あおむけ
lie on your stomach	ライ オン ヨァ スタマック	うつ伏せ
life jacket	ライフ ジャケット	救命胴衣
Limited express train	リミティド エクスプレス トレイン	特急列車
linen	リネン	麻
lip balm	リップ バーム	リップクリーム
lipstick	リップスティック	口紅
local	ローカゥ	地元の
local beer	ローカゥ ビァ	地ビール
local food	ローカゥ フード	地元料理
local train	ローカゥ トレイン	普通列車
locker room［米］	ロッカー ルーム	更衣室
long	ロング	長い
long skirt	ロング スカート	ロングスカート
long-sleeved shirt	ロング スリーヴド シャート	長袖シャツ
loose	ルーズ	ゆるい
lost and found［米］	ロストアンドファウンド	遺失物取扱所
Lost Child Center	ロスト チャイゥド センター	迷子センター
lost property office［英］	ロストプロパティオフィス	遺失物取扱所
low	ロゥ	低い
low-tannin	ロゥ タニン	渋みの少ない
lukewarm	ルクウォーム	ぬるい
luxury brand	ラグジュアリー ブランド	ブランド品

M

magazine	マガジン	雑誌

major league メィジャァ リーグ baseball ベィスボーゥ	大リーグ （野球）
makeup remover メイカップ リムーヴァー	メイク落とし
manager マネジャー	経営者
mascara マスカラ	マスカラ
material マテリアゥ	素材・生地
matinee マティネィ	昼公演
matte マット	マット（光沢）
meat ミート	肉類
medical treatment room メディカゥ トリートメント ルーム	救護所
Mediterranean メディテラニアン	地中海料理
medium ミディアム	ミディアム
men's shoes メンズ シューズ	紳士靴
menu メニュー	メニュー
men's clothes メンズ クロゥズ	紳士服
meter ミーター	メーター
Mexican メキシカン	メキシコ料理
microwave マイクロウェイヴ	電子レンジ
mini skirt ミニスカート	ミニスカート
mirror ミラァ	鏡
mobile phone［英］ モバイゥフォン	携帯電話
moisturizer モイストライザー	保湿クリーム
monastery マナステリー	修道院
money exchange マニー　イクスチェンジ	両替所
mountain マウンテン	山
movie ムーヴィ	映画
museum ミューズィアム	博物館
musical ミュージカゥ	ミュージカル

N

nail care ネイゥ ケア	ネイルケア
nail clipper ネイゥ クリッパー	爪切り
nail enamel［米］ ネイゥ エナメゥ	マニキュア
nail polish remover ネイゥポリッシュ リムーヴァー	除光液
nail varnish［英］ ネイゥ ヴァーニッシュ	マニキュア
national park ナショナゥ パーク	国立公園
necklace ネックレス	ネックレス
new product ニュー プロダクト	新商品
newspaper ニュースペイパァ	新聞

nice view	ナイス **ヴュー**	眺めのいい
nightclub	**ナ**イトクラブ	ナイトクラブ
non smoking	ノンス**モ**ーキング	禁煙
nuts	**ナ**ッツ	ナッツ（木の実）

O

occupation	オキュ**ペイ**ション	職業
occupied	**オ**キュパイド	使用中（トイレ）
odd	**ア**ド	奇数
off duty	オフ **ドゥ**ーティ	回送車（タクシーなど）
office worker	**オ**フィス ワーカー	事務員
oil	**オ**イゥ	油
oily skin	**オ**イリィ スキン	オイリー肌（脂性肌）
one way	ワンウェイ	片道
one-day ticket	ワンデイ　**ティ**ケット	1日券
one-way ticket［米］	ワンウェイ **ティ**ケット	片道切符
opera	**オ**ペラ	オペラ
open time	**オ**ープン タイム	開場時間
orange juice	**オ**レンジ ジュース	オレンジジュース
outerwear	**アウ**ターウェア	上着・コート
outlet mall	**ア**ウトレット モーゥ	アウトレット
outlet［米］	**ア**ウトレット	コンセント
overhead bin	**オ**ーヴァヘッド **ビ**ン	荷物棚（機内）
Oyster card	**オ**イスターカード	オイスターカード

P

pain	**ペ**イン	痛み
pants［米］	**パ**ンツ	パンツ（ズボン）
paper cup	**ペ**イパァ カップ	紙コップ
paper towel	**ペ**イパァ タオゥ	紙タオル
paper tray	**ペ**イパァ ト**レ**イ	紙皿
park	**パ**ーク	公園
parking lot	パーキングロット	駐車場
part-time worker	パートタイム ワーカー	アルバイト
pass	パス	通過
pasta	**パ**スタ	パスタ
patio tabl	**パ**ティ **テ**イボゥ	テラス席

pearl パーゥ	真珠
pepper ペパー	コショウ
perfume パフューム	香水
period ピリオド	生理
picture ピクチャー	写真
piercesd earring ピアスィド イァリングス	ピアス
pillow ピロゥ	枕
pizza ピッツァ	ピザ
platform プラットホーム	プラットホーム
platinum プラティナム	プラチナ
pleated skirt プリーツ スカート	プリーツスカート
police ポリス	警察
polka dot ポゥカ ダット	水玉模様
polo shirt ポロ シャート	ポロシャツ
popular ポピュラー	流行りの
pork ポーク	豚肉

postcard ポストカード	ハガキ
pouch パゥチ	化粧ポーチ
pounds パウンズ	ポンド
powder foundation パウダー ファンデーション	パウダー ファンデーション
pregnant プレグナント	妊娠
prescription プレスクリプション	処方箋
price tag プライス タグ	値札
public servant パブリック サーヴァント	公務員
pumps パンプス	パンプス

Q

questionnaire クエスチョネァ	質問表
quieter クワイエター	落ち着いた

R

rare レァ	レア （肉の焼き方）
razor レイザー	ひげ剃り
reading light リーディンッ ライト	読書灯
reasonable リーズナボゥ	安い
receipt レスィート	領収書
receptionist［英］ レセプショニスト	受付係

recommend レコメンド	おすすめ
red wine レッド ワイン	赤ワイン
reflexology リフレクサラジー	リフレクソロジー
refrigerator リフリッジュレイター	冷蔵庫
refund リファンド	払い戻し
registration form レジストレーション フォーム	宿泊カード
regular レギュラー	レギュラー ガソリン
reissue リイシュー	再発行
relative レラティヴ	親戚
rent a car レンタカー	レンタカー
reservation リザヴェイション	予約
reserved seat リザーヴド スィート	指定席
restaurant レストラン	レストラン
resting place レスティング プレイス	休憩所
restroom レストルーム	トイレ
retired リタイヤード	引退（退職）
return ticket ［英］ リターン ティケット	往復切符
ring リング	指輪
ring finger リングフィンガー	薬指
river リヴァー	川
robe ローブ	浴衣
room number ルームナンバー	部屋番号
room service ルームサーヴィス	ルームサービス
rough skin ラフ　スキン	肌荒れ
rounded-trip ラウンドトリップ	往復
round-trip ticket ［米］ ラウンドトリップ ティケット	往復切符
route map ルート マップ	路線図

S

safe セイフ	安全
safety box セイフティ ボックス	金庫
sagging skin サギング　スキン	たるみ（肌）
salad サラダ	サラダ
salt ソゥト	塩
salty ソゥティ	塩辛い
sample サンプゥ	試供品
sandals サンダゥス	サンダル
sanitary protection サニタリィ プロテクション	生理用品
sauce ソース	ソース

scarf スカーフ	スカーフ/マフラー
schedule スケジュール	時刻表
sculpture スカゥプチュア	スカルプチュア
sea スィー	海
seafood スィーフード	魚介類
seasick スィースィック	船酔い
seasoning スィーズニング	調味料
seat スィート	座席
seat belt スィート ベゥト	シートベルト
second class セカンド クラス	2 等車
self-employed セゥフ エンプロイド	自営業
sensitive skin センスィティヴ スキン	敏感肌
shampoo シャンプー	シャンプー
shellfish シェゥフィッシュ	甲殻類
shirt シャート	シャツ
shoes シューズ	靴
shop ショップ	お店
shopping ショッピング	買い物
shopping area ショッピング エリア	ショッピング街

shopping senter [英] ショッピング センター	ショッピングセンター
shopping mall [米] ショッピング モーゥ	ショッピングセンター
shortcut ショートカット	近道
shorten ショーテン	詰める（丈）
shorts ショーツ	短パン
short-sleeved shirt ショート スリーヴド シャート	半袖シャツ
shoulder bag ショゥダー バッグ	ショルダーバッグ
show ショー	ショー
show start ショー スタート	開演
shower シャワー	シャワー
shower room シャワー ルーム	シャワールーム
shutter button シャッター バトゥン	シャッターボタン
shuttle bus シャトゥバス	シャトルバス
side effects サイド エフェクツ	副作用
sightseeing サイトスィーイング	観光
sign サイン	看板

silk スィゥク	絹
silver スィゥヴァー	銀
simple スィンプゥ	シンプルな
single room シングルルーム	シングルルーム
single ticket [英] シングル ティケット	片道切符
skirt スカート	スカート
sleep mask スリープ マスク	アイマスク
slippers スリッパス	スリッパ
small change スモーゥ チェンジ	小銭
smart phone スマートフォン	スマートフォン
smoking area スモーキング エリア	喫煙所
sneakers スニーカーズ	スニーカー
soap ソープ	せっけん
soccer [米] サッカー	サッカー
socket [英] ソケット	コンセント
socks ソックス	靴下
sofa ソファ	ソファ
soft luggage ソフト ラギッジ	スーツケース(ソフト)
soup スープ	スープ
sour サワー	すっぱい
souvenir スーヴェニーア	おみやげ
soy sauce ソイソース	しょう油
spa スパ	スパ
spaghetti strap スパゲティー ストラップ	キャミソール
spice スパイス	スパイス
spicy スパイシー	スパイシー
sporting goods スポーティング グッツ	スポーツ用品
spots スパッツ	しみ
stain ステイン	汚れ
stamp スタンプ	郵便切手
starting station スターティング ステイション	始発駅
station ステイション	駅
statue スタチュー	銅像・彫像
stay ステイ	滞在
steak ステイク	ステーキ

stiff neck スティッフ ネック	肩こり
stockings ストッキングス	ストッキング
stole ストーゥ	ストール
stop ストップ	停車
stop off ストッポフ	途中下車
strong flavor ストロング フレイヴァー	濃い味
student ストゥーデント	学生
studio ストゥディオ	スタジオ
stylish スタイリッシュ	おしゃれな
subway [米] サブウェイ	地下鉄
sugar シュガァ	砂糖
suite room スゥィートルーム	スイートルーム
sun block サンブロック	日焼け止め
sunstroke サンストローク	日射病
supermarket スーパーマーケット	スーパーマーケット
sweat shirt スウェット シャート	トレーナー
sweater スウェタァ	セーター
sweet スウィート	甘い
swelling スウェリング	むくみ

swim suit スウィム スーツ	水着
swimming pool スウィミング プーゥ	プール

T

T-shirt ティーシャート	Tシャツ
table テイボゥ	テーブル
take away [英] テイカウェイ	持ち帰り
tank top タンクトップ	タンクトップ
tax タックス	税金
taxi stand [米] タクスィスタンド	タクシー乗り場
taxi rank [英] タクスィランク	タクシー乗り場
tea ティー	紅茶
tender テンダー	柔らかい（肉）
tennis テニス	テニス
theater スィアタァ	劇場
terminal station タァミナゥ ステイション	終着駅

ticket ティケット	チケット
ticket counter ティケット カウンター	チケット売り場
ticket gate ティケット ゲート	改札口
ticket machine ティケット マシーン	券売機
tight タイト	きつい（衣服）
tight skirt タイト スカート	タイトスカート
tip ティップ	チップ
tissues ティシューズ	ティッシュペーパー
to go［米］ トゥゴゥ	持ち帰り
today's ticket トゥデイズ ティケッ	当日券
toilet paper トイレット ペイパァ	トイレットペーパー
toll way トーゥウェイ	有料道路
tooth brush トゥース ブラッシュ	歯ブラシ
tooth paste トゥース ペースト	歯みがき粉
tops トップス	トップス
tote bag トート バッグ	トートバッグ
tough タフ	固い（肉）
tour トゥア	ツアー
tourist トゥーリスト	観光客
tourist information トゥーリスト インフォメーション	観光案内所
tower タワー	塔
toy トイ	オモチャ
traditional トラディッショナゥ	伝統的
traffic jam トラフィック ジャム	交通渋滞
traffic light トラフィック ライト	信号
treatment トリートメント	施術
tree トゥリー	木
trench coat トレンチ コート	トレンチコート
tripod トライポッド	三脚
trolley bag トロリィ バッグ	キャリーバッグ
trousers［英］ トラゥザー	ズボン
trunk［米］ トランク	トランク（車）
tunic チュニック	チュニック
tube［英］ トゥーブ	地下鉄

TV ティービー	テレビ
twin room トゥインルーム	ツインルーム

U

unaccompanied baggage アンアカンパニード バギッジ	別送品
underground [英] アンダァグラウンド	地下鉄
underwear アンダーウェア	下着
unreserved seat アンリザーヴド スィート	自由席
US dollars ユーエス ダラーズ	アメリカドル
used clothes ユーズド クロウズ	古着

V

vacant ヴェイカント	空き（トイレなど）
valuables ヴァリュアボゥス	貴重品
vegetable ヴェジタボゥ	野菜
vegetable salad ヴェジタボゥ サラダ	野菜サラダ
vending machines ヴェンディング マシーンズ	自動販売機
vertical stripe ヴァーティカゥ ストライプ	ストライプ（縦縞）
vest ヴェスト	ベスト（衣服）
visitor ヴィズィター	観光客
vivid ヴィヴィッド	鮮やかな

W

waiting room ウェイティング ルーム	待合室
wake-up ウェイカップ コーゥ	モーニングコール
walk ウォーク	散策
wallet ウォレット	財布
warm ウォーム	暖かい
washstand ウォッシュスタンド	洗面台
watch ウォッチ	腕時計
water ウォーター	水
water heater ウォーター ヒーター	湯沸し
waterproof ウォータープルーフ	防水
way in [英] ウェイイン	入口
way out [英] ウェイアウト	出口
weak flavor ウィーク フレイヴァー	薄い味
well done ウェゥダン	ウェルダン（肉の焼き方）
wet wipe ウェット ワイプス	ウェットティッシュ

wheat ウィート	小麦
whisky ウィスキー	ウイスキー
white wine ホワイト ワイン	白ワイン
Wi-Fi ワイファイ	無線 LAN
wide ワイド	広い
window seat ウィンドゥ スィート	窓側席
window shade ウィンドゥ シェイド	ブラインド
wine ワイン	ワイン
wineglass ワイングラス	ワイングラス
winery ワイナリー	ワイナリー
wisdom tooth ウィズダム トゥース	親知らず
women's shoes ウィミンズ シューズ	婦人靴
women's clothes ウィミンズ クロゥズ	婦人服
wool ウーゥ	ウール
wrinkles リンクゥス	しわ

Y

yoga ヨーガ	ヨガ

Z

zoo ズー	動物園
zoom in ズーミン	ズームイン
zoom out ズーマウト	ズームアウト

度量衡換算表

weights and measures conversion table

長さや重さなどの換算表

● 長さ

センチ (cm)	メートル (m)	キロメートル (km)	インチ (in)	フィート (ft)	ヤード (yd)	マイル (mile)
1	0.01	−	0.39	0.03	0.01	−
100	1	0.001	39.37	3.28	1.09	−
100000	1000	1	39371	3281	1094	0.62
2.54	−	−	1	0.08	0.02	−
30.48	0.30	−	12	1	0.33	−
91.44	0.91	−	36	3	1	−
−	1609	1.61	63362	5280	1760	1

● 重さ

グラム（g）	キログラム（kg）	オンス（oz）	ポンド（lb）
1	0.001	0.04	−
1000	1	35.27	2.20
28.35	0.03	1	0.06
453.59	0.45	16	1

● 体積・容積

リットル（L）	ガロン（gal）	クォート（qt）	パイント（pt）
1	0.26	1.06	2.11
3.78	1	4	8
0.95	0.25	1	2
0.47	0.125	0.5	1

● 速度

キロメートル／毎時 km/h	マイル／毎時 mile/h	ノット kn
1	0.62	0.54
1.6	1	0.87
1.85	1.15	1

※「ノット」は船などで使われる速度です。

温度の換算表

● 温度の目安

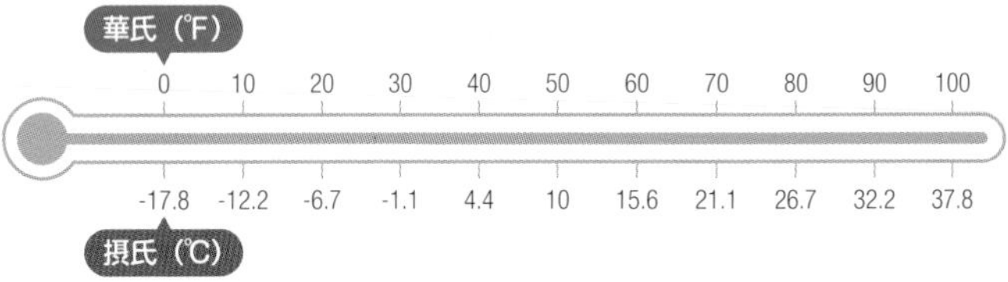

● 体温の目安

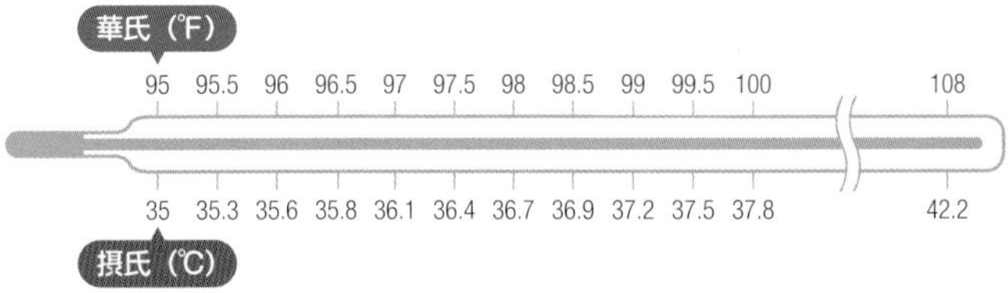

指輪サイズの換算表

日本サイズ	1	3	5	7	9	10
米国	1	2.5	3.5	4-4.5	5	5.5
英国	C	E	G	H－I	J	K
円周寸法 (mm)	40.8	42.9	45.0	47.1	49.2	50.3

日本サイズ	11	13	15	17	19	20
米国	6	6.5-7	7.5-8	8.5	9.5	10
英国	L	M－N	O－P	Q	S	T
円周寸法 (mm)	51.3	53.4	55.5	57.6	59.7	60.7

※上記のサイズ表は日本の指輪サイズを基準としています。表の数字は概算ですので、購入の際はお店でサイズを調べてください。

服と靴のサイズ表

size table of clothes and shoes

女性

● 衣服

	S	M	L	L～XL	XL	XL～XXL
日本	7	9～11	13	15	17	19
アメリカ	4	6～8	10	12	14	16
イギリス	6	8～10	12	14	16	18

● ボトムスのウエストサイズ

センチメートル	64	66	69	71～74	76～79	81	84
インチ	25	26	27	28～29	30～31	32	33
日本	5	7	9	11	13	15	17
アメリカ	2	4	6	8	10	12	14
イギリス	4	6	8	10	12	14	16

● 靴

日本	22	22.5	23	23.5	24	24.5	25	25.5
アメリカ	5	5.5	6	6.5	7	8	8.5	9
イギリス	3	3.5	4	4.5	5	6	6.5	7

男性

● 衣服

	S	M	L	XL	XXL
日本	38～40	40～42	44～46	44～48	48～50
アメリカ	32～36	38～40	42～44	44～46	46～48
イギリス	32～36	38～40	42～44	44～46	46～48

● ボトムスのウエストサイズ

インチ	28	30	32	34	36	38	40
センチメートル	71	76	81	86	91	96	102

● 靴

日本	24.5	25	25.5	26	26.5	27	27.5	28
アメリカ	6.5	7	7.5	8	8.5	9	9.5	10
イギリス	6	6.5	7	7.5	8	8.5	9	9.5

※本書は『トラベル英会話ハンドブック』（2015 年、弊社刊）を加筆・変更したものです。

本書の内容に関するお問い合わせは、**書名、発行年月日、該当ページを明記**の上、書面、FAX、お問い合わせフォームにて、当社編集部宛にお送りください。**電話によるお問い合わせはお受けしておりません**。また、本書の範囲を超えるご質問等にもお答えできませんので、あらかじめご了承ください。

FAX：03－3831－0902

お問い合わせフォーム：https://www.shin-sei.co.jp/np/contact.html

もっと楽しく
トラベル英会話ハンドブック

2024年 1 月 5 日　初版発行
2024年 7 月15日　第 2 刷発行

編　者　新星出版社編集部
発行者　富永靖弘
印刷所　公和印刷株式会社

発行所　株式会社新星出版社
〒110-0016　東京都台東区台東2丁目24
電話(03)3831-0743

ISBN978-4-405-01276-9